우리말 겨루기 기출문제은행

지은이 KBS 우리말 겨루기 작가진
펴낸이 임상진
펴낸곳 (주)넥서스

초판 1쇄 발행 2006년 6월 20일
초판 24쇄 발행 2025년 5월 15일

출판신고 1992년 4월 3일 제311-2002-2호
주소 10880 경기도 파주시 지목로 5
전화 (02)330-5500 팩스 (02)330-5555
ISBN 89-6000-107-4 13710

저자와 출판사의 허락 없이 내용의 일부를
인용하거나 발췌하는 것을 금합니다.

가격은 뒤표지에 있습니다.
잘못 만들어진 책은 구입처에서 바꾸어 드립니다.

www.nexusbook.com

KBS 우리말 겨루기 작가진 지음

| 머리말 |

아마도 1994년으로 기억됩니다. 〈우리말 겨루기〉의 모태가 되었다고 볼 수 있는 〈퍼즐특급열차〉가 첫 방송을 타던 때가 말입니다. 지난 19년간 수많은 퀴즈 프로그램을 집필해 오면서도 저에게 가장 기억에 남는 프로그램이 있다면 바로 그 〈퍼즐특급열차〉를 손꼽을 수 있습니다. 경이로운 시청률도 이유였지만 무엇보다도 새로운 전형의 퀴즈 프로그램을 개발해서 성공시켰다는, 작가로서의 뿌듯한 자긍심이 더 큰 이유입니다.

지금은 많이 개선되었지만 그때 당시만 해도 우리나라의 오락 방송물은 열악한 제작 여건으로 인해 모방의 수준을 벗어나지 못한 때였습니다. 특히 지리적으로 가까운 이웃나라 일본의 앞선 프로그램에 영향을 받을 수밖에 없었고 그것을 전부 혹은 부분적으로 카피하다가 타 언론이나 시청자들에게 혹독한 비판을 받기도 했던 때였습니다. 퀴즈 프로그램도 예외는 아니어서 3개 방송사가 누가 먼저랄 것도 없이 좀 재밌다 싶은 포맷은 경쟁적으로 그 형식과 내용을 차용해 왔고, 저 또한 작가로서의 양심 문제를 저버린 적이 없지 않습니다.

하지만 그때 당시의 〈퍼즐특급열차〉만큼은 나름대로 자부심을 가질 만했습니다. 기본적으로 우리말을 소재로 해서 재밌는 수수께끼를 만들고자 노력하였고, 그야말로 제작진 전부가 의욕으로 똘똘 뭉쳐 우리도 독창적인 퀴즈(토종) 프로그램을 한번 만들어 보자며 밤늦도록 아이디어를 짜내느라 집에 가지 못한 적이 태반이었습니다. 그래서 마침내 빛을 보게 된 코너들이 몇 있었는데, 〈쥐돌이 퍼즐〉, 〈폭탄 퍼즐〉, 〈삐리리 퍼즐〉, 〈역전 낱말 퍼즐〉 등이 그것이었습니다. 요즘도 라디오에서 괄호 수수께끼 형식의 퀴즈를 출제할 때면 "삐리리 속에 들어갈 말은?" 하고 묻는데 바로 이 유행어의 시조가 〈퍼즐특급열차〉에서 문제를 내던 성우 장

정진씨였습니다. 몇 해 전 안타까운 사고로 고인이 되셨지만 아직도 그 특유의 코믹한 목소리 만큼은 저나 우리 시청자들의 뇌리에 남아 있습니다.

〈퍼즐특급열차〉는 또 한편으로 퀴즈 프로그램의 패러다임을 바꾸어 놓기도 했습니다. 즉 시청자가 수동적으로 보고 듣기만 하는 퀴즈에서, 문제를 직접 풀고 즐길 수 있도록 했다는 점입니다. 기존의 형식이 대부분 패널로 참여한 사람들이 문제를 풀고 그 과정에서 나오는 해프닝 중심이었던 반면에 〈퍼즐특급열차〉의 퀴즈는 철저하게 시청자가 스튜디오의 출연자와 동시에 문제를 볼 수 있게 화면을 연출하고, 그 문제를 동시간에 시청자가 직접 풀어보는 것을 최우선으로 했습니다. 그것이 가능했던 것은 현장에서 리얼 타임으로 프로그래밍된 컴퓨터 그래픽이 있었기 때문인데, 요즘으로 치자면 초창기의 인터렉티브 퀴즈, 즉 쌍방향 퀴즈의 전형을 〈퍼즐특급열차〉가 보여 주었다는 것입니다.

〈우리말 겨루기〉는 바로 그 〈퍼즐특급열차〉의 기획자와 연출, 작가진이 다시 만나서 3년 전부터 시작된 프로그램입니다. 요즘 연작 프로그램에는 시즌(Season)이라는 말이 유행하는데 말하자면 〈퍼즐특급열차〉의 시즌2가 〈우리말 겨루기〉인 셈입니다. 그 전에 〈퍼즐 챔피언〉이라는 제명으로 약 1년간 방송된 것까지 포함하면 횟수로 200여 회가 가까오는 그야말로 인기 장수 프로그램으로 거듭난 셈입니다.

물론 여기까지 오게 된 가장 큰 공로자는 이 프로그램을 아끼고 사랑해 주시는 시청자분들이라는 점 잊지 않고 있습니다. 그동안 수만 명의 시청자분들이 예선에 참여해 주셨고 우리

  말 달인에 도전했던 분들만도 이미 100명을 훌쩍 넘겼습니다. 그분들의 열정과 도전 정신이 있었기에 오늘날의 〈우리말 겨루기〉가 유익한 오락 프로그램으로 자리매김할 수 있었습니다.
  그래서 그 애정과 관심을 한데 묶어 마침내 책으로 펴내게 되었습니다. 뒤늦은 감이 없지 않지만 아직도 많은 도전자들이 달인의 꿈을 향해 노력하는 데 조금이라도 보탬이 되고자 그 참고서로서 그간에 방송되었던 문제를 모두 한데 모아 엮었습니다. 시험 문제라면 머리가 지끈거리는 수험생들도 이 책에 나온 낱말 퍼즐을 풀 때는 수수께끼를 맞추는 즐거움에 흠뻑 빠질 수 있을 것입니다. 그런 가운데 자신도 모르게 어휘력도 늘고 미처 몰랐던, 혹은 습관적으로 잘못 알고 있었던 우리말의 참뜻을 발견해 내는 기쁨도 얻게 될 것입니다.

  마지막으로 여담삼아 이 책을 구입하신 독자분들에게 제 경험담을 전합니다. 이 책은 기왕이면 꼭 주부인 아내에게 선물하세요. 물론 결혼하지 않은 분들이라면 여자 친구도 좋습니다. 제가 퇴근 길에 스포츠 신문을 자주 사들고 가는 이유가 있습니다. 그 신문에 늘 연재되고 있는 가로세로 퍼즐 때문인데, 신통하게도 제 아내는 그 문제를 풀고 있는 동안 만큼은 잔소리며 바가지가 사라지곤 합니다. 남자분들이 보통 〈게임마니아〉라면 주부님들은 대개 〈퍼즐마니아〉인 게 분명합니다. 신문이 그럴진대 적어도 이 책 한 권이라면 3박 4일 정도는 너끈히 편할 것입니다.

2006년
〈우리말 겨루기〉 구성작가 주경섭

| 추천의 글 |

제가 이 방송의 진행을 맡은 지도 1년 반이 다 되어 갑니다. 그동안 출연하신 분들께 무엇이 가장 힘들었는지를 여쭤보면, 공부하고 싶어도 마땅한 자료가 없었다고 말씀하신 분들이 많았습니다. 그동안 우리 프로그램에서 다루었던 내용이라도 따로 모아서 공부하고 싶다는 말씀도 많이 하셨습니다.

이번에 3년 가까운 세월 동안 〈우리말 겨루기〉에서 출제되었던 문제들을 모아서 책으로 펴낸다고 합니다. 늦은 듯도 하지만, 그래도 지금이라도 나올 수 있게 되어 다행이라고 생각합니다. 밤낮으로 문제 만들고 방송 준비하느라 고생하시는 우리 작가진이 또 한번 힘든 일을 해냈습니다.

처음 〈우리말 겨루기〉의 진행을 맡을 당시 입사한 지 만 1년이 겨우 지난 신참 아나운서를 진행자로 맞아 문제 만들랴, 진행자 도와주랴 고생 많으셨던 주경섭, 강혜승, 김진희, 이보름, 박혜원, 안혜선, 이미경, 원경은, 김혜연, 구명자, 김민선 작가, 그리고 이외에 〈우리말 겨루기〉의 제작과 문제 출제에 참여한 모든 작가들에게 찬사를 보냅니다.

2006년
〈우리말 겨루기〉 진행자, KBS 아나운서 한석준

| 차례 |

머리말 · 004

일러두기 · 010

문제 유형 안내 · 011

제1회 · 017

제2회 · 029

제3회 · 041

제4회 · 053

제5회 · 065

제6회 · 077

제7회 · 089

제8회 · 101

제9회 · 113

제10회 · 125

제11회 · 137

제12회 · 149

제13회 · 161

제14회 · 173

제15회 · 185

제16회 · 197

제17회 · 209

제18회 · 221

제19회 · 233

제20회 · 245

정답 및 해설 · 257

부록 · 299

한글 맞춤법 | 표준어 규정 | 국어의 로마자 표기법 | 외래어 표기법

일러두기

이 책은 매주 월요일 저녁 7시 30분, KBS 1TV에서 방송되는 퀴즈 프로그램 〈우리말 겨루기〉에 방송되었던 문제들을 재구성한 것입니다.

〈우리말 겨루기 기출 문제은행〉은 〈우리말 겨루기〉 시청자들은 물론 프로그램에 관심을 갖고 예심을 준비하시는 많은 분들, 그리고 우리말을 아름답고 올바르게 사용하고자 노력하며 우리말 실력을 측정해 보고자 하는 사람들을 위해 출간되었습니다.

〈우리말 겨루기〉의 진행 방식과 점수 계산을 동일하게 적용할 수 있도록 구성하였으며 혼자서도 할 수 있지만 다섯 명이 한 조를 이루어 더욱 재미있게 프로그램과 동일하게 진행해 나갈 수도 있습니다. 본문은 총 20회로 이루어져 있어 충분히 자신의 실력을 확인해 보고 향상시킬 수 있습니다.

프로그램 진행상 아직 '우리말 달인'이 많이 탄생하지 못한 관계로 〈도전! 우리말 달인〉 단계의 다섯 번째 문제는 기출 문제에 예상 문제를 더하여 구성하였습니다.

우리말 겨루기

기출 문제은행

문제 유형 안내

■ 기획 의도

세계적으로 그 과학성을 인정받은 한글!
아름다운 우리말과 우리글로 유쾌하고 재미있는 퀴즈 쇼가 탄생했다!
즐거운 퀴즈와 숨 막히는 대결 구도로 우리말에 대한 관심을 고취시키고, 온 국민의 우리말 지킴이 운동에 앞장선다.

■ 전체 진행 방식

5명의 도전자가 총 3단계로 구성된 우리말 퀴즈로 대결을 펼친다.

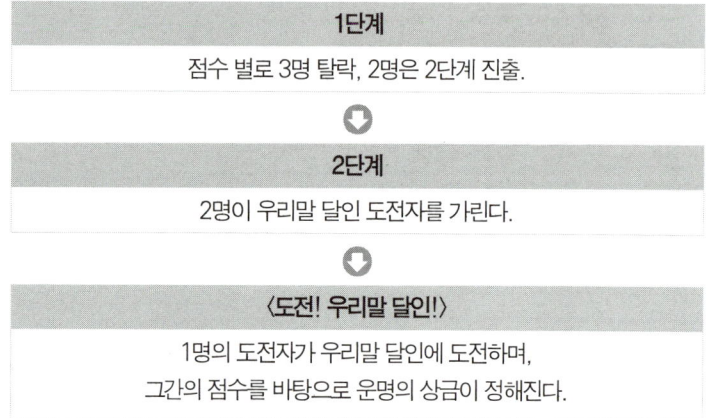

■ 단계별 진행 방식

1단계 5명 모두 도전하는 단계. 1단계 도전 후 점수가 낮은 3명은 탈락.

① 공통 서술어 맞히기

- 차례대로 나오는 5개의 도움말을 보고 공통으로 들어갈 서술어를 맞히는 문제.
- 개인별 문제, 개인당 1문제, 도움말 제시 후 기회는 단 1번!
- 도움말을 적게 보고 정답을 맞힐수록 높은 점수를 얻는다.

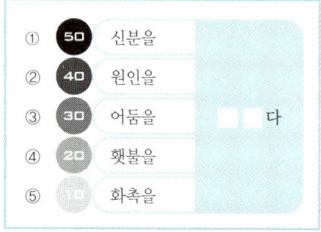

② 맞는 말 틀린 말 맞히기

- 한글 맞춤법과 표준어 규정에 따라 맞는 말과 틀린 말을 구별하는 문제.
- 개인별 문제, 개인당 5문제, 정답을 말할 수 있는 제한 시간은 5초.

· 제시된 다섯 개의 제시어를 보고 '맞는 말'과 '틀린 말'을 골라 말한다.
· 한 문제당 10점, 정답을 모두 맞히면 50점이 주어진다.

③ 숨은 낱말 맞히기

· 차례대로 제시되는 3개의 도움말을 보고, 연상되는 낱말을 맞히는 문제.
· 한 글자짜리 문제(10점), 두 글자짜리 문제(20점), 세 글자짜리 문제(30점).
· 5문제씩 총 15문제, 버저 방식(버저를 먼저 누르는 사람에게 기회가 돌아감).
· 한 문제당 정답을 맞힐 기회는 출연자 모두에게 한 번만 주어진다.

④ 자주 쓰는 표현말 맞히기

· 차례대로 열리는 첫소리를 보고, 우리말의 다양한 표현 말을 먼저 알아 맞히는 문제.
· 버저 방식(버저를 먼저 누르는 사람에게 기회가 돌아감).
· 한 문제당 40점, 문제당 한 번씩의 기회만 있다.
· 자주 쓰는 표현 말 7문제 중 한 문제에는 〈행운을 잡아라!〉 포함.

⑤ 우리말의 뜻 맞히기

· 2단계 진출자 2명이 결정되는 1단계 마지막 문제.
· 첫소리를 열어가면서 아름다운 우리말의 정확한 뜻을 알아 맞힌다.
· 빈 칸에 들어갈 첫소리를 맞히면 10점, 뜻을 맞히면 50점을 얻는다.
· 토스 방식(못 맞히거나 제한 시간 초과시 시계 방향으로 다음 사람에게 기회가 넘어감).

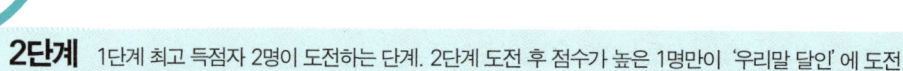

2단계 1단계 최고 득점자 2명이 도전하는 단계. 2단계 도전 후 점수가 높은 1명만이 '우리말 달인'에 도전.

가로세로 낱말 잇기

- 첫 번째 낱말 도움말을 듣고 버저를 눌러 먼저 맞히는 사람이 왼쪽과 오른쪽 길 가운데 하나를 선택.
- 정답을 맞히지 못할 경우, 문제를 풀 기회는 상대방에게 넘어감. 문제를 맞히면 기회는 계속 유지된다.
- 한 낱말당 20점, 마지막 낱말에 200점이 걸려 있어 성공시에 역전을 시킬 기회가 된다.
- 첫 낱말부터 최종 낱말까지 단 한 문제도 틀리지 않고 맞히면 2단계 획득 점수의 2배가 된다.

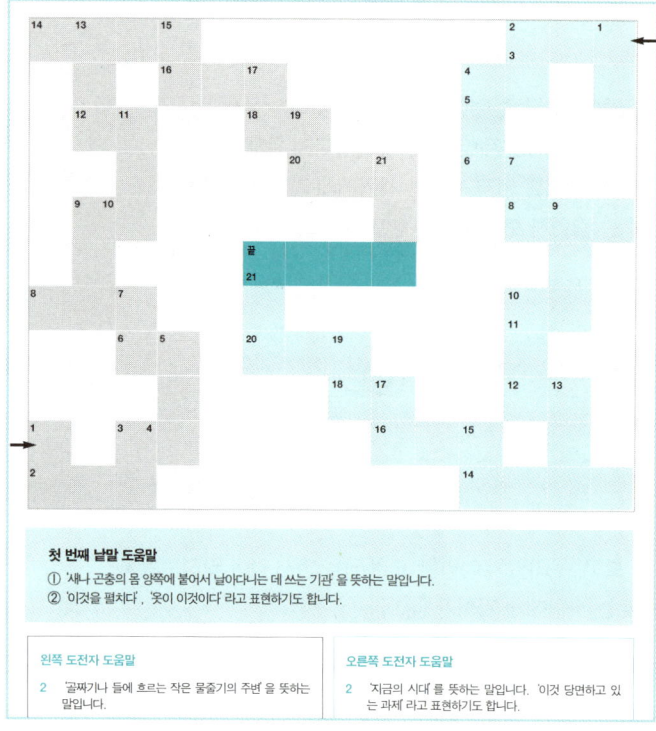

첫 번째 낱말 도움말
① '새나 곤충의 몸 양쪽에 붙어서 날아다니는 데 쓰는 기관'을 뜻하는 말입니다.
② '이것을 펼치다', '옷이 이것이다'라고 표현하기도 합니다.

왼쪽 도전자 도움말
② '골짜기나 들에 흐르는 작은 물줄기의 주변'을 뜻하는 말입니다.

오른쪽 도전자 도움말
② '지금의 시대'를 뜻하는 말입니다. '이것 당면하고 있는 과제'라고 표현하기도 합니다.

도전! 우리말 달인! 최후의 도전자 1명이 우리말 달인에 도전.

- 우승자의 달인 도전 단계.
- 우리말 5문제에 도전하고, 5문제를 모두 성공하면 영예의 '우리말 달인'이 된다.
- 달인이 되면 획득한 점수를 모두 상금으로 환산하여 받는다.
- 총 5문제에 도전, 문제 성공에 따라 상금이 두 배씩 올라간다.
- 상금 계산: 1단계 최종 점수 800점을 획득한 우승자의 경우, 기본 상금은 점수×1,000원으로 해서 800,000원이 된다.

　　　　　첫 번째 문제 성공시(전 단계 상금×2)=1,600,000원
　　　　　두 번째 문제 성공시(전 단계 상금×2)=3,200,000원
　　　　　세 번째 문제 성공시(전 단계 상금×2)=6,400,000원
　　　　　네 번째 문제 성공시(전 단계 상금×2)=12,800,000원
　　　　　다섯 번째 문제 성공시(전 단계 상금×2)=25,600,000원

- 달인 도전자가 획득한 상금의 10%는 우리말 도서 보급과 장학금으로 쓰입니다.

1. 순우리말 중에서 낱말 풀이를 듣고 답을 고르는 3지 선다형 문제.

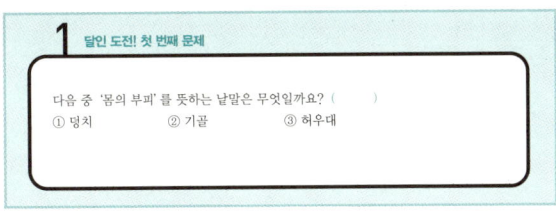

2. 우리말 동형이의어의 장단음을 구별하는 문제.

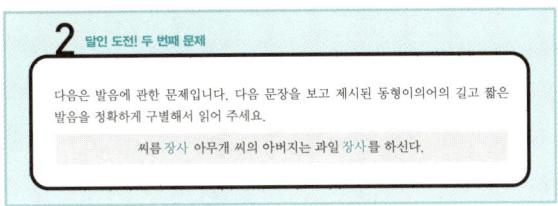

3. 제한 시간(30초) 내에 주어진 문장에서 정확히 띄어 쓰는 문제.

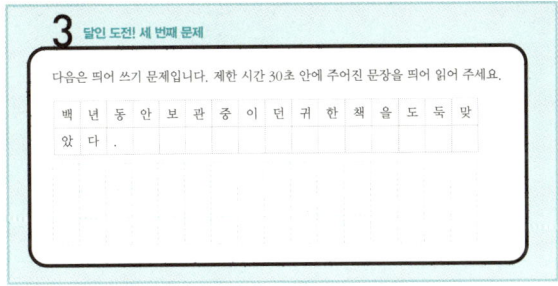

4. 다의적인 뜻을 포함한 낱말의 풀이를 듣고 맞히는 단답형 주관식 문제.

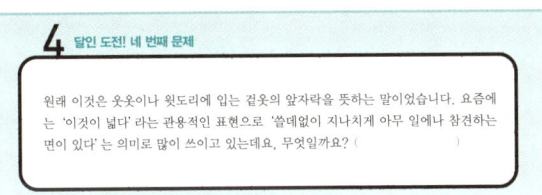

5. 다의적인 뜻을 포함한 낱말의 풀이를 듣고 맞히는 단답형 주관식 문제. (4, 5단계는 난이도로 구별.)

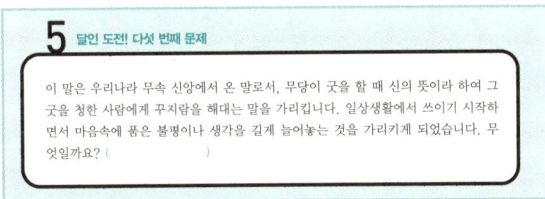

우리말 겨루기

기출 문제은행

제1회

1단계 공통 서술어 맞히기

1

① 50 음식을
② 40 가게를
③ 30 정신을 □□다
④ 20 실속을
⑤ 10 예의를

2

① 50 화제를
② 40 그물을
③ 30 추파를 □□다
④ 20 표를
⑤ 10 돌을

3

① 50 말을
② 40 울음을
③ 30 눈물을 □□다
④ 20 알약을
⑤ 10 군침을

4

① 50 옷을
② 40 때를
③ 30 누명을 □□다
④ 20 칠을
⑤ 10 껍질을

5

① 50 짐을
② 40 열이
③ 30 결론을 □□다
④ 20 차에서
⑤ 10 함박눈이

 **1단계** 맞는 말 틀린 말 맞히기

1
① 딴청
② 닦달하다
③ 마추다
④ 왠지
⑤ 곰팡이

2
① 부엌
② 에머랄드
③ 보따리를 끄르다
④ 가르마
⑤ 괴씸하다

3
① 오라비
② 뒤섞이다
③ 엊그제
④ 치루다
⑤ 크리스털

4
① 오도카니
② 데이터
③ 금실 좋은 부부
④ 허리를 굽신거리다
⑤ 얼굴이 헬쑥하다

5
① 늘그막
② 실뭉치
③ 수퍼마켓
④ 겸연쩍다
⑤ 내로라하다

1단계 숨은 낱말 맞히기

한 글자 문제

①
- 우물
- 거리
- 뺨

ㅂ (10)

②
- 땀
- 조개
- 멍

ㅍ (10)

③
- 벌레
- 그림
- 동화

ㅊ (10)

④
- 단위
- 묶음
- 100개

ㅈ (10)

⑤
- 옷
- 털
- 이불

ㄱ (10)

두 글자 문제

①
- 손
- 말
- 불

ㄴ (20)

②
- 아이
- 이불
- 포대기

ㅂ (20)

③
- 인사
- 감사
- 손

ㅅ (20)

④
- 종이
- 율곡
- 세종대왕

ㅍ (20)

⑤
- 밤
- 사위
- 단골

ㄴ (20)

세 글자 문제

①
- 타악기
- 농악
- 사물놀이

ㄱ (30)

②
- 다리
- 물방울
- 일곱 빛깔

ㅈ (30)

③
- 동물
- 나비
- 부뚜막

ㅇ (30)

④
- 바람
- 문틈
- 종이

ㅍ (30)

⑤
- 봄
- 꽃
- 국화과

ㄷ (30)

 1단계 자주 쓰는 표현말 맞히기

1 4口 □□록 □□□라

2 4口 □도 □도 □ 되다

3 4口 □□ 에 □□랴

4 4口 □□을 □다

5 4口 □□□ □□하듯

6 4口 □은 □□에 □도 안 □□다

7 4口 □찬 □□

도움말 - 글자의 첫소리

1 ㄱㅎㅅ | ㄷㅇㄱ
2 ㅈ | ㅂ | ㅇ
3 ㅇㄴ | ㅈㄷ | ㅊㅊ
4 ㄷㄹㅍ | ㅍ
5 ㄱㅇㅇ | ㅅㅅ
6 ㅇ | ㅈㄹ | ㅍ | ㄴㄱ
7 ㅁ | ㅈㅂ

1단계 우리말의 뜻 맞히기

1 50
개맹이
ㄱ ㄷ ㅁ ㅂ ㅇ ㅈ ㅌ ㅎ ㄲ ㄸ
☐☐ 한 ☐☐ 이나 정신

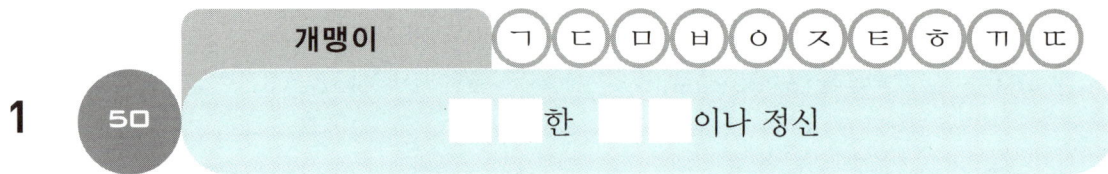

2 50
스리
ㄷ ㄹ ㅁ ㅂ ㅅ ㅇ ㅈ ㅊ ㄲ ㅃ
☐☐ 을 ☐☐ 가 ☐☐ 을 깨물어 생긴 상처

3 50
심드렁하다
ㄱ ㄹ ㅁ ㅂ ㅅ ㅇ ㅈ ㅊ ㅌ ㅎ
☐☐ 에 ☐☐ 하지 아니하여서 ☐☐ 이 거의 없다

도움말 - 글자의 첫소리
1 ㄸㄸ | ㄱㅇ
2 ㅇㅅ | ㅁㄷ | ㅂ
3 ㅁㅇ | ㅌㅌ | ㄱㅅ

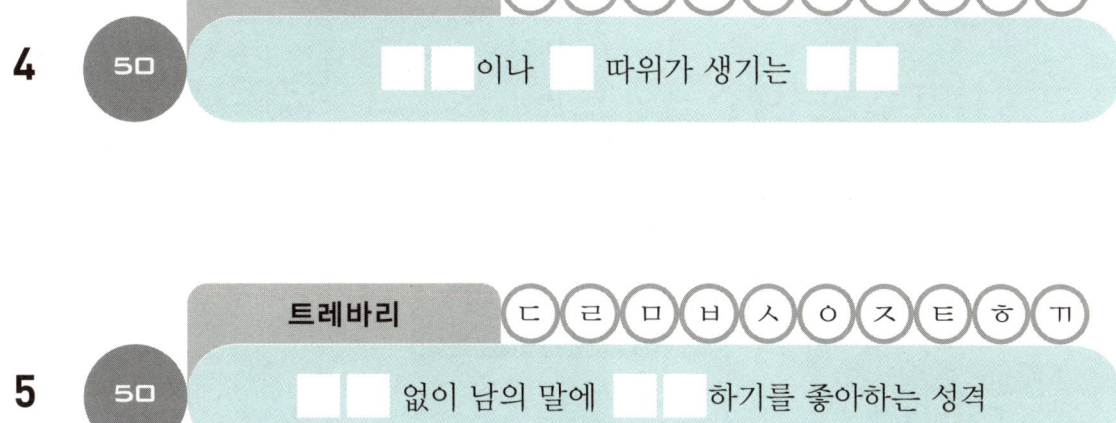

도움말 - 글자의 첫소리
4 ㅈㅇ | ㅌ | ㅇㅇ
5 ㅇㅇ | ㅂㄷ

2단계 가로세로 낱말 잇기

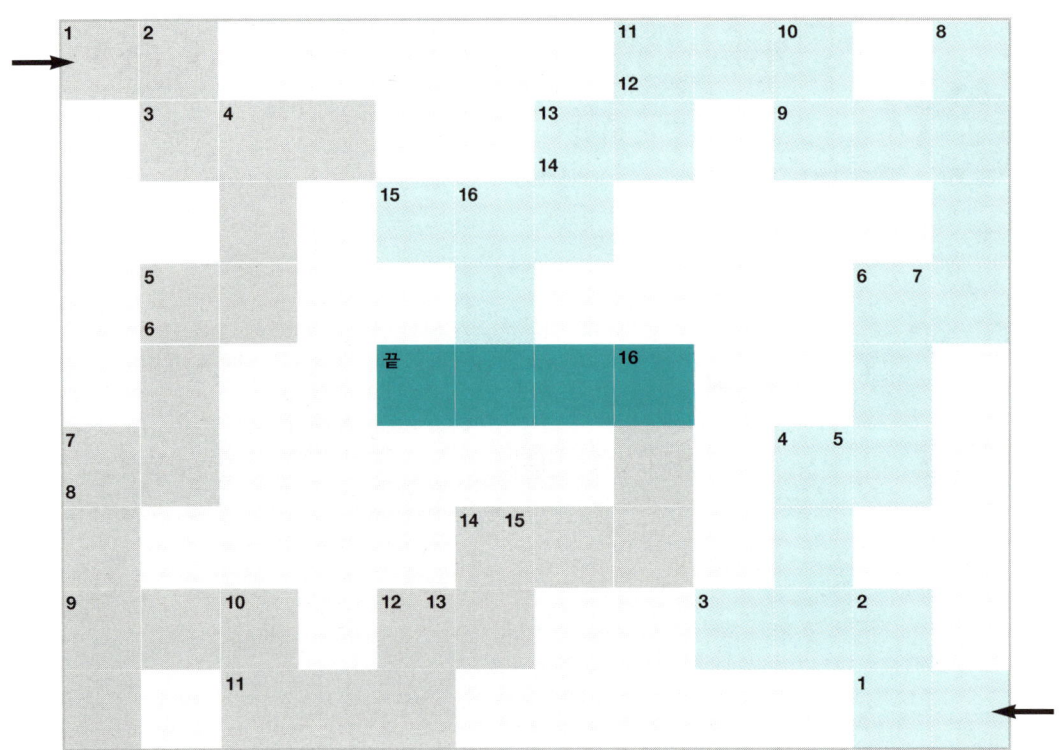

첫 번째 낱말 도움말

① '사람이 본래부터 지닌 성격이나 품성'을 뜻하는 말로 '이것이 좋다', '이것이 착하다', '이것이 무겁다'라는 표현으로 쓰입니다.
② 흔히 여자의 '이것'을 갈대에 비유하기도 합니다.

왼쪽 도전자 도움말

2 '높이가 다른 두 음 사이의 간격'을 뜻하는 말로 '이것을 맞추다'란 표현으로 쓰입니다.

오른쪽 도전자 도움말

2 '지붕이 도리 밖으로 내민 부분'을 뜻하는 말로 갑자기 비가 올 때 '이것' 밑에서 잠시 비를 피하기도 합니다.

3 '이른 새벽에 길은 우물물'을 뜻하는 말로 가족들의 평안을 빌면서 정성을 들이거나 약을 달이는 데 씁니다.

4 종이의 하나로 주로 서예와 동양화에 많이 쓰입니다.

5 '끼니로 먹는 밥'의 높임말입니다.

6 '차가운 것이 몸에 닿거나 무서움을 느낄 때에, 또는 소변을 눈 뒤에 으스스 떠는 몸짓'을 뜻하는 말로 '이것을 치다', '이것을 내다'라는 표현으로 자주 씁니다.

7 '짐승을 가두어 기르는 곳'을 이렇게 부릅니다.

8 '어물어물 망설이기만 하고 결단성이 없음'을 뜻하는 말입니다.

9 '부침개의 일종으로 찹쌀가루, 밀가루, 수숫가루 따위를 반죽하여 둥글고 넓게 하여 솥뚜껑처럼 생긴 무쇠 그릇에 지진 떡'을 '이것'이라 합니다.

10 '사람을 감동시킬 만큼 아름다운 내용을 가진 이야기'를 뜻하는 말입니다.

11 '담이나 벽의 표면'을 뜻하는 말인데요, '아주 미련하여 어떤 사물에 대하여 전혀 이해하지 못하는 사람'을 비유적으로 뜻하는 말로도 쓰입니다.

12 '괴로움과 즐거움'을 아울러 이르는 말입니다.

13 '인절미나 경단 따위의 겉에 묻히거나 시루떡의 켜와 켜 사이에 뿌리는, 가루로 된 재료'를 뜻하는 말입니다.

14 '잘못 저지른 실수'를 뜻하는 말로 '흉'과 같은 의미로 쓰입니다.

15 '아무렇게나 되는대로'를 뜻하는 부사어로 '이렇게 말하다', '이렇게 쓰다'란 표현으로 자주 쓰입니다.

16 '홀연히 나타나 잠깐 유지되다가 사라지는 아름답고 환상적인 일이나 현상 따위'를 비유적으로 뜻하는 말입니다.

3 '감각이 둔하고 고집이 세며 감정에 좀처럼 흔들리지 않는 사람'을 비유적으로 뜻하는 말입니다.

4 '고려, 조선 시대에 문무 양반을 일반 평민층에 상대하여 이르는 말' 혹은 '벼슬이나 문벌이 높은 집안의 사람'을 뜻하는 말입니다.

5 '국수, 새끼, 실 따위를 동그랗게 포개어 감은 뭉치'를 '이것'이라 합니다.

6 '판소리에서, 창을 하는 중간 중간에 가락을 붙이지 않고 이야기하듯 엮어 나가는 사설'을 뜻하는 말입니다.

7 '단정할 수는 없지만 미루어 짐작하거나 생각하여 볼 때 그럴 가능성이 크다'는 뜻을 나타내는 부사어입니다.

8 '좋은 일에는 흔히 방해되는 일이 많거나 많이 생김'을 뜻하는 말입니다.

9 '전임하거나 퇴직할 때에 같이 있던 사람들과 헤어지면서 작별을 알리는 말' 혹은 '장례 때에 죽은 사람에게 이별을 알리는 말'을 뜻하는 말입니다.

10 '일을 하느라고 힘을 들이고 애를 씀'을 뜻하는 말로 '이것을 덜다', '이것이 많다'라는 표현으로 쓰입니다.

11 '소나무, 대나무처럼 사철 내내 잎이 푸른 나무'를 뜻하는 말입니다.

12 '코끼리의 위턱에 길게 뻗은 두 개의 어금니'를 뜻하는 말로 '이것'을 갈아 악기, 도장 따위의 공예품을 만듭니다.

13 '노엽거나 분한 마음'을 뜻하는 말입니다. '허파'를 뜻하는 말로도 쓰입니다.

14 '종이, 피륙, 가죽 따위로 만든 큰 자루'를 '이것'이라 합니다.

15 '잠을 자면서 자기도 모르게 중얼거리는 헛소리'를 뜻하는 말입니다.

16 '어린아이의 말로, 알록달록하게 곱게 만든 아이의 신발'을 뜻하는 말입니다.

최종 낱말 도움말

① '서로 옳으니 그르니 하며 다툼, 또는 그런 행위'를 뜻하는 말입니다.
② '이것 하는 소리', '그들은 모이기만 하면 이것 한다', '이것 입씨름을 했다' 등의 표현으로 쓰입니다.

도전! 우리말 달인

1 달인 도전! 첫 번째 문제

다음 중 '땅이 비탈지고 조금 높은 곳'을 뜻하는 낱말은 어느 것일까요? (   )
① 재   ② 언덕   ③ 골짜기

2 달인 도전! 두 번째 문제

다음은 발음에 관한 문제입니다. 다음 문장을 보고 제시된 동형이의어의 길고 짧은 발음을 정확하게 구별해서 읽어 주세요.

이번 회의 결과에 대해 임원들은 회의를 느꼈다.

3 달인 도전! 세 번째 문제

다음은 띄어 쓰기 문제입니다. 제한 시간 30초 안에 주어진 문장을 띄어 읽어 주세요.

| 한 | 석 | 달 | 쯤 | 후 | 에 | 그 | 사 | 람 | 을 | 만 | 나 | 여 | 행 | 을 | 가 |
| 기 | 로 | 했 | 다 | . | | | | | | | | | | | |

4 달인 도전! 네 번째 문제

주로 그 잎이나 줄기, 열매 따위를 식용하기 위해 밭에서 기르는 농작물을 일컫는 채소, 야채와 같은 뜻의 2음절의 고유어는 무엇일까요? (   )

5 달인 도전! 다섯 번째 문제

'여러 책이나 작품 가운데 제일 잘된 책이나 작품', '여럿 가운데 가장 뛰어난 것'을 뜻하는 이 말은 고대 중국의 관리 등용 시험에서 가장 뛰어난 답안지를 다른 답안지 위에 얹어 놓았다는 데서 유래했습니다. 무엇일까요? (   )

우리말 겨루기

기출 문제은행

제2회

1단계 공통 서술어 맞히기

1
① 50 신분을
② 40 원인을
③ 30 어둠을 ☐☐다
④ 20 햇불을
⑤ 10 화촉을

2
① 50 옷을
② 40 시간을
③ 30 피해를 ☐☐다
④ 20 과소비를
⑤ 10 식사량을

3
① 50 경험이
② 40 실적이
③ 30 먼지가 ☐다
④ 20 피로가
⑤ 10 낙엽이

4
① 50 불꽃이
② 40 전쟁이
③ 30 거품이 ☐☐☐다
④ 20 기적이
⑤ 10 자리에서

5
① 50 사람이
② 40 술이
③ 30 생기가 ☐☐다
④ 20 강물이
⑤ 10 박진감이

1단계 맞는 말 틀린 말 맞히기

1

① 10 돌나물
② 10 비릿내
③ 10 후리지아
④ 10 어깨가 욱신거리다
⑤ 10 두루말이

2

① 10 막둥이
② 10 흐뭇하다
③ 10 괜시리
④ 10 케이크
⑤ 10 미끌어지다

3

① 10 엮은이
② 10 골덴
③ 10 우스개소리
④ 10 부서뜨리다
⑤ 10 주책이다

4

① 10 마사지
② 10 험집
③ 10 테잎
④ 10 걸죽하다
⑤ 10 꼬깃꼬깃

5

① 10 북엇국
② 10 개나리봇짐
③ 10 한 수 물르다
④ 10 파투가 나다
⑤ 10 이부자리

1단계 숨은 낱말 맞히기

한 글자 문제

①
밥 / 타래 / 바늘 — ㅅ

②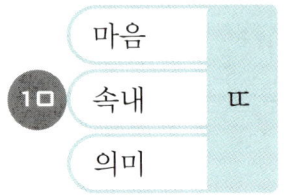
마음 / 속내 / 의미 — ㄸ

③
조개 / 술 / 소금 — ㅁ

④
무게 / 서리 / 부림 — ㅁ

⑤
장기 / 대구 / 무기 — ㅍ

두 글자 문제

①
쪽 / 종 / 장아찌 — ㄴ

②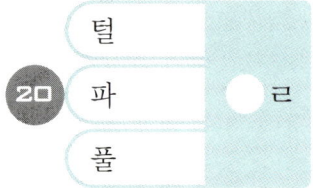
털 / 파 / 풀 — ㄹ

③
신체 / 엉덩이 / 곤장 — ㄱ

④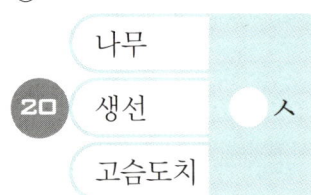
나무 / 생선 / 고슴도치 — ㅅ

⑤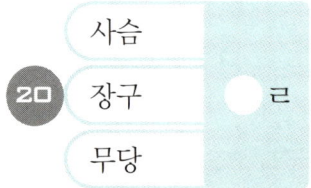
사슴 / 장구 / 무당 — ㄹ

세 글자 문제

①
새끼 / 안주 / 명태 — ㄱ

②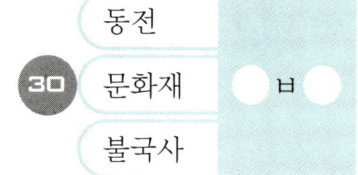
동전 / 문화재 / 불국사 — ㅂ

③
겨울 / 바람 / 눈 — ㅂ

④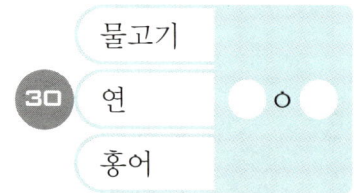
물고기 / 연 / 홍어 — ㅇ

⑤
나무 / 비 / 신발 — ㅁ

# 1단계 자주 쓰는 표현말 맞히기

1 4자 ☐☐에 ☐ 단듯

2 4자 ☐☐☐이 ☐☐☐

3 4자 ☐☐ 치고 ☐☐ 잡고

4 4자 ☐ 에 ☐☐ ☐☐

5 4자 ☐☐ 보다 ☐☐이 좋다

6 4자 ☐☐에 ☐☐르랴

7 4자 ☐☐ 마시고 ☐ ☐시기

도움말 - 글자의 첫소리

1 ㅅㅍ | ㄷ
2 ㅁㅈㅅ | ㅅㅍㅈ
3 ㄷㄹ | ㄱㅈ
4 ㅇ | ㅂ | ㅇㅈ | ㄴㄱ
5 ㄸㅂㄱ | ㅈㅁ
6 ㅊㅅ | ㅂㅂ
7 ㄴㅅ | ㅇ | ㅆ

1단계 우리말의 뜻 맞히기

1 50

난색 ㄱㄷㄹㅁㅅㅇㅈㅊㅍㄲ

☐☐거나 ☐☐ 하는 기색

2 50

허섭스레기 ㄴㄹㅁㅅㅇㅈㅊㅌㅍㅎ

☐☐것이 빠지고 난 뒤에 남은 ☐☐☐ 물건

3 50

오붓하다 ㄱㄴㄷㅁㅂㅅㅇㅈㅍㅎ

☐☐☐하면서 아늑하고 ☐☐다

도움말 – 글자의 첫소리
1 ㄲㄹ | ㅇㄹㅇ
2 ㅈㅇ | ㅎㄹㅎ
3 ㅎㄱㅂ | ㅈㄷ

4 50 | 골탕 ㄱ ㄷ ㄹ ㅂ ㅅ ㅇ ㅈ ㅋ ㅎ ㄲ
□□□에 되게 당하는 □□나 □□

5 50 | 북새 ㄴ ㄷ ㄹ ㅂ ㅅ ㅇ ㅈ ㅎ ㄲ ㅆ
많은 사람이 □□스럽게 □□을 떨며 □□이는 일

도움말 – 글자의 첫소리
4 ㅎㄲㅂ | ㅅㅎ | ㄱㄹ
5 ㅇㄷ | ㅂㅅ | ㅂㅅ

가로세로 낱말 잇기

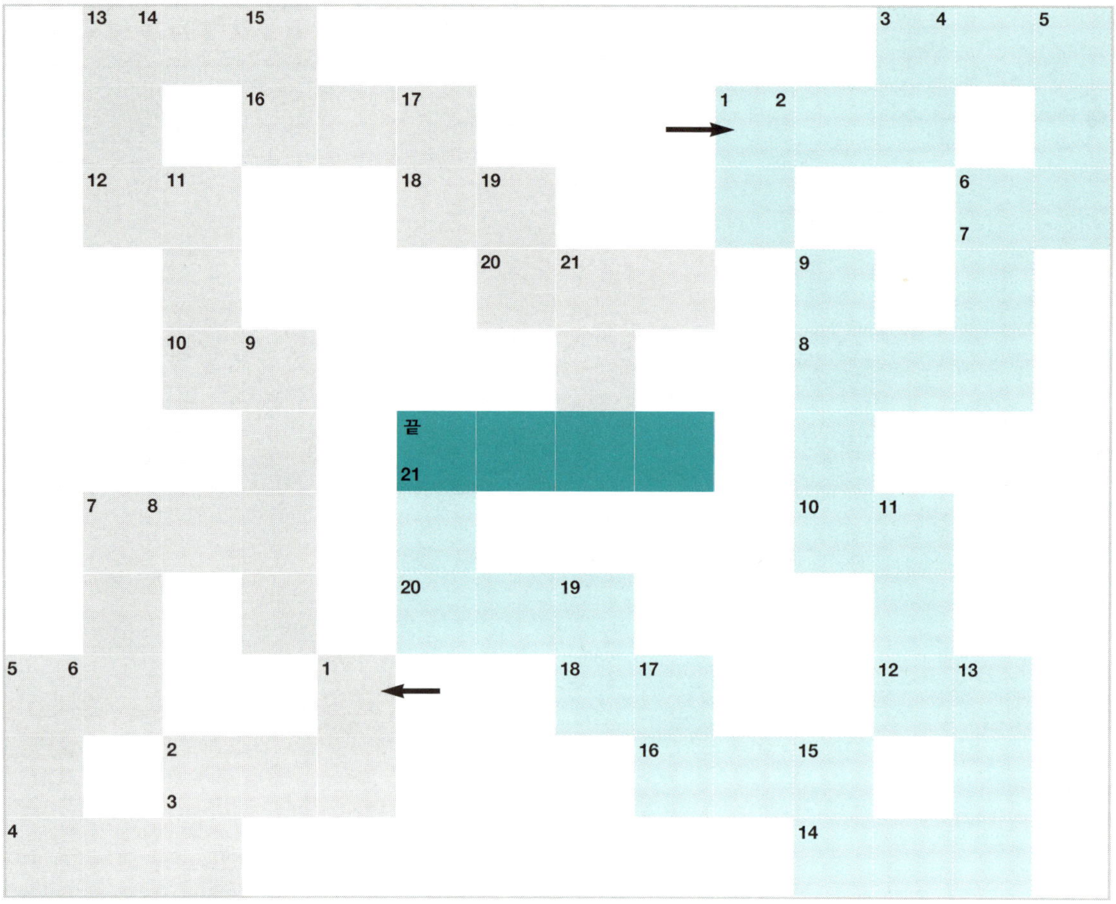

첫 번째 낱말 도움말

① 상대편과 관련을 짓기 위하여 중간에 다른 사람을 넣을 때 '이것을 놓다' 라고 표현합니다.
② '물을 건너거나 또는 한편의 높은 곳에서 다른 편의 높은 곳으로 건너다닐 수 있도록 만든 시설물' 을 뜻하는 말입니다.

왼쪽 도전자 도움말

2 양치식물 여러해살이풀의 일종으로 어린아이의 여리고 포동포동한 손을 비유적으로 이를 때 '이것 같은 손' 이라고 표현합니다.

3 '마음속에 생각하고 있는 것이나 감추어 둔 것을 사실대로 숨김없이 말함' 을 뜻하는 말입니다.

오른쪽 도전자 도움말

2 '속눈썹의 뿌리에 균이 들어가 눈시울이 발갛게 붓고 곪아서 생기는 작은 부스럼' 을 뜻하는 말입니다.

3 '낚시 끝에 꿰는 물고기의 먹이' 를 뜻하는 말입니다. 주로 지렁이, 새우, 밥알 따위를 사용합니다.

4. 흔히 전쟁이나 전투에서 '매우 용감함'을 표현하고자 할 때 많이 사용하는 말입니다. '혼자서 여러 사람을 물리치다 혹은 감당하다'라는 뜻을 가지고 있습니다.
5. '국경일, 경축일, 일요일 같이 국가나 사회에서 정하여 다 함께 쉬는 날'을 뜻하는 말입니다.
6. '아무것도 없는 빈 곳'을 뜻하는 말입니다.
7. '이렇든 저렇든 어떻든 간'을 뜻하는 말입니다. '하여간', '여하간'과 비슷한 의미입니다.
8. '여러 사람이 한자리에 모여 앉아서 어떤 문제에 대하여 의견이나 견문을 나누는 일을 하는 모임'을 뜻합니다.
9. '거의 죽을 뻔하다가 도로 살아남'을 뜻하는 말입니다.
10. '뾰쪽하게 내밀거나 도드라짐, 또는 그런 부분'을 뜻하는 말입니다.
11. '기둥 밑에 기초로 받쳐 놓은 돌'을 뜻하는 말입니다.
12. '보통 정도보다 훨씬 더 넘어선 상태로'를 뜻하는 부사입니다. 보통 어떤 상태에 대해 강조하여 표현하고자 할 때 많이 사용하는 말입니다.
13. 역사적으로 혹은 당대에서 '지혜와 재주가 썩 뛰어난 사람'을 '이것'으로 곧잘 표현합니다.
14. '자선 사업이나 공공사업을 돕기 위하여 대가 없이 내놓은 돈'을 뜻하는 말입니다.
15. '날짐승과 길짐승이라는 뜻으로, 모든 짐승을 이르는 말'을 뜻하는 말입니다.
16. '서양화에서, 물감을 불에 쑤어서 그린 그림'을 뜻하는 말입니다.
17. '활시위에 메워서 당겼다가 놓으면 그 반동으로 멀리 날아가도록 만든 물건'입니다.
18. '살아가기 위한 방도'를 뜻하는 말입니다. '이것을 찾다'라고 표현하기도 합니다.
19. '큰길에서 좁은 길로 들어가는 어귀' 혹은 '길의 중요한 통로가 되는 어귀'를 뜻하는 말입니다.
20. '입 안에서 식도와 기도로 통하는 입속의 깊숙한 곳'을 뜻하는 말입니다. '이것에 풀칠하다'라고 표현하기도 합니다.
21. '땅이 움푹하게 팬 곳'을 뜻하는 말입니다.

4. '항문을 이루는 창자의 끝 부분'을 뜻하는 말입니다.
5. '열매나 곡식 따위의 낱알' 혹은 '작고 동그랗고 단단한 물질'을 뜻하는 말입니다.
6. '서로 같지 아니하고 다름, 또는 그런 정도나 상태'를 뜻하는 말입니다.
7. '화물차 한 대분의 상품을 한꺼번에 사들이는 일, 또는 그렇게 하기 위한 흥정'을 뜻하는 말입니다.
8. '불을 끄는 기구'를 뜻하는 말입니다.
9. '사실보다 작거나 약하게 평가함'을 뜻하는 말입니다.
10. '자신이나 남의 잘못에 대하여 꾸짖어 나무라며 못마땅하게 여김'을 뜻하는 말입니다. '양심의 이것을 느끼다'라고 표현하기도 합니다.
11. '책장과 책장의 사이'를 뜻하는 말입니다.
12. '척추동물의 몸을 싸고 있는 조직'을 뜻하는 말입니다. '이것이 곱다'라고 표현하기도 합니다.
13. '어떤 감정이나 싸움, 상태의 변화 따위를 더욱 부추기는 일을 비유적으로 이르는 말'을 뜻합니다.
14. '남의 잘못이나 비밀을 일러바치는 짓'을 뜻하는 말입니다.
15. '참고하기 위하여 준비하여 놓음, 또는 그런 것' 혹은 '문서 따위에서, 그 내용에 참고가 될 만한 사항을 보충하여 적는 것'을 뜻하는 말입니다.
16. '어떤 과정에서 가장 중요하거나 어려울 때'를 뜻하는 말입니다. '이것을 넘기다'라고 표현하기도 합니다.
17. '풀지 못하고 남은 원한'을 뜻하는 말입니다.
18. '증서, 상장, 훈장 따위를 줌'을 뜻하는 말입니다. '상장을 이것하다'라고 표현하기도 합니다.
19. '날이 예리하고 짧은 칼'을 뜻하는 말입니다. '이것을 꽂다', '이것을 던지다'라고 표현하기도 합니다.
20. '웃어른 앞에서 자기 남편을 낮추어 이르는 말'을 뜻합니다.
21. '이러한 정도로, 또는 이렇게까지'를 뜻하는 부사입니다. '이리도'와 같은 의미로 '이것 기쁠 줄이야'라고 표현하기도 합니다.

최종 낱말 도움말
① '정열이나 분노, 정기 따위가 왕성하게 일어나는 모양'을 뜻하는 말입니다.
② '불이 발갛게 피어 불꽃이 어른어른 피어오르는 모양'을 뜻하는 말입니다.

도전! 우리말 달인

1 달인 도전! 첫 번째 문제

다음 중 '바늘을 묶어 세는 단위'를 뜻하는 말은 무엇일까요? (　　　)
① 땀　　　　② 쌈　　　　③ 죽

2 달인 도전! 두 번째 문제

다음은 발음에 관한 문제입니다. 다음 문장을 보고 제시된 동형이의어의 길고 짧은 발음을 정확하게 구별해서 읽어 주세요.

불어 원서를 번역하는 회사에 취직하려고 원서를 냈다.

3 달인 도전! 세 번째 문제

다음은 띄어 쓰기 문제입니다. 제한 시간 30초 안에 주어진 문장을 띄어 읽어 주세요.

| 그 | 는 | 일 | 년 | 열 | 두 | 달 | 내 | 내 | 쉴 | 새 | 없 | 이 | 열 | 심 | 히 |
| 일 | 했 | 다 | . | | | | | | | | | | | | |

4 달인 도전! 네 번째 문제

원래 이것은 웃옷이나 윗도리에 입는 겉옷의 앞자락을 뜻하는 말이었습니다. 요즘에는 '이것이 넓다'라는 관용적인 표현으로 '쓸데없이 지나치게 아무 일에나 참견하는 면이 있다'는 의미로 많이 쓰이고 있는데요, 무엇일까요? (   )

5 달인 도전! 다섯 번째 문제

이 말은 우리나라 무속 신앙에서 온 말로서, 무당이 굿을 할 때 신의 뜻이라 하여 그 굿을 청한 사람에게 꾸지람을 해대는 말을 가리킵니다. 일상생활에서 쓰이기 시작하면서 마음속에 품은 불평이나 생각을 길게 늘어놓는 것을 가리키게 되었습니다. 무엇일까요? (   )

우리말 겨루기

기출 문제은행

제3회

1단계 공통 서술어 맞히기

1

① 배가
② 월급이
③ 마중을
④ 새순이
⑤ 하품이
□□다

2

① 약속을
② 가격을
③ 규칙을
④ 도움을
⑤ 사윗감을
□□다

3

① 하늘을
② 코를
③ 비녀를
④ 정곡을
⑤ 옆구리를
□□다

4
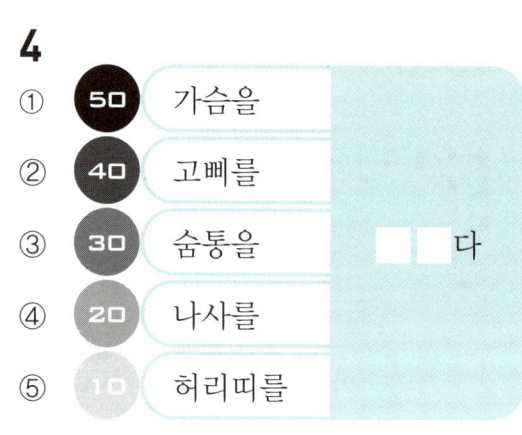
① 가슴을
② 고삐를
③ 숨통을
④ 나사를
⑤ 허리띠를
□□다

5
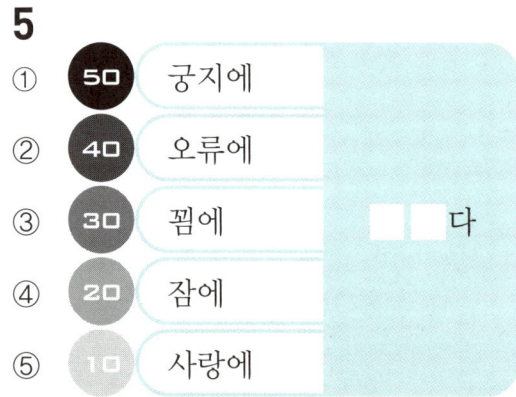
① 궁지에
② 오류에
③ 꾐에
④ 잠에
⑤ 사랑에
□□다

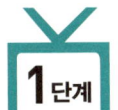

1단계 맞는 말 틀린 말 맞히기

1

① 10 손찌검
② 10 마늘쫑
③ 10 오므라이스
④ 10 삵쾡이
⑤ 10 시답잖다

2

① 10 암코양이
② 10 미닫이
③ 10 크레용
④ 10 시뻘개지다
⑤ 10 얄따랗다

3

① 10 따끈히
② 10 짜투리
③ 10 콩트
④ 10 죄여들다
⑤ 10 널찍하다

4

① 10 머리기사
② 10 막동이
③ 10 카운셀러
④ 10 알아맞추다
⑤ 10 어르다

5

① 10 뒷탈
② 10 수캉아지
③ 10 케찹
④ 10 쭈구러들다
⑤ 10 안성맞춤

1단계 숨은 낱말 맞히기

한 글자 문제

①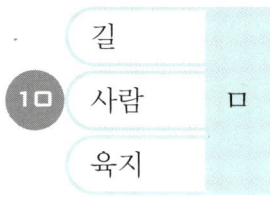
10 | 길 / 사람 / 육지 | ㅁ

②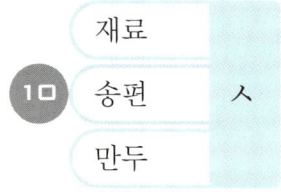
10 | 재료 / 송편 / 만두 | ㅅ

③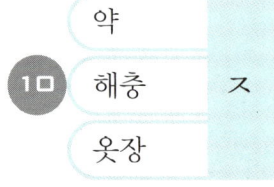
10 | 약 / 해충 / 옷장 | ㅈ

④
10 | 개 / 자리 / 나라 | ㄲ

⑤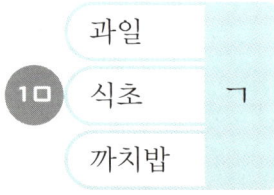
10 | 과일 / 식초 / 까치밥 | ㄱ

두 글자 문제

①
20 | 병 / 잔 / 창 | ○ㄹ

②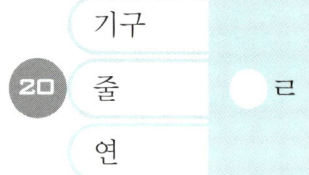
20 | 기구 / 줄 / 연 | ○ㄹ

③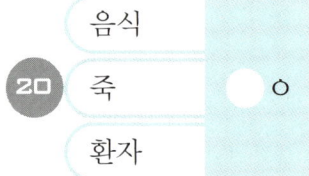
20 | 음식 / 죽 / 환자 | ○ㅇ

④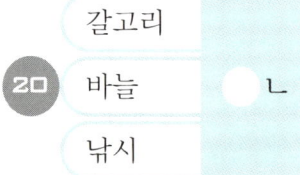
20 | 갈고리 / 바늘 / 낚시 | ○ㄴ

⑤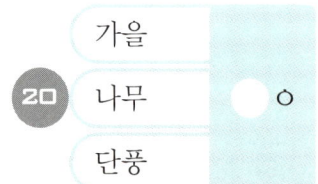
20 | 가을 / 나무 / 단풍 | ○ㅇ

세 글자 문제

①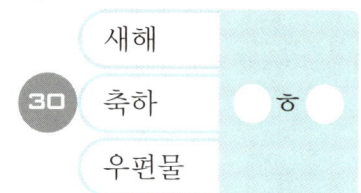
30 | 새해 / 축하 / 우편물 | ○ㅎ

②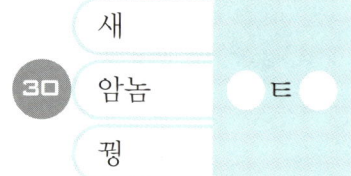
30 | 새 / 암놈 / 꿩 | ○ㅌ

③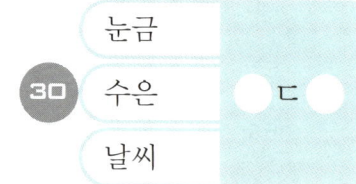
30 | 눈금 / 수은 / 날씨 | ○ㄷ○

④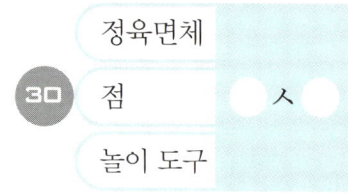
30 | 정육면체 / 점 / 놀이 도구 | ○ㅅ

⑤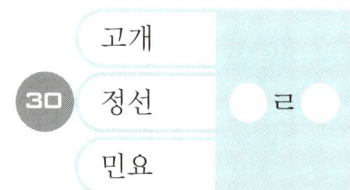
30 | 고개 / 정선 / 민요 | ○ㄹ○

1단계 자주 쓰는 표현말 맞히기

1 4㎡ ☐ ☐ 도 ☐ ☐ 부터

2 4㎡ ☐에 ☐ 듯하다

3 4㎡ ☐에 ☐도 ☐ ☐ 않다

4 4㎡ ☐에 ☐고 ☐니다

5 4㎡ ☐ ☐ 는 줄 ☐ 다

6 4㎡ ☐☐☐☐ ☐을 놓다

7 4㎡ ☐를 ☐ 듯 ☐ 지다

도움말 – 글자의 첫소리

1 ㅊ | ㄹ | ㄱ | ㅎ | ㄱㅇ   5 ㅅㄱ | ㄱ | ㅁㄹ
2 ㅅ | ㅈㅎ   6 ㅅㅅㄱ | ㅈㅎㄹ
3 ㄴ | ㄴㅇ | ㅇㅍㅈ   7 ㅇ | ㅈ | ㄷ
4 ㅇ | ㄷ | ㄷ

1단계 우리말의 뜻 맞히기

1

나비잠

ㄱ ㄴ ㄹ ㅁ ㅅ ㅇ ㅈ ㅊ ㅋ ㅍ

□□□ 가 두 □을 □□ 위로 벌리고 자는 잠

2

해미

ㄱ ㄷ ㄹ ㅂ ㅅ ㅇ ㅈ ㅌ ㄲ ㅃ

□□ 위에 낀 아주 □은 □□

3

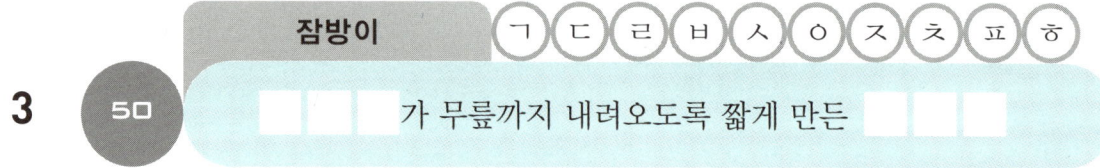

잠방이

ㄱ ㄷ ㄹ ㅂ ㅅ ㅇ ㅈ ㅊ ㅍ ㅎ

□□ 가 무릎까지 내려오도록 짧게 만든 □□□

도움말 - 글자의 첫소리

1 ㄱㄴㅇㅇ | ㅍ | ㅁㄹ
2 ㅂㄷ | ㅈ | ㅇㄱ
3 ㄱㄹㅇ | ㅎㅂㅈ

4 50 **생게망게** ㄴㄷㄹㅁㅂㅅㅌㅍㅎㅆ

하는 ☐☐이나 ☐이 갑작스럽고 ☐☐☐ 없는 모양

5 50 **가다귀** ㄱㄴㅁㅂㅅㅇㅈㄲㄸㅃ

참나무 따위의 ☐☐로 된 ☐☐☐

도움말 - 글자의 첫소리
4 ㅎㄷ | ㅁ | ㅌㅁㄴ
5 ㅈㄱㅈ | ㄸㄴㅁ

2단계 가로세로 낱말 잇기

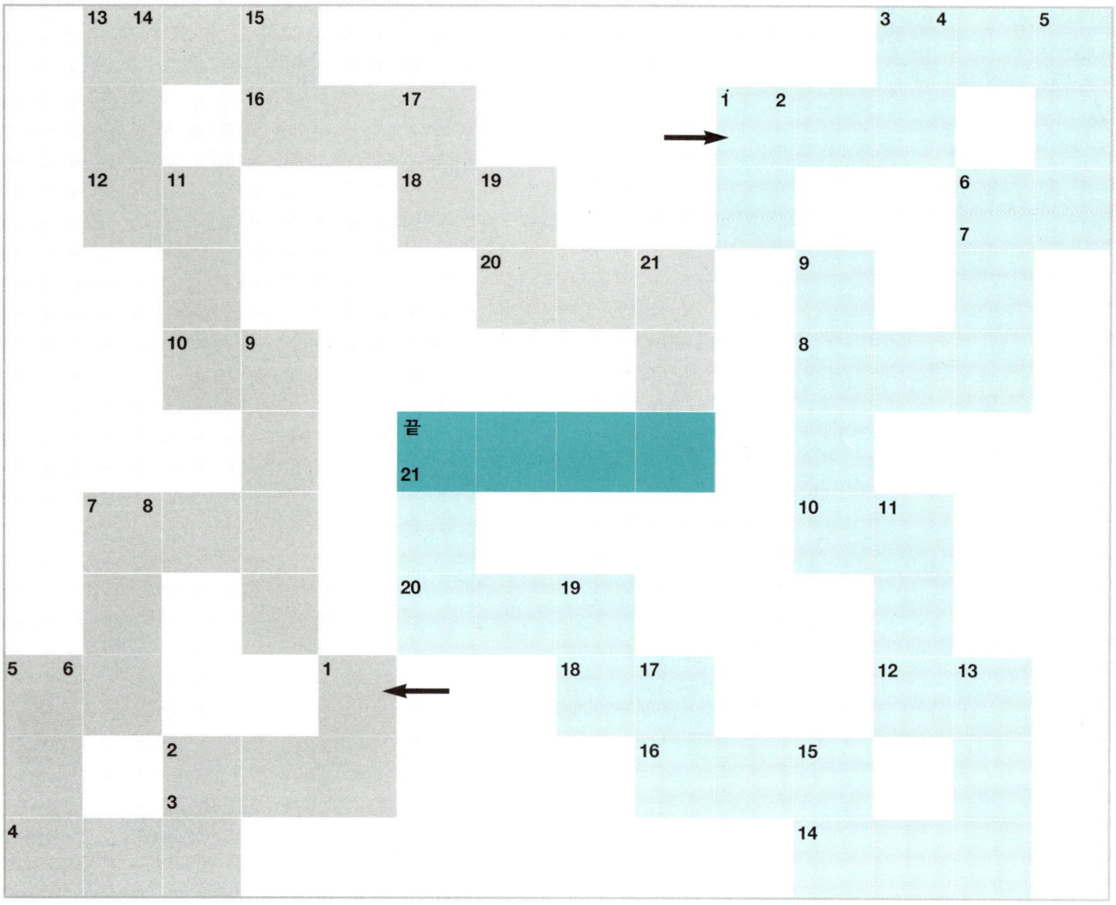

첫 번째 낱말 도움말

① '작고 둥글게 맺힌 액체 덩어리'를 뜻하는 말입니다.
② '얇은 쇠붙이를 속이 비도록 동그랗게 만들어 그 속에 단단한 물건을 넣어서 흔들면 소리가 나는 물건'을 뜻하기도 합니다.

왼쪽 도전자 도움말

2 '눈언저리의 속눈썹이 난 곳'을 뜻하는 말입니다. '이것을 적시다'라고 표현하기도 합니다.

3 '눈이 힘차게 내려 줄이 죽죽 져 보이는 상태'를 뜻하는 말입니다.

오른쪽 도전자 도움말

2 '방 안의 네 귀퉁이'를 뜻하는 말입니다. '이것을 샅샅이 뒤지다'라고 표현하기도 합니다.

3 '아주 단단하고 빛깔과 광택이 아름다우며 희귀한 광물'을 뜻하는 말입니다. 주로 장신구를 만드는 데 많이 씁니다.

4 '한 발을 들고 한 발로 선 자세'를 뜻하는 말입니다.
5 '다듬잇감을 감아서 다듬이질할 때에 쓰는, 단단한 나무로 만든 방망이'를 뜻하는 말입니다.
6 '아침 해가 바다에 비치어 붉게 물든 경치' 혹은 '부끄럽거나 취하여 붉어짐, 또는 그런 빛'을 뜻하는 말입니다.
7 '찌르레깃과의 일종으로 사람의 말을 잘 흉내 내어 애완용으로 사육하는 새'를 뜻하는 말입니다.
8 '일부러 애써'를 뜻하는 부사입니다. 부정하는 말과 어울려 쓰이거나 반문하는 문장에 자주 쓰입니다.
9 '아름다운 말로 듣기 좋게 꾸민 글귀'를 뜻하는 말입니다.
10 '어떤 일을 알아차릴 수 있는 눈치, 또는 일이 되어 가는 야릇한 분위기'를 뜻하는 말입니다. '이것이 보이다'라고 표현하기도 합니다.
11 '주로 가는 새끼나 노 따위로 엮거나 그물처럼 떠서 성기게 만든 도구'입니다. 물건을 담아 들거나 어깨에 메고 다닐 수 있도록 만든 것입니다.
12 '부러워하여 바람'이라는 뜻을 가진 말입니다. 주로 부러움의 대상이 되는 것을 본받고자 할 때 많이 사용하는 말입니다.
13 '물과 하늘이 맞닿아 경계를 이루는 선'을 뜻하는 말입니다.
14 '옛날, 각 궁궐이나 성의 문을 지키던 무관 벼슬'을 '이것'이라 했습니다.
15 '오랫동안 깊이 생각함'을 뜻하는 말입니다. 바둑을 둘 때, '이것 끝에 악수'라는 표현을 많이 사용합니다.
16 '거만한 태도' 혹은 '상대편에게 도도하게 자기를 세우는 입장'을 뜻하는 말입니다.
17 '사람이 살고 있는 모든 사회를 통틀어 이르는 말'을 뜻하는 말입니다. '세속'과 같은 말로 '세계'와 비슷한 뜻입니다.
18 '물건을 넣어 두기 위하여 나무, 대나무, 두꺼운 종이 같은 것으로 만든 그릇'을 뜻하는 말입니다.
19 '장사나 사업 따위의 기본이 되는 돈'을 뜻합니다.
20 '활동의 근거로 삼는 곳'을 뜻하는 말입니다.
21 '무거운 물건을 움직이는 데에 쓰는 막대기'를 뜻하는 말입니다.

4 '물건을 싸서 들고 다닐 수 있도록 네모지게 만든 천'을 뜻하는 말입니다.
5 '피곤할 때에 몸을 쭉 펴고 팔다리를 뻗는 것'을 뜻하는 말입니다.
6 '아직 꽃이 피지 않음' 혹은 '사회가 발전되지 않고 문화 수준이 낮은 상태'를 뜻하는 말입니다.
7 '원자나 원자핵 따위의 물질을 이루는 아주 작은 구성원' 즉 '알갱이'를 뜻하는 말입니다.
8 '승려, 신부, 목사, 선교사처럼 종교적 직분을 맡은 교역자'를 뜻하는 말입니다.
9 '술에 취하여 거리에서 큰 소리를 지르거나 노래를 부르는 짓'을 뜻하는 말입니다.
10 '자신이나 남의 잘못에 대하여 꾸짖어 나무라며 못마땅하게 여김'을 뜻하는 말입니다. '양심의 이것을 느끼다'라고 표현하기도 합니다.
11 '책장과 책장의 사이'를 뜻하는 말입니다.
12 '척추동물의 몸을 싸고 있는 조직'을 뜻하는 말입니다.
13 원래는 '도구를 이용해 바람을 일으키는 행위'를 뜻하나 '어떤 감정이나 싸움, 상태의 변화 따위를 더욱 부추기는 일을 비유적으로 이르는 말'이기도 합니다.
14 '이를 닦고 물로 입 안을 가시는 일'을 뜻하는 말입니다.
15 '웃어른을 모시어 음식 이바지를 함' 혹은 '절에서, 음식을 먹는 일'을 뜻하는 말입니다.
16 '기술이 능숙한 기술자니 노동자'를 뜻하는 말입니다. '기능공'과 비슷한 의미입니다.
17 '아버지의 사촌 형제로 오촌이 되는 관계'를 뜻하는 말입니다. '종숙'과 같은 의미입니다.
18 '몸채의 곁이나 뒤에 따로 지은 집이나 방'을 뜻하는 말입니다.
19 '다른 곳에 있는 사람에게 소식을 전함, 또는 소식을 적은 종이'를 뜻하는 말입니다.
20 '형세나 세력 따위가 가장 왕성한 시기' 혹은 어떤 사람의 일이나 업적이 가장 화려한 시기 등을 뜻하는 말입니다.
21 '생선, 김, 미역 따위를 전문적으로 파는 가게'를 뜻하는 말입니다.

최종 낱말 도움말

① '무슨 일에 앞잡이로 나서서 그 일을 시작하기 좋게 만들어 주는 사람을 비유적으로 이르는 말'을 뜻합니다.
② '곡예나 연극 따위에서, 막간에 나와 우습고 재미있는 말이나 행동으로 판을 어울리게 하는 사람'을 뜻하는 말입니다.

도전! 우리말 달인

1 달인 도전! 첫 번째 문제

다음 중 '친구 사이의 두터운 우정'을 가리키는 말이 아닌 것은 무엇일까요? (   )
① 막역지우   ② 지란지교   ③ 관포지교   ④ 기변지교

2 달인 도전! 두 번째 문제

다음은 발음에 관한 문제입니다. 다음 문장을 보고 제시된 동형이의어의 길고 짧은 발음을 정확하게 구별해서 읽어 주세요.

서울과 오산이 가깝다는 생각은 큰 오산이었다.

3 달인 도전! 세 번째 문제

다음은 띄어쓰기 문제입니다. 제한 시간 30초 안에 주어진 문장을 띄어 읽어 주세요.

| 형 | 은 | 비 | 밀 | 이 | 드 | 러 | 날 | 것 | 을 | 걱 | 정 | 하 | 며 | 안 | 절 |
| 부 | 절 | 못 | 했 | 다 | . | | | | | | | | | | |

4 달인 도전! 네 번째 문제

조선 시대에, 이품(二品) 이상의 벼슬아치를 뽑을 때 임금이 이조에서 추천된 세 후보자 가운데 마땅한 사람의 이름 위에 점을 찍던 일을 '이것'이라 했는데요, 오늘날에 와서 여러 후보가 있을 때 그 중에 마땅한 대상을 고름을 뜻하는 말로 바뀌었습니다. 무엇일까요? (   )

5 달인 도전! 다섯 번째 문제

이 말은 원래 '흐르는 물이 소용돌이치는 가운데'를 가리키는 말입니다. 요즘에는 '일이나 사건 따위가 시끄럽고 복잡하게 벌어지는 가운데'란 뜻으로 쓰입니다. 이 말은 무엇일까요? (   )

우리말 겨루기

기출 문제은행

제4회

1단계 공통 서술어 맞히기

1
- ① 50 산을
- ② 40 파도를
- ③ 30 고개를
- ④ 20 국경을
- ⑤ 10 담을

□다

2
- ① 50 사건이
- ② 40 감정이
- ③ 30 생각이
- ④ 20 이야기가
- ⑤ 10 절차가

□□□다

3
- ① 50 돈을
- ② 40 공을
- ③ 30 머리를
- ④ 20 자가용을
- ⑤ 10 굴렁쇠를

□□다

4
- ① 50 무게를
- ② 40 추위를
- ③ 30 고통을
- ④ 20 구박을
- ⑤ 10 굶주림을

□□다

5
- ① 50 웃음을
- ② 40 재산을
- ③ 30 이름을
- ④ 20 비둘기를
- ⑤ 10 깃발을

□□다

1단계 맞는 말 틀린 말 맞히기

1
① 쉿소리
② 밀짚모자
③ 바게뜨
④ 들이붇다
⑤ 청녹색

2
① 옷섶
② 뻐꾸기
③ 바이올린
④ 무찔르다
⑤ 다다르다

3
① 잔듸
② 옛스럽다
③ 랑데부
④ 누누이
⑤ 조그만하다

4
① 인삿말
② 기꺼이
③ 콤피스
④ 약삭바르다
⑤ 손아래뻘

5
① 오뚜기
② 덥석
③ 수프
④ 꺼꾸로
⑤ 자그만하다

1단계 숨은 낱말 맞히기

 1단계 자주 쓰는 표현말 맞히기

1 5️⃣ □□을 □□□□다

2 4️⃣ □ 은 □을 □다

3 4️⃣ □□□ 같은 □□   행운

4 4️⃣ □□□에서 □□까지

5 4️⃣ □□□ 같은 □□

6 4️⃣ □□야 □□

7 4️⃣ □□□도 한 □

도움말 – 글자의 첫소리

1 ㅊㄱ | ㄱㄷㅅㅇ
2 ㄴ | ㅈ | ㅇ | ㅅㅋ
3 ㄸㄸㅈ | ㅅㄹ
4 ㅁㄹㄲ | ㅂㄲ
5 ㅈㄲㄷ | ㅅㄹ
6 ㅁㅈ | ㅂㅈ
7 ㅁㄸㄱ | ㅊ

 **1단계 우리말의 뜻 맞히기**

1 50 뒤웅박 ㄱㄴㄹㅂㅅㅇㅈㅍㄲㅉ
박을 □□ 않고 □□ 근처에 구멍만 뚫어 □을 파낸 바가지

2 50 묘령 ㄱㄴㄹㅁㅂㅅㅇㅈㅍㅎ
□□ 안팎의 □□□□

3 50 엔간하다 ㄱㄷㄹㅁㅂㅅㅇㅈㅍㅎ
□□으로 보아 □□가 □□에 꽤 가깝다

도움말 - 글자의 첫소리
1 ㅉㄱㅅ | ㄲㅅ | ㅅ
2 ㅅㅁ | ㅅ | ㅇㅈ | ㄴㅇ
3 ㄷㅈ | ㅈㄷ | ㅍㅈ

4 **함초롬하다** ㄱ ㄹ ㅁ ㅂ ㅅ ㅇ ㅈ ㅊ ㅋ ㅌ
   ☐거나 서려 있는 모양이나 상태가 ☐☐☐하고 ☐☐하다

5 **민낯** ㄱ ㄷ ㅂ ㅅ ㅇ ㅈ ㅊ ㅋ ㅌ ㅎ
   ☐☐을 하지 않은 ☐☐의 ☐☐

도움말 – 글자의 첫소리
4 ㅈ | ㄱㅈㄹ | ㅊㅂ
5 ㅎㅈ | ㅇㅈ | ㅇㄱ

가로세로 낱말 잇기

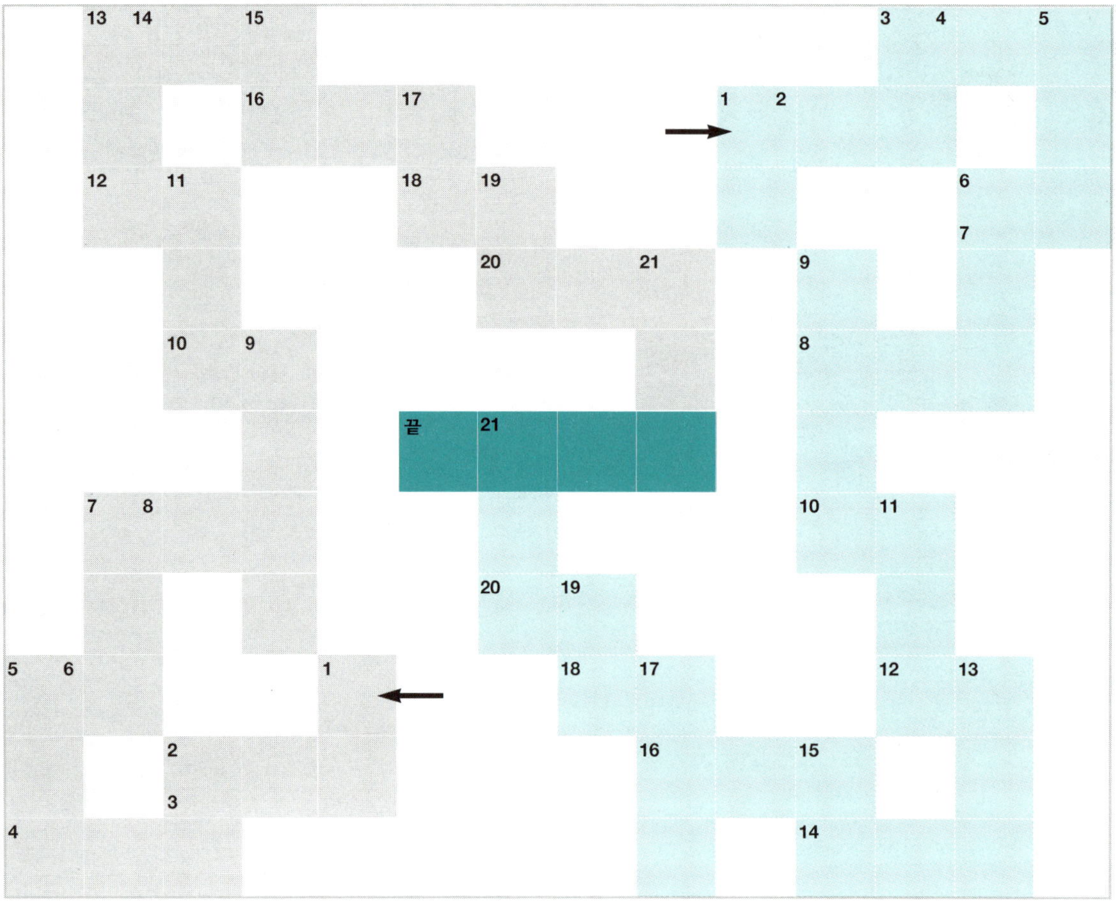

첫 번째 낱말 도움말
① 노력한 일의 성과가 나타날 때 '결실을 보다'라는 표현과 비슷한 의미로 '이것을 맺다'라는 표현을 씁니다.
② '식물이 수정한 후 씨방이 자라서 생기는 것'을 뜻하는 말로 '밤', '은행' 등이 '이것'에 속합니다.

왼쪽 도전자 도움말
2 난 지 1년이 안 된 새끼를 잡아 길들여서 사냥에 쓰는 매 를 이렇게 부릅니다.
3 '아주 귀하고 소중한 물건'을 뜻하는 말로 '아주 귀하고 소중하며 꼭 필요한 사람이나 물건 따위'를 비유적으로 말할 때 쓰기도 합니다.

오른쪽 도전자 도움말
2 '방 밖의 온도가 25°C 이상인 무더운 밤'을 뜻하는 말입니다.
3 바로 앞서서 한 말을 받아 동의나 인정 따위를 뜻하는 말 혹은 '앞서 한 말의 이유를 뜻하는 말'을 나타내는 부사로 '이것 그렇지', '이것 모르지'라는 표현으로 쓰입니다.

60

4 '작은 배'를 뜻하는 말로 '편주', '단주'와 같은 의미입니다.

5 '어떠한 상태가 극도에 이른 고비, 절정'을 뜻하는 말로 '이것에 이르다', '이것에 달하다'란 표현으로 쓰입니다.

6 '눈물샘을 자극하여 눈물을 흘리게 함'을 뜻하는 말입니다.

7 '아무렇게나 되는대로'를 뜻하는 부사어로 '이렇게 말하다', '이렇게 쓰다'란 표현으로 자주 쓰입니다.

8 '기가 허하여 착각이 일어나, 없는데도 있는 것처럼, 또는 다른 것처럼 보이는 물체'를 뜻하는 말입니다.

9 '같은 현상이나 일이 한두 번이나 한둘이 아니고 많음'을 뜻하는 말입니다.

10 '외부의 침략이나 공격을 막아 지킴'을 뜻하는 말입니다. 특히 농구나 배구 등의 운동 경기에서 '이것'을 전문적으로 하는 선수들이 따로 있습니다.

11 '집을 지을 때 책임을 지고 일을 지휘하는 우두머리 목수'를 뜻하는 말입니다.

12 '자로 재는 길이의 표준', '평가하거나 측정할 때 의거할 기준'을 뜻하는 말입니다.

13 '사람이 있음을 알 수 있게 하는 소리나 기색'을 뜻하는 말입니다.

14 '찹쌀을 쪄서 떡메로 친 다음 네모나게 썰어 고물을 묻힌 떡'을 뜻하는 말로 이 말의 끝에 '떡 병'자를 붙여서 쓰기도 합니다. 특히 구미에 딱 맞고 마음에 드는 경우를 비유적으로 이를 때 '이것에 조청 찍은 맛'이라는 표현을 씁니다.

15 '건축 공사에서 벽이나 천장, 바닥 따위에 흙이나 회, 시멘트 따위를 바름, 또는 그런 일'을 뜻하는 말입니다.

16 '많은 사람이 줄을 지어 길게 늘어선 모양'을 이르는 말입니다.

17 '땅이 질어서 질퍽질퍽하게 된 곳'을 뜻하는 말입니다.

18 '체면이 깎이는 일이나 아니꼬운 일을 당함, 또는 그에 대한 부끄러움'을 뜻하는 말입니다.

19 '민사 소송에서, 소송을 당한 측의 당사자'를 뜻하는 말입니다.

20 '풀이나 나무의 줄기 한가운데에 있는 연한 심'을 뜻하는 말로 '사물의 중심이 되는 부분'을 비유적으로 말할 때 쓰기도 합니다.

21 '두 사람이나 나라 따위의 중간에서 서로를 멀어지게 하는 짓'을 뜻하는 말입니다.

4 '물체가 빛을 가려서 그 물체의 뒷면에 드리워지는 검은 그늘'을 뜻하는 말입니다.

5 '밤에 자다가 마시기 위하여 잠자리의 머리맡에 준비하여 두는 물'을 뜻하는 말입니다.

6 쐐기 모양의 큰 쇠 날의 머리 부분에 구멍을 뚫어 단단한 나무 자루를 박아 만든 '이것'은 '나무를 찍거나 패는 연장의 하나'를 뜻하는 말입니다.

7 '따로따로 나누지 않고 한데 합쳐서 몰아치는 일' 혹은 '되사거나 되팔지 않기로 약속하고 물건을 사고 파는 일'을 뜻하는 말입니다.

8 '귀 쪽으로 가늘게 좁혀진 눈의 구석'을 뜻하는 말입니다.

9 '비가 섞여 내리는 눈'을 뜻하는 말입니다.

10 '산이나 언덕 따위가 기울어진 상태나 정도, 또는 그렇게 기울어진 곳'을 뜻하는 말입니다.

11 '불순물이나 지방 따위를 제거하고 소독한 솜'을 뜻하는 말입니다.

12 '사람이나 사물의 겉모습, 또는 그 됨됨이'를 뜻하는 말입니다. '이것을 과시하다', '이것을 풍기다'라고 표현하기도 합니다.

13 '구부러지거나 꺾어져 돌아간 자리' 혹은 '변두리나 구석진 곳'을 뜻하는 말입니다.

14 '어느 쪽에도 속하지 아니하며 태도가 분명하지 아니한 사람' 혹은 '제대로 할 줄 아는 것이 별로 없어 쓸모가 없는 사람'을 뜻하는 말입니다.

15 '말린 명태'를 뜻하는 말입니다. 재산 같은 것이 점점 줄어드는 모양을 말할 때 '이것 껍질 오그라들듯'이라고 표현하기도 합니다.

16 '여러 사람이 두루 건드리거나 만만하게 보는 사람'을 비유적으로 뜻하는 말입니다.

17 '어린 사내아이를 귀엽게 이르는 말'입니다.

18 '구슬과 옥을 아울러 이르는 말'로 '이것 같은 노래'라는 표현으로 자주 쓰입니다.

19 '공사판이나 장사판에서 밑천을 대는 사람'을 뜻하는 말로 '전주'와 비슷한 의미입니다.

20 '사람의 몸치장으로 차는, 귀금속 따위로 만든 장식물'을 뜻하는 말입니다. '이것'의 종류로 가락지, 팔찌, 귀고리, 목걸이 따위가 있습니다.

21 '농사일을 서로 협력하고 공동 작업을 하기 위하여 만든 조직체, 또는 그 조직원'을 뜻하는 말입니다.

최종 낱말 도움말

① '좋지 못한 상태로 급히 떨어짐'을 비유적으로 뜻하는 말입니다.
② '몸을 한 번에 뒤집어 갑자기 거꾸로 내리박히는 일'을 뜻하는 말입니다.

도전! 우리말 달인

1 달인 도전! 첫 번째 문제

다음 중 '두 다리의 사이'를 뜻하는 낱말은 무엇일까요? (   )
① 아늠   ② 샅   ③ 죽지

2 달인 도전! 두 번째 문제

다음은 발음에 관한 문제입니다. 다음 문장을 보고 제시된 동형이의어의 길고 짧은 발음을 정확하게 구별해서 읽어 주세요.

오늘 사극 연기 수업을 내일로 연기했다.

3 달인 도전! 세 번째 문제

다음은 띄어 쓰기 문제입니다. 제한 시간 30초 안에 주어진 문장을 띄어 읽어 주세요.

| 중 | 학 | 교 | 때 | 의 | 친 | 구 | 네 | 명 | 이 | 우 | 리 | 집 | 에 | 놀 | 러 |
| 왔 | 다 | . | | | | | | | | | | | | | |

4 달인 도전! 네 번째 문제

이 말은 원래 불교 용어로 '덕이 넓어 끝이 없음'을 가리키는 말이었습니다. 요즘에는 '어떤 사물이 다함이 없이 굉장히 많은 것'을 가리키는 말로 쓰입니다. 무엇일까요?
( )

5 달인 도전! 다섯 번째 문제

다음의 세 가지 뜻을 모두 포함하는 동음이의어는 무엇일까요? ( )

- 내용이 될 만한 재료.
- 오이나 가지 따위를 묶어 세는 단위.
- 탈놀음, 꼭두각시놀음, 굿 따위에서 장(場)을 세는 단위.

우리말 겨루기

기출 문제은행

제5회

1단계 공통 서술어 맞히기

1
- ① 50 풀을
- ② 40 뇌물을
- ③ 30 가축을 □□다
- ④ 20 꿀밤을
- ⑤ 10 골탕을

2
- ① 50 성격이
- ② 40 운전이
- ③ 30 손이 □□다
- ④ 20 말투가
- ⑤ 10 피부가

3
- ① 50 시간이
- ② 40 품이
- ③ 30 씀씀이가 □□□다
- ④ 20 형편이
- ⑤ 10 인심이

4
- ① 50 방송을
- ② 40 바람을
- ③ 30 나무를 □다
- ④ 20 그네를
- ⑤ 10 자동차를

5
- ① 50 해가
- ② 40 숨이
- ③ 30 담장을 □□□다
- ④ 20 꾀에
- ⑤ 10 국경을

 **1단계** 맞는 말 틀린 말 맞히기

1
① 1ㅁ 김치독
② 1ㅁ 백분율
③ 1ㅁ 카센타
④ 1ㅁ 멋쩍다
⑤ 1ㅁ 오므리다

2
① 1ㅁ 공기밥
② 1ㅁ 절대절명
③ 1ㅁ 환타지
④ 1ㅁ 다소곳이
⑤ 1ㅁ 불살르다

3
① 1ㅁ 뒤통수
② 1ㅁ 접때 만난 적이 있다
③ 1ㅁ 개비넷
④ 1ㅁ 뙤약볕
⑤ 1ㅁ 고생에 찌들린 얼굴

4
① 1ㅁ 벚나무
② 1ㅁ 알뜰이
③ 1ㅁ 파자마
④ 1ㅁ 험상궂다
⑤ 1ㅁ 울궈먹다

5
① 1ㅁ 맨날
② 1ㅁ 어리버리
③ 1ㅁ 팡파레
④ 1ㅁ 퓨즈
⑤ 1ㅁ 가냘프다

1단계 숨은 낱말 맞히기

한 글자 문제

① 10
- 죽
- 고사리
- 싹
- ㅅ

② 10
- 사탕
- 이불
- 목화
- ㅅ

③ 10
- 곡식
- 가루
- 빵
- ㅁ

④ 10
- 코
- 칼
- 톱
- ㄴ

⑤ 10
- 통
- 계란
- 갈비
- ㅉ

두 글자 문제

① 20
- 그릇
- 상감
- 고려
- ㅈ

② 20
- 가족
- 위성
- 증명
- ㅈ

③ 20
- 과일
- 은
- 국수
- ㅂ

④ 20
- 설날
- 추석
- 제사
- ㄹ

⑤ 20
- 사람
- 북
- 장단
- ㅅ

세 글자 문제

① 30
- 식물
- 가시
- 사막
- ㅇ

② 30
- 겨울
- 무
- 김치
- ㅊ

③ 30
- 제도
- 세금
- 쓰레기
- ㄹ

④ 30
- 귀신
- 꼬리
- 여우
- ㅁ

⑤ 30
- 옷
- 용
- 임금
- ㄹ

1단계 자주 쓰는 표현말 맞히기

1 ④ ▢▢ ▢에 ▢▢▢

2 ④ ▢▢▢ ▢ 받기

3 ④ ▢가 ▢나 ▢이 ▢나

4 ④ ▢이 ▢으로 ▢다

5 ④ ▢는 ▢인다

6 ④ ▢▢ ▢▢ 할 것 ▢▢

7 ④ ▢을 ▢▢ ▢다

도움말 - 글자의 첫소리

1 ㅇㄴ | ㅂㅈ | ㅎㄷㄲ
2 ㅇㄷㄹ | ㅈ
3 ㅂ | ㅇ | ㄴ | ㅇ
4 ㅍ | ㅇ | ㄱㄴ
5 ㄴㅇ | ㅁ | ㅅ
6 ㅇㅈ | ㅇㄴ | ㅇㅇ
7 ㅈㅁ | ㅂㄲ | ㅈ

1단계 우리말의 뜻 맞히기

1

2

3

도움말 - 글자의 첫소리
1 ㄱㅅ | ㅇㅁㅇ
2 ㅈㅅ | ㅂㅁ | ㅂㅇ
3 ㅁㅈㄹ | ㅇㅈ

도움말 – 글자의 첫소리
4 ㄸㄹ | ㅂㅇㅅ
5 ㅁ | ㅎ | ㅅ | ㄷㅂ

가로세로 낱말 잇기

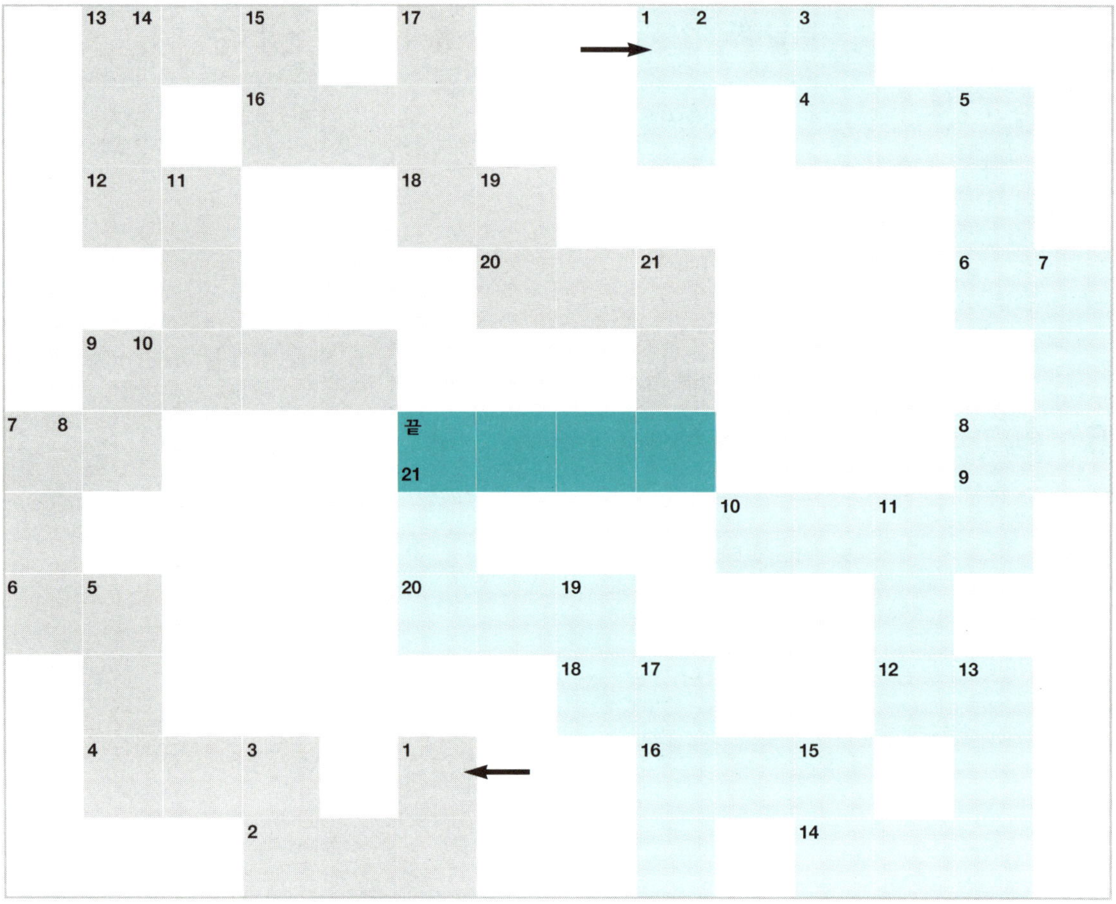

첫 번째 낱말 도움말
① 한자어로 '신단'과 같은 뜻의 말입니다.
② 날이 새면서 오전 반나절쯤까지의 동안'을 뜻합니다. '이것에 일찍 일어나다'라고 표현하기도 합니다.

왼쪽 도전자 도움말
2 '애가 타거나 긴장하였을 때 입 안이 말라 무의식중에 힘들게 삼키는 아주 적은 양의 침'을 뜻하는 말입니다. 몹시 긴장하거나 초조해할 때 '이것을 삼킨다'라는 표현을 씁니다.
3 '애틋하고 안타까워서 감히 어찌'를 뜻하는 부사입니다.

오른쪽 도전자 도움말
2 '물속에서 사는 동물, 특히 어류에 발달한 호흡 기관'을 뜻하는 말입니다.
3 '아름다운 빛깔' 혹은 '여자의 아리따운 용모'를 뜻하는 말입니다.

4 '어떤 일을 이끌어 나가는 원동력, 또는 그런 힘을 가진 존재'를 비유하는 말입니다. 견인차와 비슷한 의미입니다.

5 '얼마 안 되는 논밭의 조각'을 뜻하는 말입니다.

6 '있는 대로 죄다'를 뜻하는 부사입니다. '재산을 이것 날리다'라고 표현하기도 합니다.

7 '실현될 수 없는 헛된 공상'을 이르는 말입니다. 한단몽과 같은 의미입니다.

8 '돈 한 푼 없이 빈둥거리며 놀고먹는 건달'을 뜻하는 말입니다.

9 '운동 경기나 기술 따위에서, 기량이 뛰어나 많은 사람 가운데에서 대표로 뽑힌 사람'을 뜻하는 말입니다.

10 '한 나라가 다른 나라에 대하여 전쟁을 시작한다는 것을 공식적으로 알리는 일'을 뜻하는 말입니다.

11 '작자 자신의 일생을 소재로 스스로 짓거나, 남에게 구술하여 쓰게 한 전기'를 뜻하는 말입니다.

12 '남 앞에서 자기의 아내를 이르는 말'을 뜻합니다.

13 '썩은 풀이나 썩은 달걀 따위에서 나는 냄새와 같이 고약한 냄새'를 뜻하는 말입니다.

14 '앞으로 어렵고 고된 일을 겪게 될 운명'을 비유적으로 이르는 말입니다. '이것이 훤하다'라고 표현하기도 합니다.

15 '옛날의 제도나 문물을 아는 데 증거가 되는 자료나 기록' 혹은 '연구의 자료가 되는 서적이나 문서'를 뜻하는 말입니다.

16 '값어치가 없어 버려도 아깝지 아니한 것'을 비유적으로 이르는 말입니다.

17 '서로 짝이 아닌 것끼리 합하여 이루어진 한 벌'을 뜻하는 말입니다.

18 '생각하는 것이 원만하여 어떤 일을 들으면 곧 이해가 된다'는 뜻으로, 나이 육십 살을 이르는 말입니다.

19 '전혀 다른 것이 섞이지 아니함'을 뜻하는 말입니다. '이것 결정체'라고 표현하기도 합니다.

20 '국가, 민족, 개인 등을 지키고 보살펴 돌보아 주는 신'을 뜻하는 말입니다.

21 '가운데 숯불을 담는 통이 있고, 통 둘레에 여러 가지 음식을 담아서 끓이는 그릇, 또는 그것에 끓인 우리나라의 전통음식'입니다.

4 '주관이나 선입견에 얽매여 좋지 아니하게 보는 태도'를 비유적으로 이르는 말입니다. '이것을 끼고 보다'라고 표현하기도 합니다.

5 '동력을 이용하여, 논밭을 갈아 일구어 흙덩이를 부수는 기계'입니다. 농작물의 운송 수단으로 쓰이기도 합니다.

6 '앞일에 대해 쓸데없는 걱정을 함, 또는 그 걱정'을 뜻하는 말입니다.

7 '물건 값을 제하고 거슬러 받는 잔돈'을 뜻하는 말입니다.

8 '사물의 근본이 되는 이치' 혹은 '행위의 규범'을 뜻하는 말입니다.

9 '원망하는 소리'를 뜻하는 말입니다. '이것을 사다'라고 표현하기도 합니다.

10 '제 몸에 벌어지는 일을 모를 만큼 정신을 잃은 상태'를 뜻하는 말입니다.

11 '밤에 잠을 자지 아니하고 차례로 숙직이나 당직을 서는 일, 또는 그런 사람'을 뜻하는 말입니다.

12 '대기의 방전현상에 의해 일어나는 자연현상'을 이것이라 합니다.

13 '회의나 회합 따위를 시작할 때 인사로 하는 말'을 뜻합니다. 그 모임의 목적, 성격, 취지를 덧붙이기도 합니다.

14 '항공기를 일정한 방향과 속도로 움직이도록 다루는 기능과 자격을 갖춘 사람'을 뜻하는 말입니다. '항공사'와 같은 의미입니다.

15 '전에 없던 것을 처음으로 만듦' 혹은 '신이 우주 만물을 처음으로 만듦'을 뜻하는 말입니다.

16 '더러운 물이 잘 빠지지 않고 썩어서 질척질척하게 된 도랑의 바닥, 혹은 그 속'을 뜻하는 말입니다.

17 '밥을 담는 작은 그릇' 혹은 '그 그릇에 반찬을 곁들여 담는 밥'을 뜻하는 말로, 흔히 가지고 다니는 데에 씁니다.

18 '전화, 주문 따위가 한꺼번에 세차게 몰려듦'을 뜻하는 말입니다. '주문이 이것하다'라고 표현하기도 합니다.

19 '죄인의 발목에 채우던 쇠사슬'을 뜻하는 말로 '자유를 구속하는 대상'을 비유적으로 이를 때 쓰기도 합니다.

20 '한 집안의 혈연으로 이루어지는 집단, 또는 그 구성원 전체'를 뜻하는 말입니다.

21 '집 밖에서 남자들이 하는 일' 혹은 '안살림 이외의 일'을 뜻하는 말입니다.

최종 낱말 도움말

① '이제 한창', '지금 막'을 뜻하는 부사입니다.
② 흔히 3월을 말할 때 이 부사를 사용하여 '때는 이것 만물이 소생하는 봄이다'라고 표현하기도 합니다.

도전! 우리말 달인

1 달인 도전! 첫 번째 문제

다음 중 '정신의 줏대'를 뜻하는 낱말은 무엇일까요? (   )
① 얼   ② 기   ③ 살

2 달인 도전! 두 번째 문제

다음은 발음에 관한 문제입니다. 다음 문장을 보고 제시된 동형이의어의 길고 짧은 발음을 정확하게 구별해서 읽어 주세요.

이번 시사 문제는 새로운 변화를 시사하고 있다.

3 달인 도전! 세 번째 문제

다음은 띄어 쓰기 문제입니다. 제한 시간 30초 안에 주어진 문장을 띄어 읽어 주세요.

| 열 | 명 | 내 | 지 | 스 | 무 | 명 | 안 | 쪽 | 의 | 사 | 람 | 들 | 을 | 초 | 대 |
| 할 | 예 | 정 | 이 | 다 | . | | | | | | | | | | |

4 달인 도전! 네 번째 문제

다음의 세 가지 뜻을 모두 포함하는 2음절의 낱말은 무엇일까요? (   )

- 어떤 일에 대처할 계획이나 수단.
- 예전에 벼슬이 높은 사람이 임금의 물음에 대답하여 쓴 글.
- 조선 시대에 과거시험 과목의 하나.

5 달인 도전! 다섯 번째 문제

다음의 세 가지 뜻을 모두 포함하는 동음이의어는 무엇일까요? (   )

- 예전에, 여자들이 나들이할 때 얼굴을 가리기 위하여 쓰던 물건.
- 뜨거운 볕을 쬐어 시들어 늘어진 풀이나 나뭇잎.
- 바다의 크고 사나운 물결.

우리말 겨루기

기출 문제은행

제6회

1단계 공통 서술어 맞히기

1

① 50 피로가
② 40 화가
③ 30 추위가
④ 20 오해가
⑤ 10 수수께끼가
□□다

2
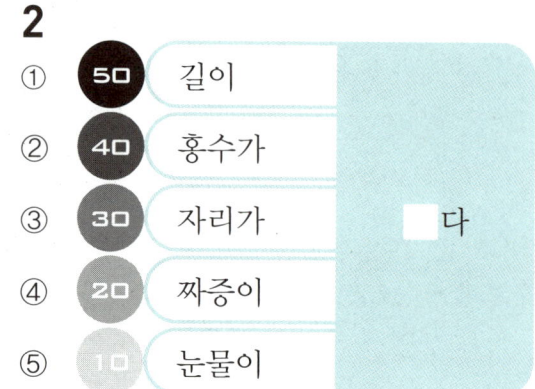
① 50 길이
② 40 홍수가
③ 30 자리가
④ 20 짜증이
⑤ 10 눈물이
□다

3
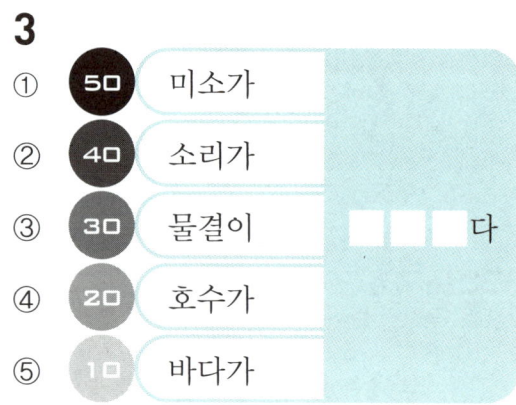
① 50 미소가
② 40 소리가
③ 30 물결이
④ 20 호수가
⑤ 10 바다가
□□□다

4

① 50 선이
② 40 인상이
③ 30 목소리가
④ 20 송곳이
⑤ 10 칼날이
□□□다

5

① 50 길을
② 40 임자가
③ 30 후보로
④ 20 반격에
⑤ 10 앞에
□□다

 **1단계 맞는 말 틀린 말 맞히기**

1
① 구렛나루
② 깊숙히
③ 심지여
④ 새카맣다
⑤ 발돋음

2
① 어기짱
② 시덥다
③ 스티로폼
④ 상채기
⑤ 잠뱅이

3
① 미처
② 아지랭이
③ 브러시
④ 뚜렷하다
⑤ 섯불리

4
① 현저히
② 싹뚝
③ 랩소디
④ 풋나기
⑤ 반짓고리

5
① 흔쾌이
② 통채
③ 쿠션
④ 놋그릇
⑤ 관심꺼리

1단계 숨은 낱말 맞히기

한 글자 문제

① 10 - 일 / 불교 / 인과응보 — ㅇ

② 10 - 소리 / 구멍 / 호흡 — ㅅ

③ 10 - 상자 / 담배 / 성냥 — ㄱ

④ 10 - 떡 / 풀 / 뜸 — ㅆ

⑤ 10 - 풀 / 먹이 / 소, 말 — ㄲ

두 글자 문제

① 20 - 유리 / 화장실 / 화장대 — ㅇ

② 20 - 총 / 주둥이 / 새 — ㄹ

③ 20 - 돌 / 서예 / 문방사우 — ㄹ

④ 20 - 결혼 / 단자 / 연월일시 — ㅈ

⑤ 20 - 산 / 뱀 / 과일 — ㄱ

세 글자 문제

① 30 - 벽 / 육상경기 / 승마 — ㅇㅇ

② 30 - 잠 / 욕심 / 장난 — ㄹ

③ 30 - 생일 / 잔치 / 70 — ㅎ

④ 30 - 꽃 / 대 / 시장 — ㄱ

⑤ 30 - 버릇 / 중얼중얼 / 헛소리 — ㄲ

1단계 자주 쓰는 표현말 맞히기

1 40 □□에 □ 짓기

2 40 □□□이 □□록 □□□다

3 40 □□□가 □다 행운

4 40 □□나 □나

5 40 □이 □□

6 40 □□ 놓은 □□

7 40 □□□ □에 □□ 달기

도움말 - 글자의 첫소리

1 ㄱㅂ | ㅂ
2 ㅁㅈㅂ | ㄷㄷ | ㄷㄴㄷ
3 ㄲㄹㅍ | ㅂ
4 ㅈㅇ | ㅅ
5 ㅂ | ㅂㅇ
6 ㄸㅇ | ㄷㅅ
7 ㄱㅇㅇ | ㅁ | ㅂㅇ

1단계 우리말의 뜻 맞히기

1 50 보늬 ㄱㄷㄹㅂㅅㅈㅋㅌㅎㄲ

　　□이나 □□□ 따위의 □□□

2 50 연생이 ㄱㄷㄹㅂㅅㅇㅈㅊㅍㅉ

　　가냘프고 약하고 □□□ 없는 □□이나 물건

3 50 부등깃 ㄱㄴㄹㅁㅅㅇㅈㅊㅌㅎ

　　갓 태어난 어린 □의 다 □□□ 못한 □□ 깃

도움말 – 글자의 첫소리
1 ㅂ | ㄷㅌㄹ | ㅅㄲㅈ
2 ㅂㅈㄱ | ㅅㄹ
3 ㅅ | ㅈㄹㅈ | ㅇㅎ

4 50 **드레지다** ㄱ ㄷ ㅁ ㅂ ㅇ ㅈ ㅊ ㅎ ㅆ ㅉ
사람의 ☐☐☐가 ☐☐☐ 않고 무게가 있다

5 50 **재원** ㄱ ㄴ ㄹ ㅅ ㅇ ㅈ ㅊ ㅎ ㄸ ㅃ
재주가 ☐☐ 난 ☐은 ☐☐

도움말 – 글자의 첫소리
4 ㄷㄷㅇ | ㄱㅂㅈ
5 ㄸㅇ | ㅈ | ㅇㅈ

가로세로 낱말 잇기

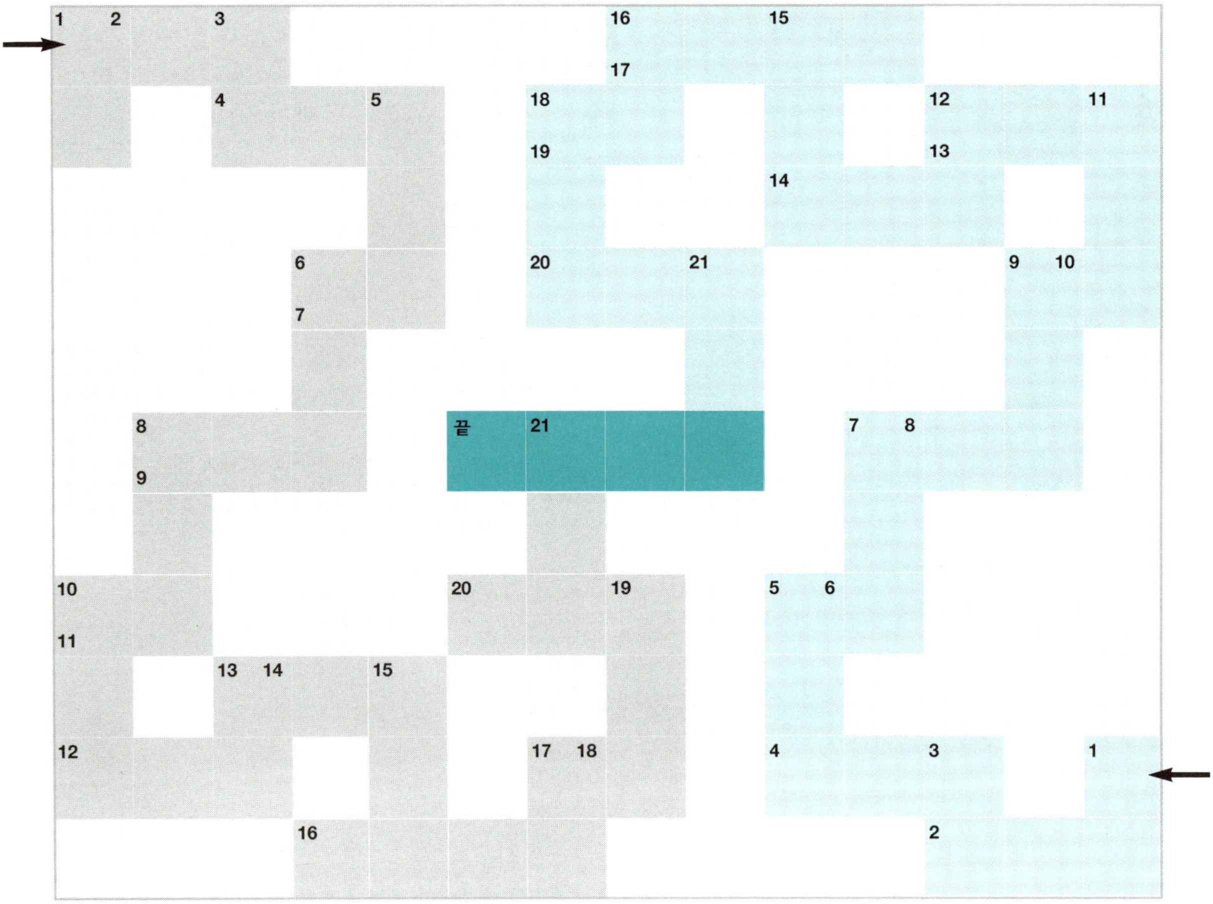

첫 번째 낱말 도움말
① '말하는 이가 자기와 듣는 이, 또는 자기와 듣는 이를 포함한 여러 사람을 가리키는 일인칭 대명사' 입니다.
② '이것 나라', '이것 동네', '이것 가족' 이란 표현으로 쓰입니다.

왼쪽 도전자 도움말
2. '남을 웃기려고 익살을 부리면서 하는 말이나 짓' 을 뜻하는 말입니다.
3. '노름이나 내기 따위에서 남이 가지게 된 몫에서 조금 얻어 가지는 공것' 을 뜻하는 말입니다.

오른쪽 도전자 도움말
2. '조류의 일종' 으로 '신체나 재능, 학문, 기술 따위가 충분히 발달하지 못한 사람' 을 비유적으로 뜻할 때 사용하기도 합니다.
3. '힘에 겨운 무리한 일을 하여서 생긴 병' 혹은 '자기 스스로 공연히 앓는 병' 을 뜻하는 말입니다.

4 '실력의 정도를 알아보기 위하여 하는 운동 경기'를 뜻하는 말입니다.

5 '어떠한 기상 조건에도 제 기능을 다할 수 있음'을 뜻하는 말입니다.

6 '등의 뒤' 혹은 '어떤 일의 드러나지 않은 이면'을 뜻하는 말로 '이것 세력'이라고 표현하기도 합니다.

7 '한복 소매 아래쪽에 물고기의 배처럼 불룩하게 둥글린 부분'을 뜻하는 말입니다.

8 '동쪽 하늘이 밝아 오는 새벽녘'을 뜻하는 말입니다.

9 '형제자매 사이'를 뜻하는 말입니다. '핏줄을 나눈 이것'이란 표현으로 쓰입니다.

10 '그 상태가 보통으로 보아 넘길 만한 것임을 나타내는 말'로 '이것해서는', '이것 아니다'란 표현으로 쓰입니다.

11 '용의 턱 아래에 있는 영묘한 구슬'을 '이것'이라 합니다. '이것'을 얻으면 무엇이든 뜻하는 대로 만들어 낼 수 있다고 합니다.

12 '자질구레한 물품 따위를 넣어 허리에 차거나 들고 다니도록 만든 물건'을 뜻하는 말입니다.

13 '정당한 대우를 받지 못할 때 권리를 주장하기 위하여 심술을 부리는 성질'을 뜻하는 말로 '이것을 부리다', '이것이 궂다'라고 표현하기도 합니다.

14 '실현성이 없는 헛된 생각을 즐겨하는 사람'을 이렇게 부릅니다.

15 '한 지점에서 거리가 조금 떨어져 있는 상태로' 혹은 '사람과 사람의 사이가 친밀한 상태로'를 뜻하는 부사어입니다.

16 '남의 말을 귀담아듣지 아니하고 지나쳐 흘려버림'을 뜻하는 말입니다.

17 '실제보다 지나치게 과장하여 믿음성이 없는 말이나 행동'을 뜻하는 말입니다.

18 '땅바닥이 움푹 패어 빠지기 쉬운 구덩이'를 뜻하는 말입니다.

19 '서로 마주 대하는 대상이 되는 사람'을 이렇게 부릅니다.

20 '온갖 물건의 가지가지의 모양'을 뜻하는 말로 금강산에 있는 바위산을 이르는 말이기도 합니다.

21 '들고 다닐 수 있을 정도의 작은 짐'을 뜻하는 말입니다.

4 '한 살 터울로 아이를 낳음, 또는 그 아이'를 뜻하는 말입니다.

5 '억울한 일이나 잘못된 일, 딱한 사정 따위를 간곡히 호소함'을 뜻하는 말로 '이것을 늘어놓다'라는 표현으로 쓰입니다.

6 '값이나 등급 따위가 떨어짐'을 뜻하는 말입니다.

7 '나지막한 산기슭의 비탈진 땅'을 뜻하는 말입니다.

8 '예로부터 내려오면서'를 뜻하는 부사어로 '자래로'와 같은 의미입니다.

9 '새로 만든 길'이라는 뜻으로, 자동차가 다닐 수 있을 정도로 넓게 새로 낸 길을 이르는 말입니다.

10 '사람됨이나 몸가짐이 점잖고 교양이 있으며 예의 바른 남자'를 이렇게 부릅니다.

11 '상서롭지 못한 일, 좋지 아니한 일'을 뜻하는 말로 '이것이 생기다', '이것이 일어나다'라는 표현으로 쓰입니다.

12 '장작 따위를 한군데에 수북하게 모아 질러 놓은 불'을 뜻하는 말입니다.

13 '그림 따위의 미술품을 진열하여 전람하도록 만든 시설'을 뜻하는 말입니다.

14 '남녀 사이에서 한쪽만 상대편을 사랑하는 일'을 뜻하는 말입니다.

15 '나뭇가지를 엮어서 만든 문짝'을 뜻하는 말입니다.

16 '막다른 데 이르러 어찌할 수 없게 된 지경'을 뜻하는 말입니다.

17 '벼·보리 따위 곡식에서, 꽃이 피고 꽃대의 끝에 열매가 더부룩하게 많이 열리는 부분'을 '이것'이라 합니다.

18 '아이 낳을 달이 다 참, 또는 달이 차서 배가 몹시 부름'을 뜻하는 말입니다.

19 '원통 속에 여러 가지로 물들인 유리 조각을 장치한 장난감의 하나로 여러 갈래의 다양한 것이 섞여 있음'을 비유적으로 이르는 말로 쓰이기도 합니다.

20 '기울어진 정도'를 뜻하는 말입니다.

21 '짚, 띠 따위로 엮어 허리나 어깨에 걸쳐 두르는 비옷'으로, 예전에 주로 농촌에서 일할 때 비가 오면 자주 사용했다고 합니다.

최종 낱말 도움말

① '맨 처음으로 부딪는 일'을 뜻하는 말입니다.
② '물건을 파는 가게 등에서 첫 번째로 물건을 파는 일, 또는 첫 번째로 물건을 팔아 얻은 소득'을 뜻하는 말입니다.

도전! 우리말 달인

1 달인 도전! 첫 번째 문제

다음 중 '성품이나 태도가 침착하고 단정함'을 뜻하는 낱말은 어느 것일까요? (   )
① 성실   ② 얌전   ③ 정숙

2 달인 도전! 두 번째 문제

다음은 발음에 관한 문제입니다. 다음 문장을 보고 제시된 동형이의어의 길고 짧은 발음을 정확하게 구별해서 읽어 주세요.

동화 속 주인공과 동화되는 느낌이 들었다.

3 달인 도전! 세 번째 문제

다음은 띄어 쓰기 문제입니다. 제한 시간 30초 안에 주어진 문장을 띄어 읽어 주세요.

| 그 | 는 | | 뜻 | 밖 | 의 | | 여 | 러 | 가 | 지 | | 상 | 황 | 에 | | 몸 | 둘 | 바 | 를 |
| 몰 | 랐 | 다 | . | | | | | | | | | | | | | | | | |

4 달인 도전! 네 번째 문제

원래 이것은 말을 탈 때 신는 구두의 뒤축에 달려 있는 물건을 가리키는 말입니다. 요즘에는 본래의 뜻보다 어떤 일을 더 하려고 촉진하는 힘이란 뜻으로 더 많이 쓰는데요, 무엇일까요? (   )

5 달인 도전! 다섯 번째 문제

이 말의 원래 뜻은 마귀가 숨어 있는 집이나 굴인데요, 오늘날에는 비밀리에 나쁜 일을 꾸미는 무리들이 모이는 곳을 비유적으로 이르는 사회용어로 많이 쓰이고 있습니다. 무엇일까요? (   )

우리말 겨루기

기출 문제은행

제7회

1단계 공통 서술어 맞히기

1
① 50 속을
② 40 아픔을
③ 30 아이를
④ 20 아쉬움을
⑤ 10 울분을

□□다

2
① 50 눈물을
② 40 모습을
③ 30 꼬리를
④ 20 자취를
⑤ 10 종적을

□□다

3
① 50 재롱을
② 40 딴청을
③ 30 소란을
④ 20 게으름을
⑤ 10 담배를

□□다

4
① 50 잔치를
② 40 예식을
③ 30 잔금을
④ 20 큰일을
⑤ 10 대가를

□□다

5
① 50 발을
② 40 복을
③ 30 혀를
④ 20 애인을
⑤ 10 제기를

□다

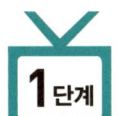

1단계 맞는 말 틀린 말 맞히기

1

① 1 0 팔뚝
② 1 0 어슴푸레
③ 1 0 가디건
④ 1 0 시커메지다
⑤ 1 0 녹슬은 칼

2

① 1 0 세수대야
② 1 0 단호히
③ 1 0 아나로그
④ 1 0 굽이굽이
⑤ 1 0 희안하다

3

① 1 0 삭바느질
② 1 0 달달이
③ 1 0 엔도르핀
④ 1 0 노란자위
⑤ 1 0 삼수갑산

4

① 1 0 잇단 사고
② 1 0 늦둥이
③ 1 0 클라이막스
④ 1 0 찻잎
⑤ 1 0 헌출하다

5

① 1 0 숙맥
② 1 0 별의별 생각
③ 1 0 도너츠
④ 1 0 해꼬지
⑤ 1 0 옷에 땀이 배이다

1단계 숨은 낱말 맞히기

한 글자 문제

① **10**
- 웃음
- 얼굴
- 안경
- ㄴ

② **10**
- 부동산
- 터
- 보금자리
- ㅈ

③ **10**
- 유모
- 수레
- 지게
- ㅊ

④ **10**
- 개
- 기름
- 장미
- ㄷ

⑤ **10**
- 꼬리
- 버릇
- 동무
- ㅁ

두 글자 문제

① **20**
- 꽃
- 기름
- 제주도
- ㅊ

② **20**
- 친구
- 영감
- 곡식
- ㅆ

③ **20**
- 철사
- 사냥
- 덫
- ㅁ

④ **20**
- 바람
- 처마
- 종
- ㄱ

⑤ **20**
- 윷
- 노래
- 엿
- ㄹ

세 글자 문제

① **30**
- 단위
- 넓이
- 논밭
- ㅈ

② **30**
- 솜
- 빨래
- 야구
- ㅁ

③ **30**
- 한복
- 장신구
- 명주실
- ㄹ

④ **30**
- 사냥
- 함정
- 덫
- ㄱ

⑤ **30**
- 과일
- 통조림
- 무릉도원
- ㅅ

1단계 자주 쓰는 표현말 맞히기

1 4□ □에 □이 □□도록

2 4□ □□이 □□

3 4□ □□의 □기

4 4□ □□가 □□ 하고

5 4□ □□을 □□지 않는다

6 4□ □□이 □로 □다

7 4□ □□ 보 듯하다

도움말 – 글자의 첫소리

1 ㄱ | ㅁ | ㅂㅎ
2 ㅅㅈ | ㅂㅊ
3 ㅎㄴ | ㅂ | ㄸ
4 ㅎㄹ | ㅁㄷ

5 ㅁㅂ | ㄱㄹ
6 ㅂㄴ | ㄸ | ㅇ
7 ㅅ | ㄷ

1단계 우리말의 뜻 맞히기

1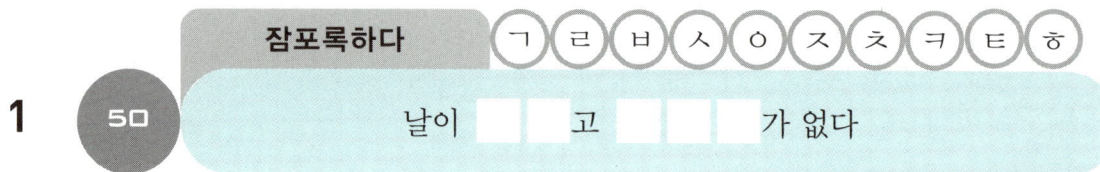

2

3

도움말 - 글자의 첫소리
1 ㅎㄹ | ㅂㄹㄱ
2 ㅂㅁ | ㅂ | ㄴ
3 ㅍㄷㄹ | ㅁ

4 50 **거쿨지다** ㄴ ㄷ ㅁ ㅂ ㅅ ㅇ ㅈ ㅋ ㄲ ㅆ
□□이 크고 말이나 하는 짓이 □□하다

5 50 **음전하다** ㄱ ㄷ ㅁ ㅂ ㅅ ㅇ ㅈ ㅊ ㅍ ㅎ
말이나 □□이 □고 □□하다

도움말 - 글자의 첫소리
4 ㅁㅈ | ㅆㅆ
5 ㅎㄷ | ㄱ | ㅇㅇ

2단계 가로세로 낱말 잇기

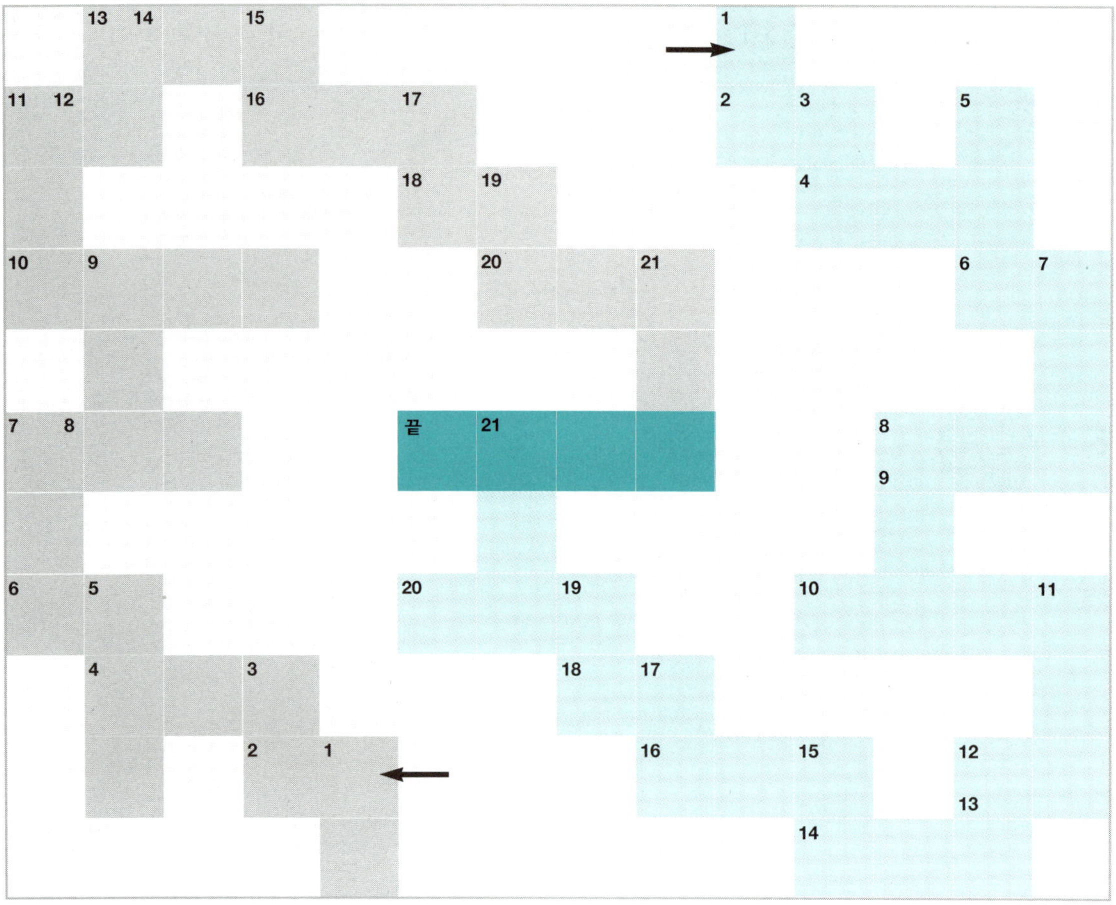

첫 번째 낱말 도움말

① '눈물' 혹은 '덧없는 것'을 비유적으로 이르는 말입니다.
② '공기 중의 수증기가 기온이 내려가거나 찬 물체에 부딪힐 때 엉겨서 생기는 물방울'을 뜻하는 말입니다.

왼쪽 도전자 도움말

2. '한 곳에서 다른 곳까지, 또는 한 물체에서 다른 물체까지의 거리나 공간'을 뜻하는 말입니다.
3. 대법원을 제외한 법원에 소속되어 소송 사건을 심리하고, 분쟁이나 이해의 대립을 법률적으로 해결하고 조정하는 권한을 가진 사람입니다. 무엇이라 할까요?

오른쪽 도전자 도움말

2. '사물의 이치를 밝혀 시비를 가리고 사물을 정확하게 처리해 내는 재능'을 뜻하는 말입니다.
3. '기술이나 솜씨가 아주 재치 있게 약삭빠르고 묘함'을 뜻하는 말입니다.

4 '여러 사람이 어지러이 뒤섞여 떠들어 대거나 뒤엉켜 뒤죽박죽이 된 곳, 또는 그런 상태'를 뜻하는 말입니다.

5 주로 서양식 주택의 실내 벽에 아궁이를 만들어 가스나 장작 등으로 난방을 하는 장치입니다.

6 '먼동이 트려 할 무렵'을 뜻하는 말입니다.

7 '농악에서, 쇠잡이·징잡이·장구잡이·북잡이 등의 앞에서 악기를 연주하는 사람들이 풍물을 손에 든 채로 두 팔을 벌리어 들고 추는 춤사위'를 뜻하는 말입니다.

8 '이것'은 갯과의 포유동물인데요, '매우 능청스럽고 음흉한 사람'을 비유적으로 이르는 말로 쓰이기도 합니다.

9 '빗물이나 집, 공장, 병원 따위에서 쓰고 버리는 더러운 물이 흘러내려 가도록 만든 도랑'을 뜻하는 말입니다.

10 '눈 아래에 사람이 없다는 뜻으로, 방자하고 교만하여 다른 사람을 업신여김'을 이르는 말입니다.

11 '아주 먼 거리의 것을 볼 수 있는 눈'이라는 뜻으로, 사물을 꿰뚫어 볼 수 있는 뛰어난 관찰력을 비유적으로 이를 때 자주 사용하는 말입니다.

12 '지붕의 안쪽'으로 실내에서 위를 덮고 있는 벽을 뜻하는 말입니다.

13 '사람이 많이 사는 지방이나 지역' 혹은 '어떤 물건이 특히 많이 나거나 있는 곳'을 뜻하는 말입니다.

14 '한복에 입는 여자 속옷의 하나'를 '이것'이라 합니다. 통이 넓고 발목 부분으로 내려가면서 좁아지며 밑을 여미도록 되어 있습니다.

15 '기준이 되는 때를 포함하여 그보다 뒤'의 때를 가리키는 말입니다.

16 '어떤 개인이나 단체의 활동, 사업 따위를 뒤에서 도와주기 위하여 만든 모임'을 이것이라 합니다.

17 '마음속에 품은 생각이나 정'을 뜻하는 말입니다. '이것을 풀다'라고 표현하기도 합니다.

18 '마음속에 지니고 있는, 미래에 대한 계획이나 희망'을 뜻하는 말입니다.

19 '죽었다가 다시 살아남' 혹은 '쇠퇴하거나 폐지한 것이 다시 성하게 됨, 또는 그렇게 함'을 뜻하는 말입니다.

20 '잎이 넓은 나무의 종류'를 '이것'이라 합니다. 떡갈나무, 뽕나무, 상수리나무, 오동나무 따위가 '이것'에 속합니다.

21 '부끄러워하는 태도나 기색을 나타내는 일'을 뜻하는 말로 '이것을 잘 타다'라고 표현하기도 합니다.

4 '교사가 교재를 준비하는 등 여러 가지 일을 맡아보는 곳, 혹은 그런 장소'를 말합니다.

5 '실제로 있었던 상태, 또는 현재에 있는 상태'를 뜻하는 말입니다. '이번 계획은 이것 실패로 돌아갔다'라고 표현하기도 합니다.

6 '머릿속으로 그려서 생각함'을 뜻하는 말입니다. '이것 밖의 일이다'라고 표현하기도 합니다.

7 '나무나 풀에 내려 눈처럼 된 서리'를 뜻하는 말입니다.

8 '키가 큰 사람을 비유적으로 이르는 말'을 뜻하는 말입니다.

9 '다른 방향이나 상태로 바뀌는 시기'를 뜻하는 말입니다. '인생의 이것'이라고 표현하기도 합니다.

10 '뜻한 바를 이루어 만족한 마음이 얼굴에 나타난 모양'을 뜻하는 말입니다.

11 '두 눈썹의 사이'를 뜻하는 말입니다. '이것을 찌푸리다'라고 표현하기도 합니다.

12 '대소변을 보도록 만들어 놓은 곳을 뜻하는 말인 '변소'를 완곡하게 이르는 말입니다.

13 '뒤쪽이 되는 부근' 혹은 일을 하는 과정에서 '나중의 차례'를 뜻하는 말입니다.

14 '말을 타고 하는 싸움'을 뜻하는 말입니다.

15 '싱싱하고 힘찬 기운'을 뜻하는 말입니다. '이것이 돌다'라고 표현하기도 합니다.

16 '학업이나 품행이 본받을 만한 학생'을 뜻하는 말입니다.

17 '아름다운 얼굴 모습'을 뜻하는 말입니다.

18 '아기자기하게 즐거운 기분이나 느낌' 혹은 '좋은 성과나 보람'을 뜻하는 말입니다.

19 '이것'은 주로 민물에 살며 게와 새우의 중간 모양입니다. 속담에 '이것은 게 편'이란 말도 있습니다.

20 '음식에 대하여 특별한 기호를 가진 사람, 또는 좋은 음식을 찾아 먹는 것을 즐기는 사람'을 뜻하는 말입니다.

21 '자기가 낳은 아들과 딸'을 뜻하는 말입니다.

최종 낱말 도움말

① '이왕에 시작한 일'을 뜻하는 말입니다. 무엇일까요?
② 발의 동작과 관련한 말입니다. '서울에 갔다가 이것에 인천까지 갔다왔다'라고 표현하기도 합니다.

도전! 우리말 달인

1 달인 도전! 첫 번째 문제

다음 중 '갈아 놓은 밭의 한 두둑과 한 고랑을 아울러 이르는 말'은 무엇일까요? (   )
① 이랑   ② 둔덕   ③ 뙈기

2 달인 도전! 두 번째 문제

다음은 발음에 관한 문제입니다. 다음 문장을 보고 제시된 동형이의어의 길고 짧은 발음을 정확하게 구별해서 읽어 주세요.

중국으로 장기 출장을 갔다가 장기 두는 법을 배우게 됐다.

3 달인 도전! 세 번째 문제

다음은 띄어 쓰기 문제입니다. 제한 시간 30초 안에 주어진 문장을 띄어 읽어 주세요.

| 친 | 구 | 도 | 만 | 날 | 겸 | 구 | 경 | 도 | 할 | 겸 | 서 | 울 | 에 | 갔 | 다 |
| 올 | 생 | 각 | 이 | 다 | . | | | | | | | | | | |

4 달인 도전! 네 번째 문제

원래 이것은 확대경을 장치하여 놓고 그 속의 여러 가지 재미있는 그림을 돌리면서 구경하는 장치나 장난감이었습니다. 요즘에는 '알쏭달쏭하고 묘한 세상일'을 비유적으로 이르는 말로 많이 쓰이고 있습니다. 무엇일까요? (   )

5 달인 도전! 다섯 번째 문제

다음의 세 가지 뜻을 모두 포함하는 동음이의어는 무엇일까요? (   )

- 어떤 일에서 손을 떼거나 다른 일에 손을 댈 수 있는 겨를.
- 두 물체가 마주하고 있는 틈, 또는 한 물체가 터지거나 갈라져 생긴 틈.
- 종이 따위의 가장자리를 가지런하게 베어 낼 때에 칼 끝이나 붓 끝으로 조금 찍은 표적.

우리말 겨루기

기출 문제은행

제8회

1단계 공통 서술어 맞히기

1
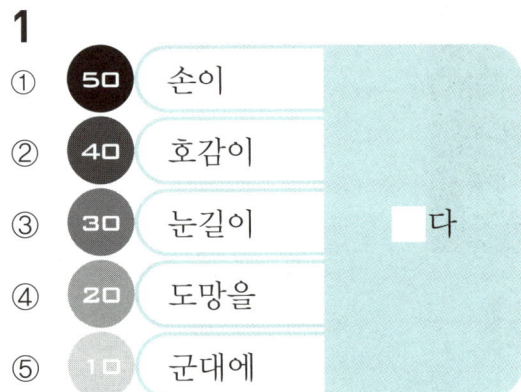
① 50 손이
② 40 호감이
③ 30 눈길이 □다
④ 20 도망을
⑤ 10 군대에

2

① 50 추위를
② 40 책임을
③ 30 질투를 □□다
④ 20 보람을
⑤ 10 통증을

3

① 50 몸을
② 40 가슴을
③ 30 베개를 □□다
④ 20 손수건을
⑤ 10 눈시울을

4

① 50 돈이
② 40 기사가
③ 30 방송에 □□다
④ 20 전구가
⑤ 10 산책을

5

① 50 물건을
② 40 상처를
③ 30 비위를 □□□다
④ 20 자존심을
⑤ 10 벌집을

1단계 맞는 말 틀린 말 맞히기

1

① 10 한갓
② 10 몰아붙이다
③ 10 라이타
④ 10 길디긴 행렬
⑤ 10 국꺼리

2

① 10 웃음꺼리
② 10 완강히
③ 10 전자렌지
④ 10 가랭이
⑤ 10 뒤처리

3

① 10 장농
② 10 실낫같다
③ 10 게첩
④ 10 진퇴양란
⑤ 10 깨부시다

4

① 10 나뭇꾼
② 10 길쭉하다
③ 10 뷔페
④ 10 담박에 알아보다
⑤ 10 냉냉하다

5

① 10 휘젓다
② 10 소복이
③ 10 방갈로
④ 10 별르다
⑤ 10 만의 하나

1단계 숨은 낱말 맞히기

한 글자 문제

① 10 | 개미, 골목, 이웃 — ㅈ

② 10 | 서리, 노루, 까치 — ㅂ

③ 10 | 벌, 독, 한의원 — ㅊ

④ 10 | 무용, 경험, 고생 — ㄷ

⑤ 10 | 기구, 배, 사공 — ㄴ

두 글자 문제

① 20 | 성, 시계, 사막 — ㄹ

② 20 | 통, 죽, 소 — ㅁ

③ 20 | 여우, 영화, 연극 — ㅇ

④ 20 | 코, 땀, 귀 — ㄴ

⑤ 20 | 옥수수, 염소, 턱 — ㅇ

세 글자 문제

① 30 | 대나무, 여름밤, 끼고 잠 — ㅂ

② 30 | 장소, 기차, 버스 — ㄱ

③ 30 | 장수, 젓, 어물전 — ㄸ

④ 30 | 울타리, 그물, 휴전선 — ㅈ

⑤ 30 | 아침, 소리, 시계 — ㅁ

자주 쓰는 표현말 맞히기

1. 4口 □에 □을 켜다

2. 4口 □□ 게 □이다

3. 4口 □는 □은 □ 않는다

4. 4口 □□ □ 듯 팔린다

5. 4口 □□ 이 □□ 지 않는다

6. 4口 □□ 이 □□ 하고

7. 4口 □□ 에 □을 □다

도움말 – 글자의 첫소리

1 ㄴ | ㅂ
2 ㅂㄹㄴ | ㄱ
3 ㅎㄹ | ㅁ | ㅆㅈ
4 ㄴㄱ | ㄷㅊ
5 ㅂㄱ | ㄸㅇㅈ
6 ㅅㅎ | ㅁㄷ
7 ㄱㅅ | ㅅ | ㅇ

1단계 우리말의 뜻 맞히기

1. 데알다 — ㄱ ㄷ ㄹ ㅂ ㅅ ㅇ ㅈ ㅎ ㅆ ㅉ
   ☐☐☐ 모르고 대강 또는 ☐☐만 알다

2. 설핏하다 — ㄱ ㄷ ㄹ ㅁ ㅂ ㅅ ㅇ ㅈ ㅊ ㅎ
   짜거나 ☐☐ 것이 ☐☐고 ☐☐ 듯하다

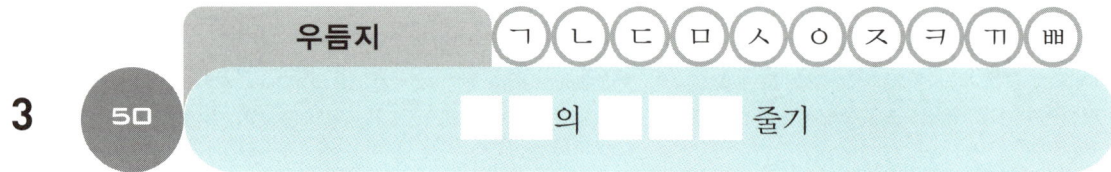

3. 우듬지 — ㄱ ㄴ ㄷ ㅁ ㅅ ㅇ ㅈ ㅋ ㄲ ㅃ
   ☐☐의 ☐☐☐ 줄기

도움말 – 글자의 첫소리
1 ㅈㅅㅎ | ㅂㅉ
2 ㅇㅇ | ㄱㅊ | ㅅㄱ
3 ㄴㅁ | ㄲㄷㄱ

4 **50** 볼가심 ㄱ ㄴ ㄷ ㅅ ㅇ ㅈ ㅊ ㄲ ㄸ ㅃ

아주 적은 양의 ☐☐으로 ☐☐를 면하는 일

5 **50** 무리꾸럭 ㄴ ㄷ ㅁ ㅂ ㅅ ㅇ ㅈ ㅎ ㄲ ㅆ

남의 ☐이나 ☐☐를 대신 ☐☐ 주는 일

도움말 – 글자의 첫소리
4 ㅇㅅ | ㅅㅈㄱ
5 ㅂ | ㅅㅎ | ㅁㅇ

가로세로 낱말 잇기

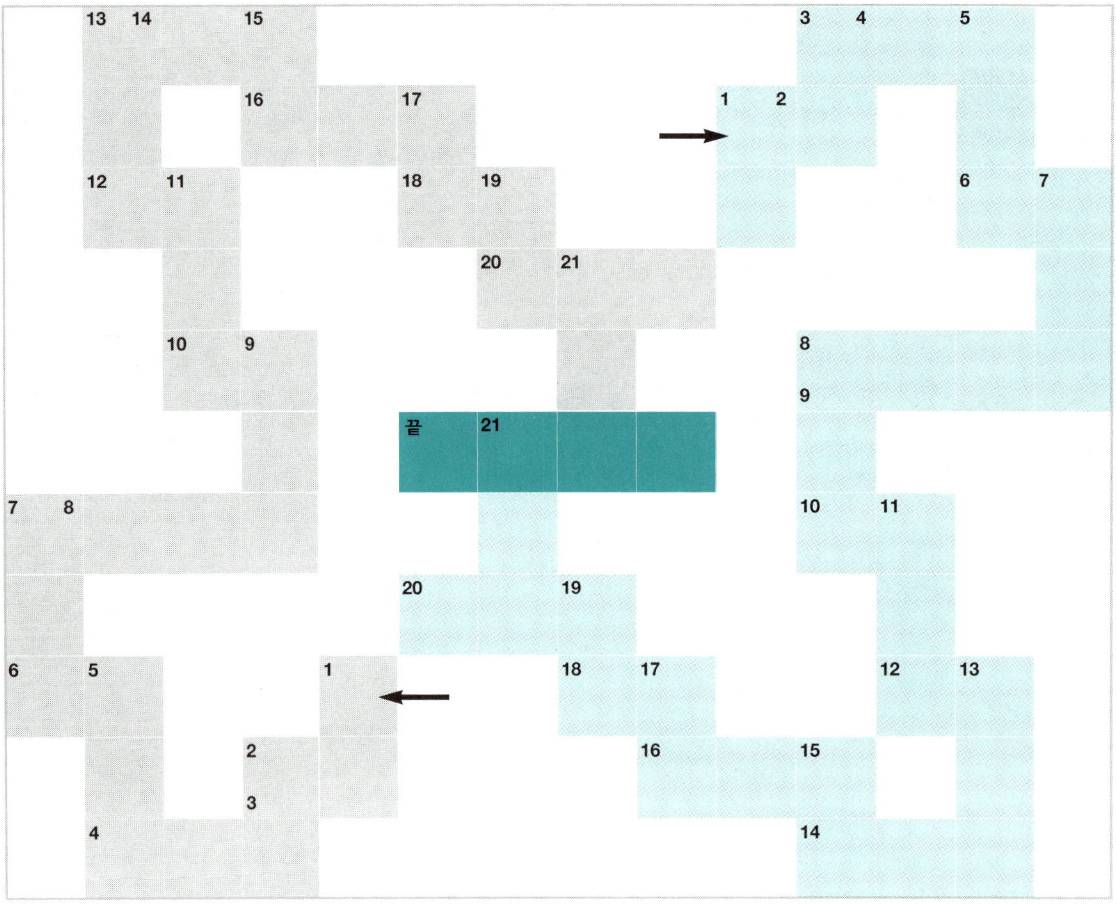

첫 번째 낱말 도움말

① '음식이나 물건 따위를 담는 기구를 통틀어 이르는 말' 혹은 '음식이나 물건을 이것에 담아 그 분량을 세는 단위'를 뜻합니다.

② '이것을 비우다', '이것을 깨다'라고 표현하기도 합니다.

왼쪽 도전자 도움말

2 일부 명사 뒤에 쓰여 '맡은 바 구실'을 뜻하는 말입니다. '부모 이것을 하기 힘들다'라고 표현하기도 합니다.

3 '처음 만났거나 그다지 가깝지 않은 남자 어른들 사이에서, 상대편을 높여 이르는 이인칭 대명사'를 뜻하는 말입니다.

오른쪽 도전자 도움말

2 '여자가 다른 사람을 상대하여 그 자리에 없는 자기 남편이나 애인을 가리키는 삼인칭 대명사'를 뜻하는 말입니다.

3 '닭이나 날짐승의 먹이'를 뜻하는 말입니다.

4 '어느 편으로 치우쳐 고르지 아니함'을 뜻하는 말입니다. '힘의 이것'이라고 표현하기도 합니다.
5 '잎나무나 검불 따위를 모아 놓고 피우는 불'을 뜻하는 말입니다.
6 '이성을 사랑하여 간절히 그리워함'을 뜻하는 말입니다. '애모', '사모'와 비슷한 말로 '이것의 정을 품다'라고 표현하기도 합니다.
7 '일흔 살이 되는 해에 베푸는 생일잔치'를 뜻하는 말입니다.
8 '지위가 높고 훌륭한 벼슬, 또는 그런 위치에 있는 사람'을 뜻하는 말입니다.
9 '수확이 예상보다 절반쯤밖에 되지 아니함'을 뜻하는 말입니다.
10 '마련할 수 있는 모든 것'을 뜻하는 말입니다. '이것의 준비를 하다'라고 표현하기도 합니다.
11 '어떤 일이 있던 때로부터 긴 시간이 지난 뒤'를 뜻하는 낱말의 줄임말입니다.
12 '아주 사무치게 미워함, 또는 그런 마음'을 뜻하는 말입니다.
13 '경험한 일이나 어느 시기 동안의 일을 전혀 기억하지 못하거나 또는 드문드문 기억하기도 하는 기억 장애'를 뜻하는 말입니다.
14 '변변치 않은 반찬, 또는 간략한 반찬'을 뜻하는 말입니다.
15 '수량이나 정도가 일정한 기준과 같거나 기준보다 더 많거나 나음'을 뜻하는 말입니다.
16 '속세를 떠나 오로지 학문이나 예술에만 잠기는 경지'를 뜻하는 말로 '대학'을 비유적으로 말할 때 자주 사용합니다.
17 '배나 비행기, 차 따위에 올라탐'을 뜻하는 말입니다.
18 '이김과 짐'을 뜻하는 말입니다. '승패'와 비슷한 의미입니다.
19 '급하게 서두르거나 시끄럽게 떠들어 어수선함'을 뜻하는 말입니다. '이것을 떨다'라고 표현하기도 합니다.
20 '산의 비탈이 끝나는 아랫부분'을 뜻하는 말입니다.
21 '장래의 발전을 바라고 기다릴 만한 인물을 비유적으로 이르는 말'을 뜻하는 말입니다.

4 '아는 것이나 알지 못하는 것이나 다 모른다고 잡아떼는 것'을 뜻하는 말입니다.
5 '쇠로 만든 고리를 여러 개 죽 이어서 만든 줄' 혹은 '억압이나 압박을 비유적으로 이르는 말'을 뜻하는 말입니다.
6 '원통한 일을 겪거나 불쌍한 일을 보고 마음이 아프고 괴롭게'를 뜻하는 부사입니다.
7 '자신의 생명이나 신체, 재산, 명예 따위에 침해 또는 위협을 받은 사람'을 뜻하는 말입니다.
8 '키가 90cm 정도밖에 되지 않는 어린아이'를 뜻하는 말입니다. '무식한 사람'을 비유적으로 이르는 말로도 쓰입니다.
9 '어떤 대상에게 있어야 할 세 가지 요소'를 뜻하는 말입니다. '이것을 고루 갖추다'라고 표현하기도 합니다.
10 '남을 깊이 사랑하고 가엾게 여김, 또는 그렇게 여겨서 베푸는 혜택'을 뜻하는 말입니다.
11 '일반인에게 팔지 아니하는 물품, 또는 특정한 사람에게 무료로 배부하거나 견본으로 사용하기 위하여 만든 물품'을 이르는 말입니다.
12 '장터나 길거리를 돌아다니면서 동냥하는 사람'을 뜻하는 말입니다.
13 '옷 따위를 짓거나 꿰매는 일'을 뜻하는 말입니다.
14 '남의 잘못이나 비밀을 일러바치는 짓'을 뜻하는 말입니다.
15 '뜻밖에 일어난 불행한 일' 혹은 '사람에게 해를 입혔거나 말썽을 일으킨 나쁜 짓'을 뜻하는 말입니다.
16 '남을 위하여 수고한 것을 생색내며 스스로 자랑함'을 뜻하는 말입니다.
17 '사람의 힘으로 자연에 대하여 가공하거나 작용을 하는 일'을 뜻하는 말입니다. '이것 구조물을 세우다'라고 표현하기도 합니다.
18 '어떤 내용이나 사실이 옳거나 그러하다고 인정함'을 뜻하는 말입니다.
19 '여러 사람에게 알리기 위하여 내붙이거나 내걸어 두루 보게 함, 또는 그런 물건'을 뜻하는 말입니다.
20 '어떤 사실을 정확하게 지적하여 내거나 잘 알아맞히는 능력을 가진 사람'을 뜻하는 말입니다.
21 '만들려는 물건의 모양대로 속이 비어 있어 거기에 쇠붙이를 녹여 붓도록 되어 있는 틀'을 뜻하는 말입니다.

최종 낱말 도움말

① '이러지도 저러지도 못 하고 망설이는 모양'을 뜻하는 부사입니다.
② '아주 앉지도 서지도 아니하고 몸을 반쯤 굽히고 있는 모양'을 뜻하는 부사입니다.

도전! 우리말 달인

1 달인 도전! 첫 번째 문제

다음 중 '어떤 일에 드는 힘이나 수고'를 뜻하는 낱말은 무엇일까요? (   )
① 삯   ② 품   ③ 턱

2 달인 도전! 두 번째 문제

다음은 발음에 관한 문제입니다. 다음 문장을 보고 제시된 동형이의어의 길고 짧은 발음을 정확하게 구별해서 읽어 주세요.

충청과 경기 대표의 결승전 경기가 시작됩니다.

3 달인 도전! 세 번째 문제

다음은 띄어 쓰기 문제입니다. 제한 시간 30초 안에 주어진 문장을 띄어 읽어 주세요.

| 집 | 채 | 만 | 한 | 파 | 도 | 가 | 몰 | 려 | 와 | 큰 | 배 | 를 | 삼 | 키 | 고 |
| 지 | 나 | 갔 | 다 | . | | | | | | | | | | | |

4 달인 도전! 네 번째 문제

예전에, 우두머리의 장수가 거처하던 성을 '이것'이라 불렀는데요, 요즘에 와서는 '아주 중요한 근거지를 비유적으로 이르는 말'로 많이 쓰이고 있습니다. 무엇일까요?

(   )

5 달인 도전! 다섯 번째 문제

다음에서 공통으로 설명하는 3음절의 단어는 무엇일까요? (   )

– 흙구덩이나 그릇의 아가리 또는 바닥에 물건이 빠지지 않도록 걸쳐 놓은 막대기.
– 수다스럽게 떠벌려 늘어놓는 말이나 짓.

우리말 겨루기

기출 문제은행

제9회

1단계 공통 서술어 맞히기

1
① 50 성격을
② 40 자세를
③ 30 화장을 ☐☐다
④ 20 병을
⑤ 10 팔자를

2
① 50 음악이
② 40 윤기가
③ 30 시간이 ☐☐다
④ 20 물이
⑤ 10 전류가

3
① 50 눈이
② 40 오해가
③ 30 올이 ☐☐다
④ 20 날씨가
⑤ 10 매듭이

4
① 50 생계를
② 40 체면을
③ 30 몸매를 ☐☐☐다
④ 20 질서를
⑤ 10 평화를

5
① 50 일이
② 40 생각이
③ 30 구조가 ☐☐☐다
④ 20 절차가
⑤ 10 심기가

114

# 1단계 맞는 말 틀린 말 맞히기

1
① 단금질
② 육자배기
③ 콘크리트
④ 맞아드리다
⑤ 수없이 되뇌다

2
① 제삿상
② 짤리다
③ 사인펜
④ 대수로이
⑤ 신경을 거스리다

3
① 족도리
② 조개비
③ 훌라후프
④ 새초롬하다
⑤ 짜집기

4
① 빼곡이
② 얼룩배기
③ 레파토리
④ 날씨가 개다
⑤ 되레

5
① 시래기
② 발자욱
③ 판탈롱
④ 옳바르다
⑤ 숨을 들이마시다

1단계 숨은 낱말 맞히기

1단계 자주 쓰는 표현말 맞히기

1 4□ □□□ □□ □ 않다   행운

2 4□ □□□를 □다

3 4□ □□에도 □□ □ 있다

4 4□ □□을 □□ 하다

5 4□ □□을 □다

6 4□ □에 □을 쥐듯

7 4□ □도 □□도 없이

도움말 – 글자의 첫소리

1 ㅅㄱㄹ | ㅎㄴ | ㄲㄸ   5 ㅅㅅ | ㅆ
2 ㄸ | ㅈㅁㄴ | ㅊ   6 ㅅ | ㄸ
3 ㅈㄱㅁ | ㅂ | ㄷ | ㄴ   7 ㅍ | ㄴㅁ
4 ㄱㅈㅁ | ㅂ | ㅁㄷ

제9회 | 117

1단계 우리말의 뜻 맞히기

1

2

3

도움말 – 글자의 첫소리

1 ㅈㄱ | ㅅㅇ
2 ㅇㅌㅂㅌ | ㅍㅍ
3 ㅂㅃ | ㄱ | ㅅㄷㄹ

4 **도르리** ㄱ ㄷ ㄹ ㅁ ㅂ ㅅ ㅇ ㅊ ㅍ ㅎ
여러 사람이 □□을 차례로 □□ 가며 내어 함께 □□

5 **버긋하다** ㄴ ㅁ ㅂ ㅅ ㅇ ㅈ ㅊ ㅌ ㅍ ㄸ
□□□ 곳에 □이 조금 □□져 있다

도움말 – 글자의 첫소리
4 ㅇㅅ | ㄷㄹ | ㅁㅇ
5 ㅁㅂㅇ | ㅌ | ㅂㅇ

가로세로 낱말 잇기

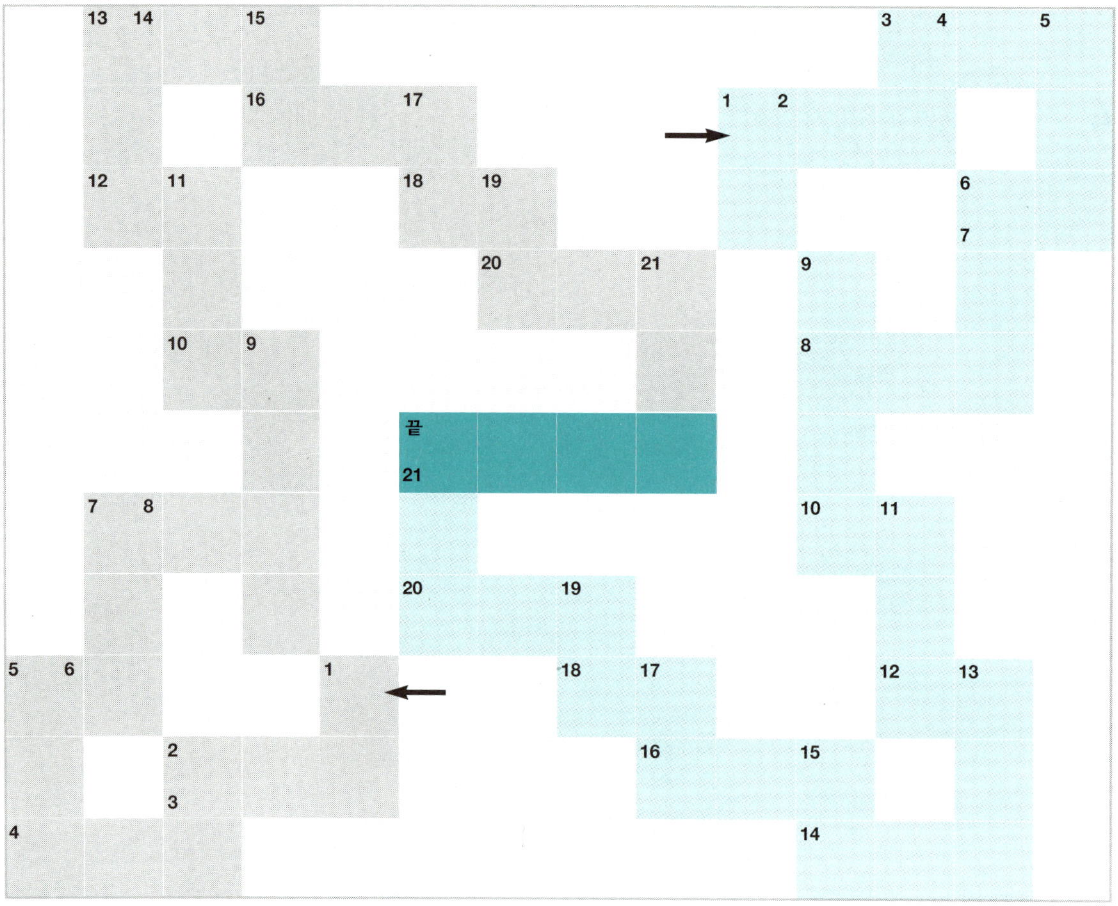

[크로스워드 퍼즐 그림]

첫 번째 낱말 도움말

① 사람들이 한꺼번에 많이 모여든 것을 보고 '이것같이 모여들다'라고 표현합니다.
② '공기 중의 수분이 엉기어서 미세한 물방울이나 얼음 결정의 덩어리가 되어 공중에 떠 있는 것'을 뜻하는 말입니다.

왼쪽 도전자 도움말

2 '주로 사춘기에, 얼굴에 도톨도톨하게 나는 검붉고 작은 종기'를 뜻하는 말입니다.

3 '여행하는 길, 또는 나그네가 가는 길'을 뜻하는 말로 1970년대 유명한 텔레비전 드라마의 제목이기도 했습니다.

오른쪽 도전자 도움말

2 '돈이나 재물 따위를 쓰는 데에 몹시 인색한 사람'을 뜻하는 말입니다.

3 '정신적으로나 육체적으로 강하고 굳센 것'을 비유적으로 이르는 말입니다. 공업 재료로 널리 쓰이는 철의 합금인 주철과 같은 말입니다.

4 '제 생긴 그대로, 또는 자기 주제에 맞게'를 뜻하는 부사입니다. '이것 가만히 있어라'고 말하기도 합니다.
5 '전날의 술기운으로 거북한 속을 풀기 위하여 먹는 국'을 '이것'이라 합니다.
6 '물속에서 흙과 유기물이 썩어 생기는 냄새나는 찌꺼기'를 뜻하는 말입니다. '조개의 이것을 빼다'라고 표현하기도 합니다.
7 '조화되지 아니하는 어설픈 느낌'을 뜻하는 말입니다.
8 '뛰어나고 훌륭한 사람의 업적과 삶을 적은 글, 또는 그런 책'을 뜻하는 말입니다.
9 '사물의 경중·앞과 뒤의 순서·완급 따위가 서로 뒤바뀜'을 이르는 말입니다.
10 '정신적·사상적으로 의지할 수 있는 근거나 힘'을 비유적으로 이르는 말입니다.
11 '사람이 살고 있거나 살았던 지역'을 뜻하는 말입니다. 선사시대 선조들이 살았던 서울 암사동의 '이것'이 문화재로 지정되기도 했습니다.
12 '물건을 보내 달라고 주문함'을 뜻하는 말입니다. 주로 공사나 용역 따위의 큰 규모의 거래에서 '이것'이 이루어집니다.
13 '발뒤꿈치를 들어 올림, 또는 그 발'을 뜻하는 말입니다. '까치발'과 비슷한 의미입니다.
14 '생각하고 궁리하다 알게 되는 것'을 뜻하는 말입니다. 주로 종교나 철학 등에서 '이것을 구하다', '이것을 얻다'라고 표현하기도 합니다.
15 '사람의 목소리나 말소리'를 뜻하는 말입니다. '다정한 이것', '낯익은 이것'이라고 표현하기도 합니다.
16 '작업의 성과를 기준으로 지급하는 임금'을 뜻하는 말입니다.
17 '조금만 다쳐도 생명에 지장을 주는 몸의 중요한 부분'을 뜻하는 말입니다.
18 '사람들이 놀라거나 흥분하여 시끄럽게 법석대고 떠들어 대는 일'을 뜻하는 말로 '소란', '소요'와 비슷한 의미로 쓰이기도 합니다.
19 '한복의 저고리 깃 위에 조붓하게 덧대어 꾸미는 하얗고 긴 헝겊 조각'을 '이것'이라 합니다.
20 '무릎 아래에서 앞 뼈가 있는 부분'을 뜻하는 말입니다.
21 '나무나 풀의 살아 있는 낱 잎'을 뜻하는 말로 '잎사귀'와 비슷한 말입니다.

4 '다함이 없이 굉장히 많음'을 뜻하는 말로 불교에서 '덕이 넓어 끝이 없음. 닦고 닦아도 다함이 없는 불교의 근본 뜻'을 이르는 말로도 쓰입니다.
5 '적의 총포 공격으로 인한 피해를 줄이기 위하여 차체를 강철판으로 덧씌운 차들을 통틀어 이르는 말'을 뜻합니다.
6 '무엇이 잘못된 것을 갑자기 깨달았을 때 하는 말' 혹은 '본의 아니게 어떤 일이 어긋남을 나타낼 때 쓰는 말'을 뜻하는 감탄사입니다.
7 '방이나 솥 따위에 불을 때기 위하여 만든 구멍'을 '이것'이라 합니다.
8 '걸을 때에 도움을 얻기 위하여 짚는 막대기'를 뜻하는 말입니다.
9 '모양이나 성질 따위가 서로 다른 여러 가지'를 뜻하는 말입니다.
10 '갓 결혼한 여자' 또는 '아직 결혼하지 아니한 젊은 여자'를 뜻하는 말입니다.
11 '남이 잘되는 것을 샘하고 미워하는 마음'을 뜻하는 말입니다.
12 우리 신체기관의 하나인 '염통'과 같은 말로 '사물의 중심이 되는 곳'을 비유적으로 이를 때 사용하기도 합니다.
13 '방바닥을 바르는 데 쓰는 기름 먹인 두꺼운 종이'를 뜻하는 말입니다.
14 '밀물과 썰물이 드나드는 개펄'을 뜻하는 말입니다.
15 '어떤 일의 한 단락이 끝나고 다음 단락이 시작될 동안'을 뜻하는 말입니다. '이것을 이용하다'라고 표현하기도 합니다.
16 '낮은 곳에서 높은 곳으로 이어지는 비탈진 곳'을 뜻하는 말입니다.
17 '부주의나 태만 따위에서 비롯된 잘못이나 허물'을 뜻하는 말입니다.
18 '그날 하루에 하도록 정해진 학과가 끝남, 또는 학과를 끝냄'을 뜻하는 말입니다. 주로 '전', '후', '시간'과 함께 쓰이는 말입니다.
19 '말하는 바로 이때'를 뜻하는 말로 '지금'과 같은 의미입니다.
20 '뜻밖의 긴급한 사태가 일어난 때'를 뜻하는 말입니다.
21 '병이나 상처 따위를 잘 다스려 낫게 하는 데에 드는 비용'을 뜻하는 말로 '의료비'와 비슷한 의미입니다.

최종 낱말 도움말
① '남을 도와서 거드는 일'을 뜻하는 말입니다.
② '일을 치러 내는 일'을 뜻하는 말입니다.

도전! 우리말 달인

1 달인 도전! 첫 번째 문제

다음 중 '꼭 필요한 때 알맞게 내리는 비'를 뜻하는 낱말은 무엇일까요? (   )
① 가랑비   ② 작달비   ③ 단비

2 달인 도전! 두 번째 문제

다음은 발음에 관한 문제입니다. 다음 문장을 보고 제시된 동형이의어의 길고 짧은 발음을 정확하게 구별해서 읽어 주세요.

나의 장인은 도공 중에서 최고의 장인으로 꼽힌다.

3 달인 도전! 세 번째 문제

다음은 띄어 쓰기 문제입니다. 제한 시간 30초 안에 주어진 문장을 띄어 읽어 주세요.

| 고 | 향 | 을 | 떠 | 나 | 온 | 지 | 일 | 년 | 만 | 에 | 부 | 모 | 님 | 을 | 찾 |
| 아 | 뵈 | 었 | 다 | . | | | | | | | | | | | |

4 달인 도전! 네 번째 문제

다음의 두 가지 뜻을 모두 포함하는 2음절의 낱말은 무엇일까요? (   )

– 문빗장과 자물쇠를 아울러 이르는 말.
– 어떤 사물이나 문제 해결의 가장 중요한 부분.

5 달인 도전! 다섯 번째 문제

다음의 세 가지 뜻을 모두 포함하는 동음이의어는 무엇일까요? (   )

– 먼지나 때를 쓸어 떨어뜨리거나 풀칠 따위를 하는 데 쓰는 도구.
– 옷이나 이부자리 따위를 지을 때 두 폭을 맞대고 꿰맨 줄.
– 활을 쏠 때에 쓰는 무명 과녁.

우리말 겨루기

기출 문제은행

제10회

 **1단계 공통 서술어 맞히기**

1
① 50 시간을
② 40 약속을
③ 30 길목을 ☐☐다
④ 20 예의를
⑤ 10 침묵을

2
① 50 몸을
② 40 눈을
③ 30 비를 ☐☐다
④ 20 자리를
⑤ 10 장애물을

3
① 50 이유를
② 40 학력을
③ 30 득실을 ☐☐다
④ 20 비용을
⑤ 10 잘잘못을

4
① 50 눈매가
② 40 속이
③ 30 빗줄기가 ☐☐☐다
④ 20 국물이
⑤ 10 바람이

5
① 50 상을
② 40 값을
③ 30 뿌리를 ☐☐다
④ 20 어둠이
⑤ 10 서리가

1단계 맞는 말 틀린 말 맞히기

1
① 뚱단지
② 으름장
③ 브로치
④ 꽁트
⑤ 난데없다

2
① 엉겁결
② 엇갈리다
③ 캐롤
④ 길다랗다
⑤ 걷잡을 수 없는 불길

3
① 싸래기
② 야단법썩
③ 샤베트
④ 주춧돌
⑤ 서점에 들르다

4
① 영판 다르다
② 보릿고개
③ 데스크탑
④ 눈쌀을 찌푸리다
⑤ 추스리다

5
① 마땅이
② 쿠테타
③ 아직껏
④ 수상쩍다
⑤ 갈갈이 찢어지다

1단계 숨은 낱말 맞히기

한 글자 문제

① 10 연장 / 돌 / 석공 — ㅈ

② 10 처방전 / 무좀 / 감기 — ㅇ

③ 10 소리 / 학교 / 풍경 — ㅈ

④ 10 약 / 금 / 도장 — ㅅ

⑤ 10 음식 / 고기 / 상추 — ㅆ

두 글자 문제

① 20 음식 / 해초 / 생일 — ㅇ

② 20 잠 / 보리 / 젓갈 — ㅇ

③ 20 손 / 물 / 때 — ㄱ

④ 20 나무 / 껍질 / 수정과 — ㅍ

⑤ 20 목 / 고무 / 권투 — ㄱ

세 글자 문제

① 30 방 / 돌 / 아랫목 — ㄷ

② 30 그림 / 얼굴 / 자화상 — ㅅ

③ 30 전설 / 용 / 구렁이 — ㅁ

④ 30 얼굴 / 피부 / 점 — ㄱ

⑤ 30 테 / 바퀴 / 장난감 — ㄹ

128

1단계 자주 쓰는 표현말 맞히기

1 4□ □□ 묵은 □□

2 4□ □게 □□□

3 4□ □며 □□ □기

4 4□ □도 □도 모르게

5 5□ □□□에 □이 온다

6 4□ □□이 □□ 나도

7 5□ □□이면 □□도 변한다

도움말 - 글자의 첫소리

1 ㅅㄴ │ ㅊㅈ
2 ㅆ │ ㅂㅈㄸ
3 ㅇ │ ㄱㅈ │ ㅁ
4 ㅈ │ ㅅ

5 ㄱㅅ │ ㄲ │ ㄴ
6 ㅎㄴ │ ㄷ │ ㅉ
7 ㅅ │ ㄴ │ ㄱㅅ

1단계 우리말의 뜻 맞히기

1. 볼멘소리 — ㄴ ㄹ ㅁ ㅂ ㅅ ㅇ ㅈ ㅊ ㅌ ㅎ
   □□하거나 □이 나서 □□□게 하는 말투

2. 주책 — ㄱ ㄷ ㄹ ㅁ ㅅ ㅇ ㅈ ㅊ ㅍ ㅎ
   □□하게 자리 잡힌 □□이나 □□□

3. 안달 — ㄱ ㄹ ㅁ ㅂ ㅅ ㅇ ㅈ ㅊ ㅌ ㄸ
   □을 □□며 □하게 구는 짓

도움말 - 글자의 첫소리
1 ㅅㅇ | ㅅ | ㅌㅁㅅㄹ
2 ㅇㅈ | ㅈㅈ | ㅍㄷㄹ
3 ㅅ | ㅌㅇ | ㅈㄱ

4 50 불만장만 ㄱ ㄴ ㅁ ㅂ ㅅ ㅇ ㅊ ㅎ ㅃ ㅆ
□□ 만 하고 □□ 하지 아니하는 □□

5 50 자릿내 ㄱ ㄴ ㄹ ㅅ ㅇ ㅈ ㅍ ㅎ ㄸ ㅃ
오래도록 빨지 아니한 □□□ 에서 나는 □ 듯한 □□

도움말 – 글자의 첫소리
4 ㅂㄱ | ㄱㅅ | ㅁㅇ
5 ㅃㄹㄱ | ㅅ | ㄴㅅ

가로세로 낱말 잇기

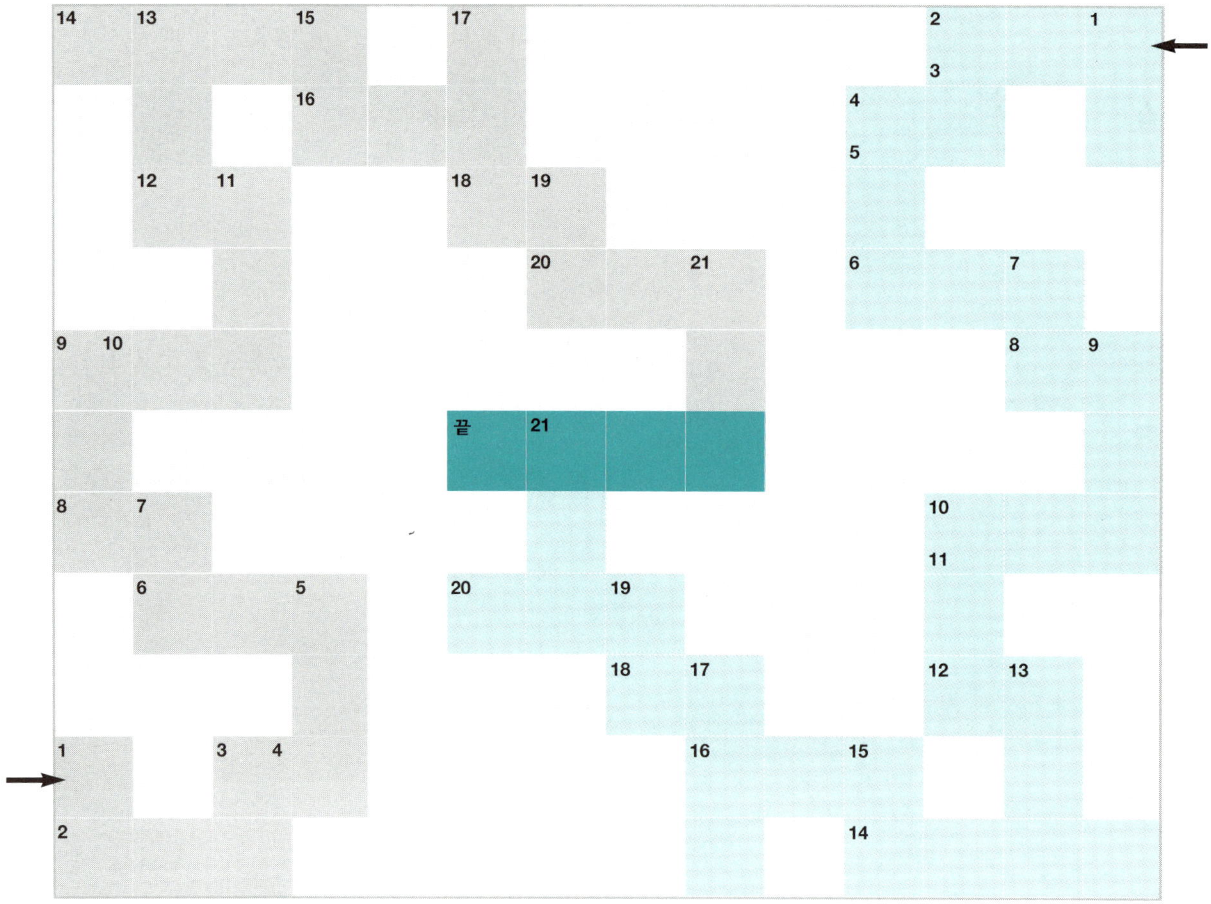

첫 번째 낱말 도움말

① '상대편의 속도 모르고 지레짐작으로 그렇게 될 것으로 믿고 행동함'을 비유적으로 말할 때 '이것국부터 마신다'고 합니다.
② '소금에 절인 배추나 무 따위를 고춧가루, 파, 마늘 따위의 양념에 버무린 뒤 발효를 시킨 음식'을 뜻하는 말입니다.

왼쪽 도전자 도움말

2 '조선 시대에, 죄인의 볼기를 치는 데에 쓰던 곤장'을 뜻하는 말입니다. 요즘에는 '크게 꾸중을 들음, 또는 그런 곤욕'을 뜻하는 말로도 쓰입니다.
3 '몸이나 마음이 지치어 고달픔'을 뜻하는 말입니다.

오른쪽 도전자 도움말

2 '이왕 길을 나선 김' 혹은 '이왕 일을 시작한 바람'을 뜻하는 말로 '책상을 정리하고 이것에 방 청소까지 했다'라는 표현으로 쓰입니다.
3 '부모나 조상으로부터 내려오는 유전적인 특성'을 뜻하는 말로 '내력'과 같은 의미입니다.

4 '저것과 이것을 아울러 이르는 말' 혹은 '이쪽과 저쪽의 양쪽'을 뜻하는 말입니다.
5 '차나무의 어린 새싹을 따서 만든 차'를 이렇게 부릅니다. 찻잎이 참새의 혓바닥 크기만 할 때 따서 만든다는 데서 붙은 이름이라고 합니다.
6 '획기적인 작품을 이루려는 노력으로 새로운 시도를 대담하게 표현한 작품'을 뜻하는 말입니다.
7 '시골로 내려간다는 뜻으로, 관직이나 정계에서 물러남을 이르는 말'입니다.
8 '자기 자신을 낮춤'을 뜻하는 말로 '저하'와 같은 의미로 쓰입니다.
9 '굵고 거세게 좍좍 내리는 비'를 뜻하는 말로 '이것'을 장대비라고도 합니다.
10 '길고 가는 막대의 토막'을 뜻하는 말로 흔히 시험 답안지 따위에서 잘못된 답을 표시할 때 내리긋는 줄을 '이것'이라 하기도 합니다.
11 '산과 산 사이에 움푹 패어 들어간 곳'을 뜻하는 말입니다.
12 '아주 길이 들어서 몸에 푹 밴 버릇'을 뜻하는 말로 '이것이 나다'라는 표현으로 쓰입니다.
13 '뱀과의 하나'로 '음흉하고 능청스러운 사람'을 비유적으로 이를 때 쓰기도 합니다.
14 '여우가 죽을 때에 머리를 자기가 살던 굴 쪽으로 둔다는 뜻으로, 고향을 그리워하는 마음'을 뜻하는 말입니다.
15 '마땅치 않게 여기는 나쁜 마음'을 뜻하는 말로 '심술'과 비슷한 의미로 쓰이기도 합니다.
16 '딱하고 안타까운 형편을 털어놓고 말함' 혹은 '남에게 자기의 의사를 표현함'을 뜻하는 말입니다.
17 '우리나라 전통 음료의 하나'로 잘게 다진 생강과 계핏가루를 넣어 달인 물에 설탕물이나 꿀을 타서 식힌 다음 곶감을 넣고 잣을 띄워 먹습니다.
18 '사실보다 지나치게 불려서 나타냄'을 뜻하는 말입니다. '이것이 심하다', '지나친 이것'이란 표현으로 쓰입니다.
19 '물건의 출납이나 돈의 수지계산을 적어 두는 책'을 뜻하는 말로 '장책'과 비슷한 의미로 쓰입니다.
20 '조선 시대에, 왕비의 친아버지나 정일품 공신에게 주던 작호'를 뜻하는 말입니다.
21 '끼니 외에 과일이나 과자 따위의 군음식을 먹는 일'을 '이것'이라 합니다.

4 '대강 짐작으로 헤아림, 또는 그런 셈이나 짐작'을 뜻하는 말입니다.
5 '어른에게 귀여움을 받거나 남의 마음을 기쁘게 하려고 어린아이의 말씨나 태도로 버릇없이 굴거나 무엇을 흉내 내는 일'을 '이것'이라 합니다.
6 '녹색 식물이 빛 에너지를 이용하여 이산화탄소와 수분으로 유기 화합물을 만드는 일련의 과정'을 뜻하는 말입니다.
7 '성의 우두머리' 혹은 '조상의 무덤이 있는 지방의 수령'을 뜻하는 말입니다.
8 '일정하게 자리 잡은 주장이나 판단력' 혹은 '일정한 줏대가 없이 되는대로 하는 짓'을 뜻하는 말입니다.
9 '글방 따위에서 학생이 책 한 권을 다 읽어 떼거나 다 베껴 쓰고 난 뒤에 선생과 동료들에게 한턱내는 일'을 뜻하는 말로 '책씻이'와 같은 의미로 쓰입니다.
10 '이른 철의 사리 때에 잡은 새우' 혹은 '이른 철에 농작물을 거두는 일, 또는 그 농작물'을 뜻하는 말입니다.
11 '오직 한 방향으로'를 뜻하는 부사어로 '섬에서 교통수단은 이것 배뿐이다'라는 표현으로 쓰입니다.
12 '사물의 전망이나 가능성 따위'를 비유적으로 뜻하는 말입니다. 황우석 교수가 줄기세포 연구의 성공으로 난치병 치료의 새로운 '이것'을 열었습니다.
13 '특별한 일이 없는 보통 때에 입는 옷'을 '이것'이라 합니다.
14 '소원이나 요구 따위를 들어 달라고 애처롭게 사정하며 간절히 빎'을 뜻하는 말입니다.
15 '슬픔과 설움'을 뜻하는 말로 '이것에 젖다', '이것에 잠기다'라는 표현으로 쓰입니다.
16 '수레와 말을 타는 비용'이라는 뜻으로, '교통비'를 달리 이르는 말로 쓰입니다.
17 '어떤 일을 이루는 데에 기초가 되는 요인'을 뜻하는 말로 '이것으로 삼다'라는 표현으로 쓰입니다.
18 '어떤 일이 은밀하게 이루어지는 상태'를 비유적으로 뜻하는 말로 '이것 작업을 하다'라는 표현으로 쓰입니다.
19 '살림살이에 쓰는 그릇'을 뜻하는 말입니다. '이것을 파손하다'라는 표현으로 쓰입니다.
20 '남의 산이나 뫼를 맡아서 돌보는 사람'을 이렇게 부릅니다.
21 '음식이나 옷을 대어 주거나 온갖 일을 돌보아 주는 일'을 뜻하는 말입니다. 특히, 감옥에 갇힌 죄수를 돌보아 주는 일을 '옥이것'이라 합니다.

최종 낱말 도움말

① '무엇이 숨었다 보였다 하는 일'을 뜻하는 말입니다.
② '술래가 숨은 사람을 찾아내는 아이들의 놀이'를 뜻하는 말입니다.

도전! 우리말 달인

1 달인 도전! 첫 번째 문제

다음 중 '명절이나 잔치 때에 입는 새 옷'을 뜻하는 낱말은 무엇일까요? (   )
① 때때옷   ② 당의   ③ 빔

2 달인 도전! 두 번째 문제

다음은 발음에 관한 문제입니다. 다음 문장을 보고 제시된 동형이의어의 길고 짧은 발음을 정확하게 구별해서 읽어 주세요.

그동안 소원했던 친구들과 만나는 것이 소원이다.

3 달인 도전! 세 번째 문제

다음은 띄어 쓰기 문제입니다. 제한 시간 30초 안에 주어진 문장을 띄어 읽어 주세요.

| 몇 | 날 | 며 | 칠 | 을 | 고 | 민 | 하 | 다 | 가 | 그 | 에 | 게 | 내 | 마 | 음 |
| 을 | 털 | 어 | 놓 | 았 | 다 | . | | | | | | | | | |

4 달인 도전! 네 번째 문제

다음의 두 가지 뜻을 모두 포함하는 2음절의 낱말은 무엇일까요? (   )

- 재거나 되거나 하여 사물의 양을 헤아림.
- 사물을 너그럽게 용납하여 처리할 수 있는 넓은 마음과 깊은 생각.

5 달인 도전! 다섯 번째 문제

다음의 두 가지 뜻을 모두 포함하는 2음절의 낱말은 무엇일까요? (   )

- 목표나 기준에 맞고 안 맞음을 헤아리는 기준.
  일이 되어 가는 형편.

우리말 겨루기

기출 문제은행

제11회

1단계 공통 서술어 맞히기

1
- ① 50 결심이
- ② 40 재질이
- ③ 30 바위가 □□□다
- ④ 20 기초가
- ⑤ 10 얼음이

2
- ① 50 집안이
- ② 40 들판이
- ③ 30 날씨가 □□□다
- ④ 20 마음이
- ⑤ 10 뒷모습이

3
- ① 50 입에
- ② 40 값을
- ③ 30 기도를 □□다
- ④ 20 속력을
- ⑤ 10 결혼식을

4
- ① 50 말로
- ② 40 액운을
- ③ 30 시간을 □□다
- ④ 20 끼니를
- ⑤ 10 구멍을

5
- ① 50 눈이
- ② 40 전망이
- ③ 30 말귀가 □□다
- ④ 20 표정이
- ⑤ 10 밤길이

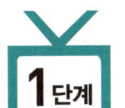

1단계 맞는 말 틀린 말 맞히기

1

① 1 0 얼떨결
② 1 0 시라소니
③ 1 0 깁스
④ 1 0 부숴지다
⑤ 1 0 불을 댕기다

2

① 1 0 승락
② 1 0 엉크러지다
③ 1 0 시그날
④ 1 0 홀연히
⑤ 1 0 날갯죽지

3

① 1 0 부릅뜨다
② 1 0 곱배기
③ 1 0 레포트
④ 1 0 관자노리
⑤ 1 0 앳띤 얼굴

4

① 1 0 웬간한 사람
② 1 0 수탕나귀
③ 1 0 미스테리
④ 1 0 어쭙잖다
⑤ 1 0 나꿔채다

5

① 1 0 구태여
② 1 0 왠일
③ 1 0 커피숍
④ 1 0 애틋이
⑤ 1 0 끝발

1단계 숨은 낱말 맞히기

한 글자 문제

① 10점
- 눈
- 별
- 해
- ㅂ

② 10점
- 꽃
- 통
- 벌
- ㄲ

③ 10점
- 도장
- 실
- 도끼
- ㄴ

④ 10점
- 물감
- 붓
- 서예
- ㅁ

⑤ 10점
- 구슬
- 비지
- 노폐물
- ㄸ

두 글자 문제

① 20점
- 쪽
- 옥
- 머리
- ㄴ

② 20점
- 밭
- 바다
- 소금
- ㅈ

③ 20점
- 손
- 짐
- 바퀴
- ㄹ

④ 20점
- 허리
- 여왕
- 곤충
- ㅁ

⑤ 20점
- 털
- 빵
- 고깔
- ㅈ

세 글자 문제

① 30점
- 도구
- 우물
- 바가지
- ㄹ

② 30점
- 보물
- 남원
- 춘향전
- ㅎ

③ 30점
- 도서
- 문화
- 백화점
- ㅍ

④ 30점
- 찌개
- 발효
- 콩
- ㄱ

⑤ 30점
- 지명
- 노래
- 고개
- ㅇ

1단계 자주 쓰는 표현말 맞히기

1 4口 □□는 □에 □□□

2 4口 □□가 남의 □□ 굵다 행운

3 4口 □도 □도 □하다

4 4口 □□에 □를 □다

5 4口 □□를 □다

6 4口 □□□가 □다

7 4口 □ □ □ 두다

도움말 – 글자의 첫소리

1 ㄷㄹ | ㅁ | ㅊㅉㅈ
2 ㅈㄷ | ㄷㄹ
3 ㄷ | ㅂ | ㅁ
4 ㄲㄹ | ㄲㄹ | ㅁ
5 ㅂㅎㄱ | ㅌㅇ
6 ㅇㄷㅇ | ㅁㄱ
7 ㅇ | ㅇ | ㅈㅊ

제11회 | 141

1단계 우리말의 뜻 맞히기

1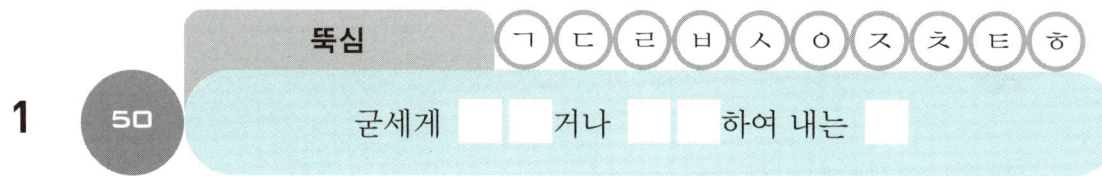

2

3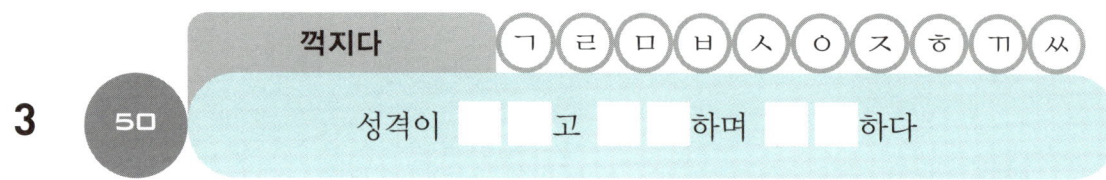

도움말 - 글자의 첫소리
1 ㅂㅌ | ㄱㄷ | ㅎ
2 ㅆㅁ | ㅁㄹ | ㅂㅍ
3 ㅇㅅ | ㄲㄲ | ㅇㄱ

4 헙헙하다 ㄷㅁㅂㅅㅇㅊㅌㅎㄸㅉ
활발하고 □□□이 있으며 □□하다

5 억짓손 ㄴㄹㅁㅂㅅㅇㅈㅎㄲㅆ
□□□게 억지로 해내는 □□

도움말 - 글자의 첫소리
4 ㅇㅌㅅ | ㄷㅂ
5 ㅁㄹㅎ | ㅅㅆ

2단계 가로세로 낱말 잇기

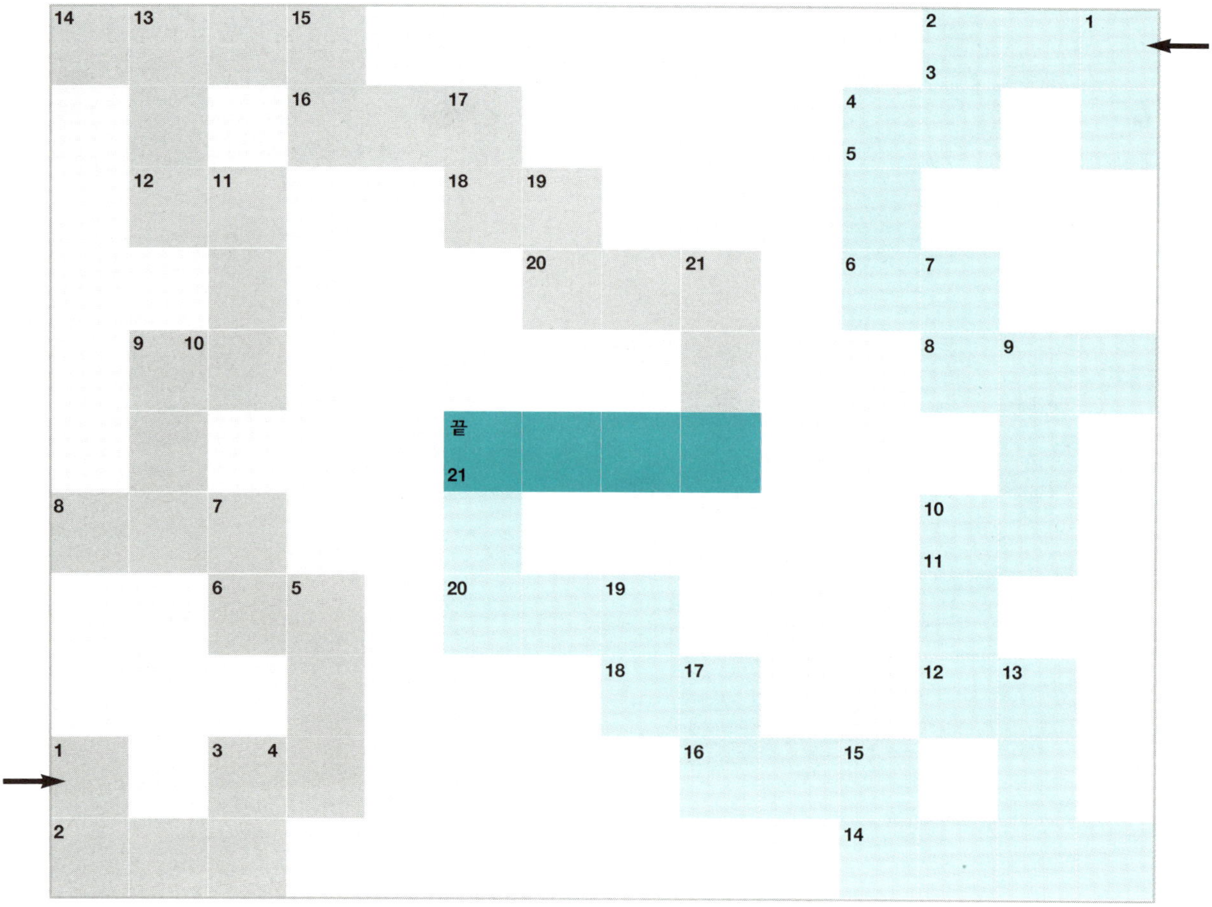

첫 번째 낱말 도움말

① '새나 곤충의 몸 양쪽에 붙어서 날아다니는 데 쓰는 기관'을 뜻하는 말입니다.
② '이것을 펼치다', '옷이 이것이다'라고 표현하기도 합니다.

왼쪽 도전자 도움말

2 '골짜기나 들에 흐르는 작은 물줄기의 주변'을 뜻하는 말입니다.

3 '족보로 보아 한 문중에서 맏이로만 이어 온 큰집'을 뜻하는 말입니다.

오른쪽 도전자 도움말

2 '지금의 시대'를 뜻하는 말입니다. '이것 당면하고 있는 과제'라고 표현하기도 합니다.

3 '무릎의 구부러지는 오목한 안쪽 부분'을 뜻하는 말입니다. '이것이 저리다'라고 표현하기도 합니다.

4 '피부가 곪으면서 생기는 큰 부스럼'을 뜻하는 말입니다. '종물'과 같은 의미입니다.

5 '강물이 뻗어 흐르는 선'을 뜻하는 말입니다. '굽이굽이 흐르는 이것'이라고 표현하기도 합니다.

6 '더할 수 없이 센 힘이나 세력' 등을 뜻하는 말입니다. '최강'과 비슷한 의미입니다.

7 '땅을 파고 위에 거적 따위를 얹고 흙을 덮어 추위나 비바람만 가릴 정도로 임시로 지은 집'을 뜻하는 말입니다. '토막'과 같은 의미로 쓰입니다.

8 '보고 싶어 애타는 마음'을 뜻하는 말입니다.

9 '한 가닥의 실'을 뜻하는 말입니다. '이것이 풀리다'라고 표현하기도 합니다.

10 '정신에 이상이 생겨 본정신을 잃음'을 뜻하는 말입니다. '실진'과 같은 의미입니다.

11 '남과 얼굴을 익히고 친하게 지내기를 좋아하거나 쉽게 친해지는 성질'을 뜻하는 말입니다. '붙임성'과 비슷한 의미입니다.

12 '사는 곳을 다른 데로 옮김'을 뜻하는 말입니다.

13 '어떤 기준에 겨우 미침'을 비유적으로 이르는 말입니다. '시험에 이것으로 통과했다'라고 표현하기도 합니다.

14 '잘 헤아려 보지도 아니하고 마구'를 뜻하는 부사입니다. '이것 덤비다'라고 표현하기도 합니다.

15 '조용하고 잔잔한 상태'를 뜻하는 말입니다.

16 '알쏭달쏭하고 묘한 세상일'을 비유적으로 이르는 말입니다.

17 '축하할 만한 기쁜 일'을 뜻하는 말입니다. '이것이 겹치다'라고 표현하기도 합니다.

18 '배를 부리는 일을 직업으로 하는 사람'을 뜻하는 말입니다.

19 '나아가 적을 침' 혹은 '남을 비난하거나 반대하여 나섬'을 뜻하는 말입니다.

20 '용기나 의욕이 솟아나도록 북돋워 주는 명목으로 주는 돈'을 뜻하는 말입니다.

21 '금으로 만든 물건을 통틀어 이르는 말'을 뜻합니다.

4 '자·저울·온도계 따위에 표시하여 길이·양·도수 따위를 나타내는 금'을 뜻하는 말입니다.

5 '눈으로 보기만 하면서 어느 정도 만족을 느끼는 일'을 뜻하는 말입니다.

6 '잠자리에서 일어남'을 뜻하는 말입니다. '이것나팔 소리에 일어나다'라고 표현하기도 합니다.

7 '장사하는 재주나 꾀'를 뜻하는 말입니다. '이것이 뛰어나다'라고 표현하기도 합니다.

8 '술을 만들어 죄다 한데 묶어 판매하는 집'을 뜻하는 말입니다.

9 '이 세상이 아닌 신선이 살았다는 전설적인 중국의 명승지처럼 아름다운 경지' 혹은 '이상향'을 뜻하는 말입니다.

10 '서울로 돌아가거나 돌아옴'을 뜻하는 말입니다.

11 '상대편이 눈치로 알아차릴 수 있도록 미리 슬그머니 일깨워 주는 일'을 뜻하는 말입니다.

12 '의심나거나 모르는 점을 물음'을 뜻하는 말입니다. '질문'과 비슷한 의미로 '대정부 이것을 벌이다'라고 표현하기도 합니다.

13 '사람이나 사물의 모양이나 움직임을 흉내 낸 말'을 뜻합니다.

14 '한해살이풀의 일종인 쪽에서 뽑아낸 푸른 물감이 쪽보다 더 푸르다는 뜻으로, 제자나 후배가 스승이나 선배보다 나음'을 비유적으로 이르는 말입니다.

15 '남에게 청하거나 바라는 일'을 뜻하는 말입니다. 이 낱말에 '간절한'의 의미를 더한 것을 '간청'이라고 합니다.

16 '범죄 수사나 치안 유지를 위하여 군인이나 경찰이 통행인을 막고 인적 사항을 묻거나 소지품 또는 차량 따위를 검사하는 곳'을 '이것'이라 합니다.

17 '부지런하고 검소함'을 뜻하는 말입니다.

18 '이웃한 가까운 곳'을 뜻하는 말입니다. '측근'이라는 낱말 속에 이것의 뜻이 포함되어 있습니다.

19 '예술계나 체육계 따위와 같은 분야에 새로 등장한 사람'을 뜻하는 말입니다.

20 '국가, 민족, 개인 등을 지키고 보살펴 돌보아 주는 신'을 뜻하는 말입니다.

21 '단 한 곳으로만 파고드는 사람'을 뜻하는 말입니다.

최종 낱말 도움말

① '알이 하나만 여물어 들어 있는 밤송이나 통마늘 따위를 이르는 말'을 뜻합니다.
② '매인 데도 없고 의지할 데도 없는 홀몸'을 뜻하는 말입니다.

도전! 우리말 달인

1 달인 도전! 첫 번째 문제

다음 중 '몸의 부피'를 뜻하는 낱말은 무엇일까요? (   )
① 덩치   ② 기골   ③ 허우대

2 달인 도전! 두 번째 문제

다음은 발음에 관한 문제입니다. 다음 문장을 보고 제시된 동형이의어의 길고 짧은 발음을 정확하게 구별해서 읽어 주세요.

씨름 장사 아무개 씨의 아버지는 과일 장사를 하신다.

3 달인 도전! 세 번째 문제

다음은 띄어 쓰기 문제입니다. 제한 시간 30초 안에 주어진 문장을 띄어 읽어 주세요.

| 백 | 년 | 동 | 안 | 보 | 관 | 중 | 이 | 던 | 귀 | 한 | 책 | 을 | 도 | 둑 | 맞 |
| 았 | 다 | . | | | | | | | | | | | | | |

4 달인 도전! 네 번째 문제

이 말은 세월이 빨리 지나가는 것을 비유하는 말입니다. 원래 불을 켜면 데워진 공기의 힘으로 매달아 놓은 말 모양들이 빠르게 돌아가 마치 말이 달리는 것처럼 보이는 전통 등의 일종이었습니다. 무엇일까요? (   )

5 달인 도전! 다섯 번째 문제

이 말은 원래 불교 용어로 '여기저기 돌아다니며 수행함'을 뜻하는 말이었습니다. 요즘에 와서는 부정적인 의미로 '어떤 목적으로 여기저기 돌아다님'을 뜻하는 말로 쓰이고 있습니다. 무엇일까요? (   )

우리말 겨루기

기출 문제은행

제12회

1단계 공통 서술어 맞히기

1
- ① 50 잠이
- ② 40 햇빛이
- ③ 30 국물이 □□다
- ④ 20 깨가
- ⑤ 10 비가

2
- ① 50 힘을
- ② 40 시선을
- ③ 30 돈을 □□다
- ④ 20 다리를
- ⑤ 10 골동품을

3
- ① 50 운이
- ② 40 시야가
- ③ 30 숨통이 □□다
- ④ 20 목청이
- ⑤ 10 물꼬가

4
- ① 50 주변을
- ② 40 눈치를
- ③ 30 민심을 □□다
- ④ 20 사방을
- ⑤ 10 정세를

5
- ① 50 정보를
- ② 40 웃음을
- ③ 30 지갑을 □□다
- ④ 20 콧물을
- ⑤ 10 땀을

1단계 맞는 말 틀린 말 맞히기

1
① 연거퍼
② 오이소박이
③ 나레이터
④ 끔찍이
⑤ 영락없다

2
① 허드레
② 약숫터
③ 히터
④ 왁자지걸
⑤ 천정에서 비가 샌다

3
① 쌀뜨물
② 카스텔라
③ 애드립
④ 늦깎이
⑤ 옷이 거치장스럽다

4
① 줄줄이
② 두루마기
③ 보우트
④ 숨이 가쁘다
⑤ 줄창 기다리다

5
① 빈털털이
② 언덕배기
③ 내프킨
④ 깡보리밥
⑤ 바닥에 널브러지다

1단계 숨은 낱말 맞히기

한 글자 문제

① 10
- 집
- 노래
- 침실
- ㅂ

② 10
- 칼
- 학
- 탈
- ㅊ

③ 10
- 민속
- 거리
- 무당
- ㄱ

④ 10
- 식물
- 초
- 사군자
- ㄴ

⑤ 10
- 도토리
- 메밀
- 청포
- ㅁ

두 글자 문제

① 20
- 실
- 집
- 누에
- ㅊ

② 20
- 바람
- 기구
- 불
- ㅁ

③ 20
- 차
- 교통
- 공무원
- ㅊ

④ 20
- 동물
- 술
- 범
- ㄹ

⑤ 20
- 종이
- 가루
- 물
- ㄴ

세 글자 문제

① 30
- 콩
- 뚝배기
- 찌개
- ㄷ

② 30
- 불
- 대나무
- 담배
- ㅂ

③ 30
- 금, 은
- 고리
- 쌍
- ㄹ

④ 30
- 그릇
- 대나무
- 싸리
- ㅋ

⑤ 30
- 탑
- 코끼리
- 대학교
- ㅇ

 **자주 쓰는 표현말 맞히기**

1 ④ ▢▢이 ▢▢▢가 되다

2 ④ ▢▢에 ▢다

3 ④ ▢▢를 ▢▢다

4 ④ ▢▢에 ▢다

5 ④ ▢가 쏟아지는 ▢▢▢▢

6 ④ ▢▢에 맺힌 ▢

7 ④ ▢보다 ▢▢

도움말 – 글자의 첫소리

1　ㅇㄱ｜ㅎㄷㅁ　　5　ㄲ｜ㅅㅎㅂㅂ
2　ㅇ｜ㅂ｜ㄴ　　　6　ㄱㅅ｜ㅎ
3　ㅇㅈ｜ㅁㄴ　　　7　ㄲ｜ㅎㅁ
4　ㄷㅂㅅ｜ㅇ

1단계 우리말의 뜻 맞히기

1. 고자누룩하다 — ㄷ ㅂ ㅅ ㅇ ㅈ ㅎ ㄲ ㄸ ㅆ ㅃ
   한참 ☐☐ 하다가 ☐☐ 해지다

2. 칠흑 — ㄱ ㄷ ㄹ ㅂ ㅅ ㅇ ㅊ ㅌ ㅎ ㄲ
   ☐☐ 처럼 검고 ☐☐ 이 있는 ☐☐

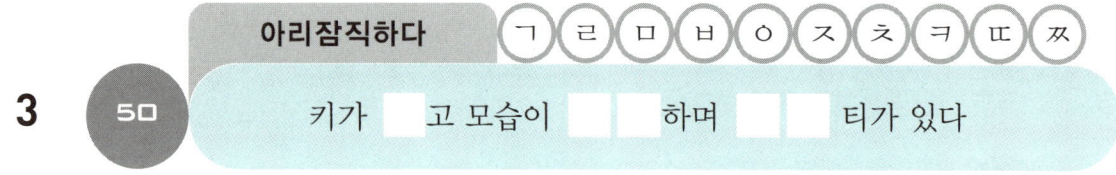

3. 아리잠직하다 — ㄱ ㄹ ㅁ ㅂ ㅇ ㅈ ㅊ ㅋ ㄸ ㅉ
   키가 ☐고 모습이 ☐☐ 하며 ☐☐ 티가 있다

도움말 – 글자의 첫소리

1 ㄸㄷㅆ | ㅈㅇ
2 ㅇㅊ | ㄱㅌ | ㅂㄲ
3 ㅈ | ㅇㅈ | ㅇㄹ

4 50 | **삭정이** ㄱ ㄴ ㄹ ㅁ ㅂ ㅅ ㅈ ㅊ ㄲ ㅃ
살아 있는 ☐☐ 에 붙어 있는 ☐☐ 죽은 ☐☐

5 50 | **휘휘하다** ㄱ ㄴ ㅁ ㅂ ㅅ ㅇ ㅈ ㄲ ㅆ ㅉ
☐☐☐ 느낌이 들 정도로 ☐☐ 하고 ☐☐ 하다

도움말 - 글자의 첫소리
4 ㄴㅁ | ㅁㄹ | ㄱㅈ
5 ㅁㅅㅇ | ㄱㅇ | ㅆㅆ

 **2단계 가로세로 낱말 잇기**

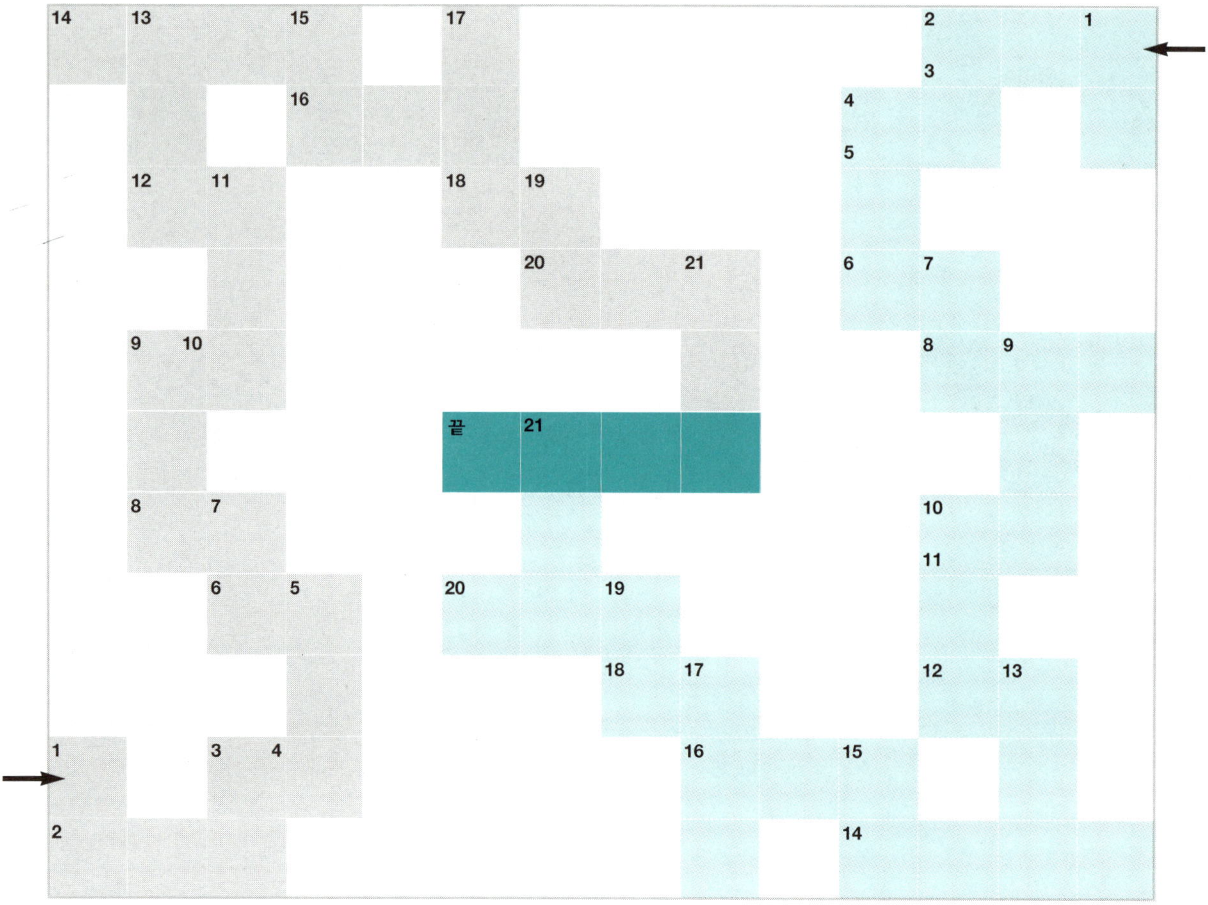

첫 번째 낱말 도움말

① '도시로 떠나온 사람이 고향을 이르는 말' 입니다.
② '도시에서 떨어져 있는 지역'을 뜻하는 말로 주로 인구가 적고 인공적인 개발이 덜 돼 자연을 접하기가 쉬운 곳을 이릅니다.

왼쪽 도전자 도움말

2 '오래되었거나 희귀한 옛 물품'을 뜻하는 말로 '시대감각을 잃은 무딘 사람이나 그런 물건'을 비유적으로 이르는 말로도 쓰입니다.

3 '걸어 다니는 수고'를 뜻하는 말입니다. '어떤 일에 이것을 들이다'라고 표현하기도 합니다.

오른쪽 도전자 도움말

2 '소홀하게 보아 넘김' 혹은 '어떤 일을 별로 중요하게 보지 않고 관심을 기울이지 않는다'는 뜻을 가진 말입니다.

3 '야구에서, 투수가 투구할 자리에 나섬'을 뜻하는 말입니다.

4 '신체, 정서, 지능 따위가 성장하거나 성숙함' 혹은 '학문, 기술, 문명, 사회 따위의 현상이 좀 더 높은 수준에 이름'을 뜻하는 말입니다.

5 '음력 매달 7~8일경에 나타나는 반원 모양의 달입니다. 이 때 둥근 쪽이 아래로 향합니다.

6 '언제나 변함없이 한 모양으로 줄곧'을 뜻하는 부사로 '항상', '매상'과 비슷한 의미입니다.

7 '성을 내며 노여워함, 또는 그런 감정'을 뜻하는 말입니다. '이것을 사다', '이것을 풀다'라고 표현하기도 합니다.

8 '힘차게 앞으로 뛰어 나아감' 혹은 '빠르게 발전하거나 진보함'을 뜻하는 말입니다.

9 '응급 치료에 필요한 의약품'을 뜻하는 말입니다.

10 '자기가 마땅히 해야 할 맡은 바 책임'을 뜻하는 말입니다. '사람 이것을 하다'라고 표현하기도 합니다.

11 '솜을 자아 만든 실'을 뜻하는 말입니다.

12 '맡은 일, 또는 맡겨진 일'을 뜻하는 말입니다. '직무'와 비슷한 의미로 쓰이기도 합니다.

13 '이리저리 비틀거나 꼬면서 움직임'을 뜻하는 말로 어떤 동물의 움직임에 빗대 사용하는 말입니다.

14 '쓸모없는 물건이나 사람'을 뜻하는 말입니다.

15 '물이 움직여 그 표면이 올라갔다 내려왔다 하는 운동, 또는 그 모양'을 뜻하는 말입니다.

16 '마음먹은 대로 반드시'를 뜻하는 부사입니다. '절대로'와 비슷한 의미입니다.

17 '남에게 손상을 입혀 망가지게 하려는 짓'을 뜻하는 말입니다.

18 '자연적, 또는 인위적으로 한정된 일정 구역'을 뜻하는 말입니다. '이것이 높다', '이것이 낮다'라고 표현하기도 합니다.

19 '절반이 훨씬 넘어 전체에 거의 가까운 정도의 수효나 분량'을 뜻하는 말입니다.

20 '싸움에서 이기고 돌아올 때에 부르는 노래'를 뜻하는 말입니다.

21 '하나의 몸에서 끝이 갈라져 두 갈래로 벌어진 부분' 혹은 '바지 따위에서 다리가 들어가도록 된 부분'을 뜻하는 말입니다.

4 '어떤 일의 끝이 되는 판'을 뜻하는 말입니다. '끝판'과 비슷한 의미로 '이것 승부'라고 표현하기도 합니다.

5 '막내아들'을 귀엽게 이르는 말'을 뜻합니다. 옛날에는 잔심부름을 하는 사내아이를 이렇게 불렀다고 합니다.

6 '주의나 관심'을 뜻하는 말입니다. '이것을 끌다'라고 표현하기도 합니다.

7 '남의 어깨 위에 두 다리를 벌리고 올라타는 일'을 뜻하는 말입니다.

8 '한마디 말이나 한 차례 말의 맨 끝'을 뜻하는 말입니다. '이것을 흐리다'라고 표현하기도 합니다.

9 주로 명사 앞에 쓰여서 '꼬불꼬불하게 휘어짐'을 표현하는 말입니다.

10 '매우 좁고 작은 개울'을 뜻하는 말입니다.

11 '다른 말은 그만두고 요점만 말하자면'을 뜻하는 부사입니다. 주로 의문문을 나타내는 말과 함께 쓰입니다.

12 '지체나 신분에 알맞은 체면'을 뜻하는 말입니다. '이것을 지키다'라고 표현하기도 합니다.

13 '어떤 사실을 기별하여 알리는 문서'를 뜻하는 말로 입영대상자, 예비군, 민방위 훈련 대상자들에게 자주 보내는 문서의 한 가지입니다.

14 '물음과는 전혀 상관없는 엉뚱한 대답'을 뜻하는 말입니다.

15 '몸을 움직임, 또는 그런 짓이나 태도'를 뜻하는 말입니다. '행동'과 비슷한 의미로 '이것이 불편하다'라고 표현하기도 합니다.

16 '사람이 타고 앉아 두 다리의 힘으로 바퀴를 돌려서 가게 된 탈것'을 뜻하는 말입니다.

17 '생계를 꾸려 나갈 수 있는 수단으로서의 직업'을 뜻하는 말입니다.

18 '오늘의 바로 다음날' 혹은 '다가올 앞날'을 뜻하는 말로 '명일'과 같은 의미입니다.

19 '그때에 곧, 또는 지체함이 없이 바로'를 뜻하는 부사입니다.

20 '여지없이 깨어지거나 흩어지는 모양'을 뜻하는 부사입니다. '이것 깨지다', '이것 부서지다'라고 표현하기도 합니다.

21 '토지나 건물, 수목 따위처럼 움직여 옮길 수 없는 재산'을 뜻하는 말입니다.

최종 낱말 도움말

① '나무나 풀에 기생하는 식물'을 뜻하는 말입니다.
② '남의 집에서 먹고 자면서 일을 해 주고 삯을 받는 일, 또는 그런 사람'을 뜻하는 말입니다.

도전! 우리말 달인

1 달인 도전! 첫 번째 문제

다음 중 '떡이나 엿 따위를 둥글고 길게 늘여 만든 토막'은 무엇일까요? (　　)
① 타래　　　② 가래　　　③ 사리

2 달인 도전! 두 번째 문제

다음은 발음에 관한 문제입니다. 다음 문장을 보고 제시된 동형이의어의 길고 짧은 발음을 정확하게 구별해서 읽어 주세요.

이번에 이사한 새집의 처마 밑에 새집이 있었다.

3 달인 도전! 세 번째 문제

다음은 띄어 쓰기 문제입니다. 제한 시간 30초 안에 주어진 문장을 띄어 읽어 주세요.

| 어 | 머 | 니 | 는 | 스 | 물 | 한 | 살 | 에 | 아 | 버 | 지 | 께 | 시 | 집 | 오 |
| 셨 | 다 | 고 | 한 | 다 | . | | | | | | | | | | |

4 달인 도전! 네 번째 문제

몹시 질어서 질퍽질퍽한 밥을 뜻하는 말로 엉망이 되어 갈피를 잡기 어려운 상태를 이르는 말은 무엇일까요? (   )

5 달인 도전! 다섯 번째 문제

다음을 뜻하는 2음절의 낱말은 무엇일까요? (   )

- 무엇을 셀 때, 손가락을 꼽음.
- 수많은 가운데서 손가락을 꼽아 셀 만큼 아주 뛰어남.

우리말 겨루기

기출 문제은행

제13회

1단계 공통 서술어 맞히기

1
① 50 다리가
② 40 자존심이
③ 30 기강이 □□다
④ 20 기대가
⑤ 10 억장이

2
① 50 집을
② 40 자리를
③ 30 건강을 □□다
④ 20 분수를
⑤ 10 질서를

3
① 50 피가
② 40 마음이
③ 30 말이 □□다
④ 20 바람이
⑤ 10 뜻이

4
① 50 값을
② 40 화를
③ 30 이름을 □□다
④ 20 노래를
⑤ 10 쾌재를

5
① 50 경기를
② 40 꿈을
③ 30 책을 □□다
④ 20 날개를
⑤ 10 부채를

1단계 맞는 말 틀린 말 맞히기

1
① 숫돼지
② 끄나풀
③ 알콜
④ 무릅쓰다
⑤ 얼굴을 내비추다

2
① 망둥어
② 또렷히
③ 자켓
④ 오도방정
⑤ 먼지를 떨어내다

3
① 넷째
② 뉘엇뉘엇
③ 싸이렌
④ 샛파랗다
⑤ 예절이 깍듯하다

4
① 무난이
② 줄곧
③ 벨브
④ 냅따
⑤ 옆구리를 간지르다

5
① 큼직이
② 너댓 명
③ 침팬치
④ 쏘아부치다
⑤ 칼치

1단계 숨은 낱말 맞히기

한 글자 문제

① 10 | 빵 / 죽 / 동지 — ㅍ

② 10 | 가루 / 말 / 화장품 — ㅂ

③ 10 | 냉면 / 덩굴 / 뿌리 — ㅊ

④ 10 | 불 / 반달 / 겨울잠 — ㄱ

⑤ 10 | 벼 / 밀 / 신 — ㅈ

두 글자 문제

① 20 | 겨울 / 놀이 도구 / 개 — ㅁ

② 20 | 전통 놀이 / 항아리 / 화살 — ㅎ

③ 20 | 식물 / 바위 / 습지 — ㄲ

④ 20 | 이야기 / 영웅 / 단군 — ㅎ

⑤ 20 | 뼈 / 표 / 곰탕 — ㄹ

세 글자 문제

① 30 | 소리 / 바람 / 입술 — ㅍ

② 30 | 전 / 술 / 꽃 — ㄷ

③ 30 | 등산 / 경찰 / 막대기 — ㅍ

④ 30 | 바다 / 해수욕장 / 모래 — ㅅ

⑤ 30 | 동요 / 얼음 / 처마 — ㄷ

1단계 자주 쓰는 표현말 맞히기

1. 4□ □ 가리고 □□

2. 4□ □ 빈 □□

3. 4□ □□ 고 □□ 다

4. 4□ □□ □ 생각

5. 4□ □□ 좋고 □□ 좋다

6. 4□ □□ 하늘에 □□□

7. 4□ □□ 에 □ 가 있다

도움말 - 글자의 첫소리

1 ㄴ | ㅇㅇ
2 ㅅ | ㄱㅈ
3 ㅇ | ㄷㄹ | ㅇ | ㄷㄹ
4 ㄱㅇㅇ | ㅈ
5 ㄴㅇ | ㅁㅂ
6 ㅁㄹ | ㄴㅂㄹ
7 ㅁ | ㅅ | ㅃ

제13회 | 165

1단계 우리말의 뜻 맞히기

1

2

3

도움말 - 글자의 첫소리
1　ㅅㅎㄱ｜ㅈㄷ
2　ㅇ｜ㄷㄱ｜ㅁㅅ
3　ㅅㅇ｜ㅅ｜ㅌㅁㅅㄹ

4 50 등걸잠 ㄴ ㄷ ㄹ ㅅ ㅇ ㅈ ㅊ ㅎ ㅆ ㅃ
□을 □은 채 아무것도 □지 아니하고 아무 데나 □□□ 자는 잠

5 50 따지기때 ㄱ ㄴ ㄹ ㅂ ㅅ ㅇ ㅈ ㅊ ㅎ ㄱ
□□에 □□던 □이 풀리려고 하는 때

도움말 – 글자의 첫소리
4 ㅇ | ㅇ | ㄷ | ㅆㄹㅈ
5 ㅊㅂ | ㅇㅇ | ㅎ

2단계 가로세로 낱말 잇기

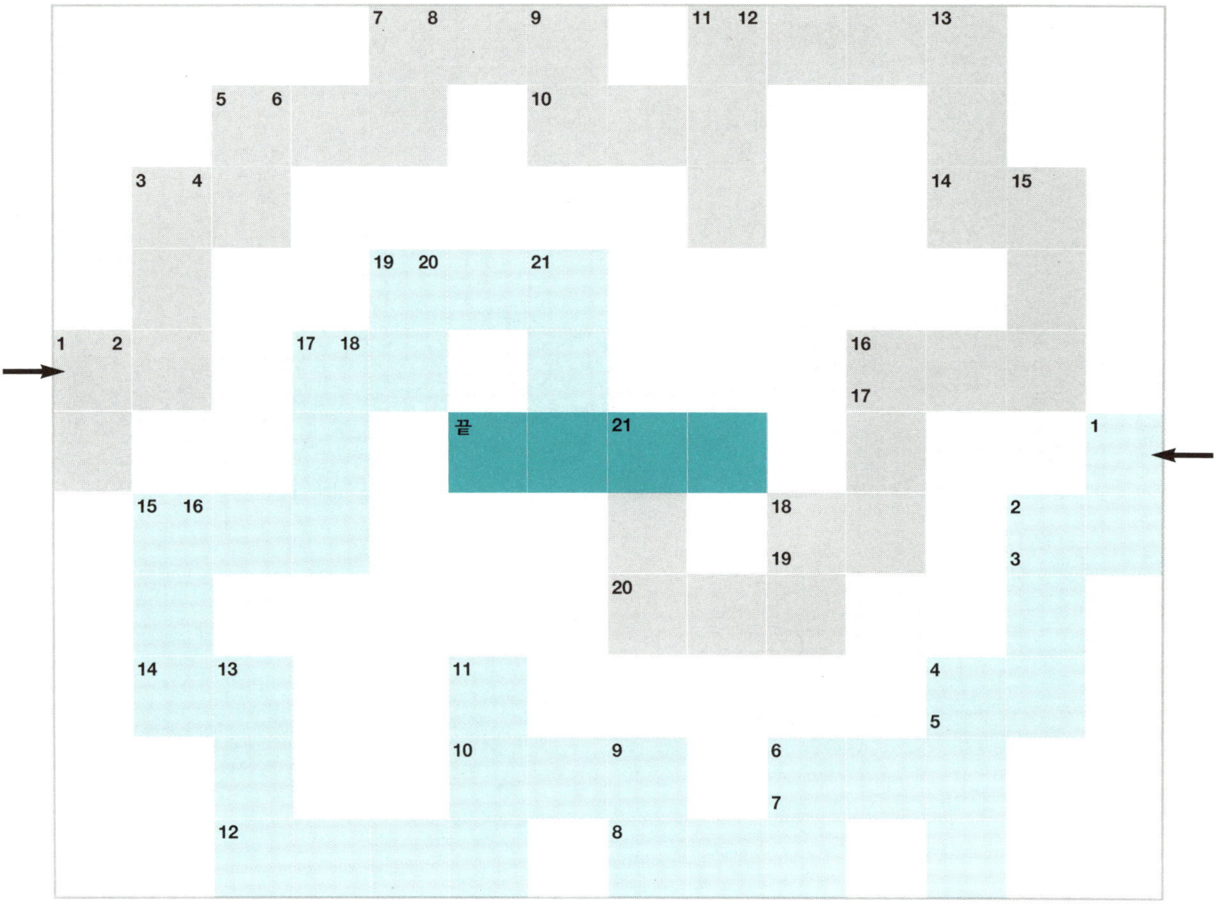

첫 번째 낱말 도움말
① '옷 따위의 두 폭이나 두 짝을 한데 붙였다 떼었다 하는, 옷고름이나 끈 대신으로 쓰는 물건'을 뜻하는 말입니다.
② 어떤 일을 처음 시작할 때 '첫 이것을 잘 채워야 한다'는 말을 합니다.

왼쪽 도전자 도움말
2 '어떤 문제를 해결하는 방향으로 이끌어 가는 일의 첫 부분' 혹은 '어떤 일의 시초'를 뜻하는 말로 '이것을 잡다'라는 표현으로 쓰입니다.
3 '국가 기관이 일정한 일을 민간에 알리는 법적인 문서'를 '이것'이라 합니다. 특히 정부에서 세금을 청구할 때 '이것'을 많이 사용합니다.

오른쪽 도전자 도움말
2 '오래고 긴 세월, 또는 먼 미래'를 뜻하는 말로 '이것의 한'이란 표현으로 쓰입니다.
3 '우주와 천체의 온갖 현상을 관측하고 연구하기 위하여 설치한 시설, 또는 그런 기관'을 뜻하는 말입니다.

4 '음식의 모양과 빛깔을 돋보이게 하고 음식의 맛을 더하기 위하여 음식 위에 얹거나 뿌리는 것'을 통틀어 이르는 말입니다.

5 '희미하게 날이 밝아 오는 빛, 또는 그런 무렵'을 뜻하는 말로 '단명'과 같은 의미입니다.

6 '강이나 바다의 바닥이 얕거나 폭이 좁아 물살이 세게 흐르는 곳의 턱이 진 곳'을 뜻하는 말입니다.

7 '관심을 가지고 주의 깊게 살핌, 또는 그 시선'을 뜻하는 말입니다. '구령자에게 시선을 모으라는 구령'으로 쓰이기도 합니다.

8 '불을 켜서 어두운 곳을 밝히는 등의 하나'로 '무엇이 언뜻언뜻 빨리 지나감'을 비유적으로 뜻하는 말로 많이 쓰입니다.

9 '줄기를 잘라 낸 나무의 밑동'을 뜻하는 말입니다.

10 '일을 해 나가는 데에 걸리거나 막히는 장애물'을 비유적으로 뜻하는 말입니다.

11 '여러 장으로 돌아다니면서 물건을 파는 장수'를 이렇게 부릅니다.

12 '이름이나 신분이 특별하지 아니한 평범한 사람들'을 이르는 말로 '갑남을녀', '필부필부'와 같은 의미로 쓰입니다.

13 '겉으로는 비슷하나 속은 완전히 다름, 또는 그런 것'을 뜻하는 말입니다.

14 '슬픈 기별이나 소식'을 뜻하는 말입니다.

15 '물건을 보에 싸서 꾸려 놓은 것'을 뜻하는 말로 '보따리'와 비슷한 의미입니다.

16 '파충강 거북목의 한 과에 속하는 동물'로 서로 잘 들어맞지 않는 것을 맞추려는 모양을 비유적으로 말할 때 '이것 등 맞추듯'이란 표현을 씁니다.

17 '여자들이 사내를 가리켜 이르는 말'을 뜻합니다.

18 '자기가 사는 집의 근처'를 뜻하는 말입니다.

19 '같은 때'를 뜻하는 말로 극장에서 영화 두 편을 한꺼번에 상영할 때 '이것 상영'이란 표현을 씁니다.

20 '올이 가늘고 고운 모시'를 뜻하는 말입니다.

21 '남의 집이나 방을 빌려 쓰는 값으로 다달이 내는 세, 또는 집이나 방을 빌려 주고 받는 세'를 뜻하는 말입니다.

4 '목조 건축에서, 기초 위에 가로 대어 기둥을 고정하는 목조 부재'를 뜻하는 말로 '어떤 사물이나 사업의 밑바탕이 되는 기초와 밑천'을 비유적으로 말할 때 쓰기도 합니다.

5 '대대로 그 땅에서 나서 오래도록 살아 내려오는 사람'을 이렇게 부릅니다.

6 '박을 쪼개지 않고 꼭지 근처에 구멍만 뚫어 속을 파낸 바가지'를 뜻하는 말입니다.

7 '나무로 궤짝같이 만든 쌀 따위의 곡식을 담아 두는 세간의 하나'를 '이것'이라 합니다.

8 '어떤 분야에서 발전될 가망이 많은 사람'을 비유적으로 뜻하는 말로 '기대주'와 비슷한 의미입니다.

9 '어떠한 결론이나 결과에 이른 까닭이나 근거' 혹은 '구실이나 변명'을 뜻하는 말입니다.

10 '남편의 누나나 여동생'을 이렇게 부릅니다.

11 '신체의 내부를 관찰하는 기계'를 통틀어 이르는 말입니다.

12 '정신이 한곳에 온통 쏠려 스스로를 잊고 있는 경지'를 뜻하는 말입니다.

13 '더불어 이야기할 만한 친구'를 뜻하는 말입니다.

14 '어떤 일이 마무리되는 끝'을 뜻하는 말입니다. 소설의 구성 방식 중에서 모든 내용이 마무리 되는 부분이기도 합니다.

15 '뜻밖의 일을 갑자기 당하거나, 여러 가지 일이 너무 복잡하여 정신을 가다듬지 못하는 판'을 뜻하는 말로 '엉겁결'과 비슷한 의미입니다.

16 '이것도 저것도 아닌 중간치' 혹은 '탐탁하지 아니한 사람'을 뜻하는 말입니다.

17 '농촌에서 모를 내는 데에 쓰는 기계'를 '이것'이라 합니다.

18 '이익이 남는 돈'을 뜻하는 말로 '이윤', '이전'과 비슷한 의미입니다.

19 '어떤 사람이나 장소를 찾아가서 만나거나 봄'을 뜻하는 말입니다.

20 '정한 곳 없이 이리저리 떠돌아다니기 좋아하는 버릇'을 뜻하는 말입니다.

21 '낙엽활엽교목의 하나'로 악기, 나막신 따위를 만드는 데에 사용합니다. 조선 후기에 지어진 작자 미상의 시조에 보면 '이것 심은 뜻은 봉황을 보렸더니'란 구절이 있습니다.

최종 낱말 도움말

① '그럴듯하게 반듯하지 못하고 자잘한 일, 또는 그런 사람'을 비유적으로 뜻하는 말입니다.
② '잡다한 것이 한데 뒤섞인 것, 또는 그런 물건'을 뜻하는 말입니다.

도전! 우리말 달인

1 달인 도전! 첫 번째 문제

다음 중 '오랫동안 쓰고 매만져서 길이 든 흔적'을 뜻하는 낱말은 어느 것일까요?
① 손길   ② 손때   ③ 손맛   (   )

2 달인 도전! 두 번째 문제

다음은 발음에 관한 문제입니다. 다음 문장을 보고 제시된 동형이의어의 길고 짧은 발음을 정확하게 구별해서 읽어 주세요.

섬세한 사람이 유리 공예를 하는 데 더 유리하다.

3 달인 도전! 세 번째 문제

다음은 띄어 쓰기 문제입니다. 제한 시간 30초 안에 주어진 문장을 띄어 읽어 주세요.

| 작 | 년 | 이 | 맘 | 때 | 에 | 는 | 삼 | 십 | 권 | 짜 | 리 | 사 | 전 | 을 | 선 |
| 물 | 로 | 받 | 았 | 었 | 다 | . | | | | | | | | | |

4 달인 도전! 네 번째 문제

다음의 세 가지 뜻을 모두 포함하는 2음절의 단어는 무엇일까요? (　　　　　)

- 약간 드러나 보이는 표적.
- 다른 물건과 구별하거나 잊지 않기 위하여 표를 해 둠.
- 어떤 일을 한 뒤에 얻어지는 좋은 결과나 만족감.

5 달인 도전! 다섯 번째 문제

'쇠붙이로 만든 연장이나 유리 조각 따위의 날카로운 부분'을 이르는 말입니다. '권세나 기세 따위가 아주 대단하다'는 뜻으로 '이것이 시퍼렇다'라고 씁니다. 이 말은 무엇일까요? (　　　　　)

우리말 겨루기

기출 문제은행

제14회

 # 1단계 공통 서술어 맞히기

1
- ① 50 성격이
- ② 40 물살이
- ③ 30 경사가 □□다
- ④ 20 볼일이
- ⑤ 10 한시가

2
- ① 50 칼날을
- ② 40 증인을
- ③ 30 건물을 □□다
- ④ 20 옷깃을
- ⑤ 10 자존심을

3
- ① 50 눈물을
- ② 40 웃음을
- ③ 30 싸움을 □□다
- ④ 20 노래가
- ⑤ 10 비가

4
- ① 50 평화가
- ② 40 관계가
- ③ 30 기록이 □□다
- ④ 20 균형이
- ⑤ 10 약속이

5
- ① 50 욕심을
- ② 40 수량을
- ③ 30 배를 □□다
- ④ 20 쌀독을
- ⑤ 10 빈자리를

1단계 맞는 말 틀린 말 맞히기

1
① 줄무니
② 기어올르다
③ 캐러멜
④ 미류나무
⑤ 곤혹을 치르다

2
① 드높이
② 단칸살림
③ 탤런트
④ 젖가락
⑤ 커튼을 제치다

3
① 후추가루
② 깍두기
③ 로보트
④ 혼쭐내다
⑤ 다이얼

4
① 나흘날
② 살고기
③ 메세지
④ 일고여덟
⑤ 푸르르다

5
① 볍씨
② 빤이
③ 콩쿠르
④ 나일론
⑤ 불쏘시게

1단계 숨은 낱말 맞히기

한 글자 문제

① 10
- 단위
- 주먹
- 흙
- ㅈ

② 10
- 토끼
- 떡
- 얼굴
- ㄷ

③ 10
- 치수
- 줄
- 눈금
- ㅈ

④ 10
- 동무
- 골목
- 퇴근
- ㄱ

⑤ 10
- 종이
- 보호
- 물감
- ㅅ

두 글자 문제

① 20
- 생활 용품
- 비단
- 깔개
- ㅅ

② 20
- 물
- 비
- 꽃
- ㄱ

③ 20
- 힘
- 천하
- 씨름
- ㅅ

④ 20
- 시험
- 영화
- 축구
- ㄷ

⑤ 20
- 봄
- 사돈
- 귀신
- ㄴ

세 글자 문제

① 30
- 그릇
- 국밥
- 된장찌개
- ㅂ

② 30
- 식물
- 바다
- 국물
- ㅅ

③ 30
- 이름
- 기념
- 기록
- ㅁ

④ 30
- 바다
- 제물
- 심청
- ㄷ

⑤ 30
- 떡
- 고추
- 정미소
- ㅇ

 **자주 쓰는 표현말 맞히기**

1 4口 □도 □□ 안 하다

2 4口 □□이 □라

3 4口 □□진 □에 □□ 간다

4 4口 □□를 □□다

5 4口 □□□□ □□이 없다

6 4口 □□할 □□가 없다

7 4口 □는 □□ □□다

도움말 – 글자의 첫소리
1 ㄴ | ㄲㅉ
2 ㅈㅊ | ㅊ | ㄹ
3 ㄴㅇ | ㄱ | ㅅㅇ
4 ㅊ | ㄷㅌ
5 ㅃㅈㄴㄱ | ㄱㅁ
6 ㄷㅁ | ㄴㅇ
7 ㅇ | ㅇㅇ | ㅈ | ㅈ

제14회 | 177

1단계 우리말의 뜻 맞히기

1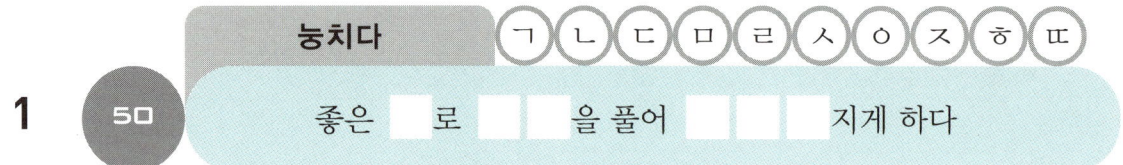

2

3

도움말 – 글자의 첫소리
1 ㅁ | ㅁㅇ | ㄴㄱㄹ
2 ㅂ | ㄱㅅ | ㄱㅁ
3 ㅇ | ㄷㅅ | ㅁㅁㄹ

4

5

도움말 - 글자의 첫소리
4 ㅅㄱㄱ | ㅅㅇ | ㅎㅁ
5 ㄴ | ㅊㅁ | ㅌㄷ

2단계 가로세로 낱말 잇기

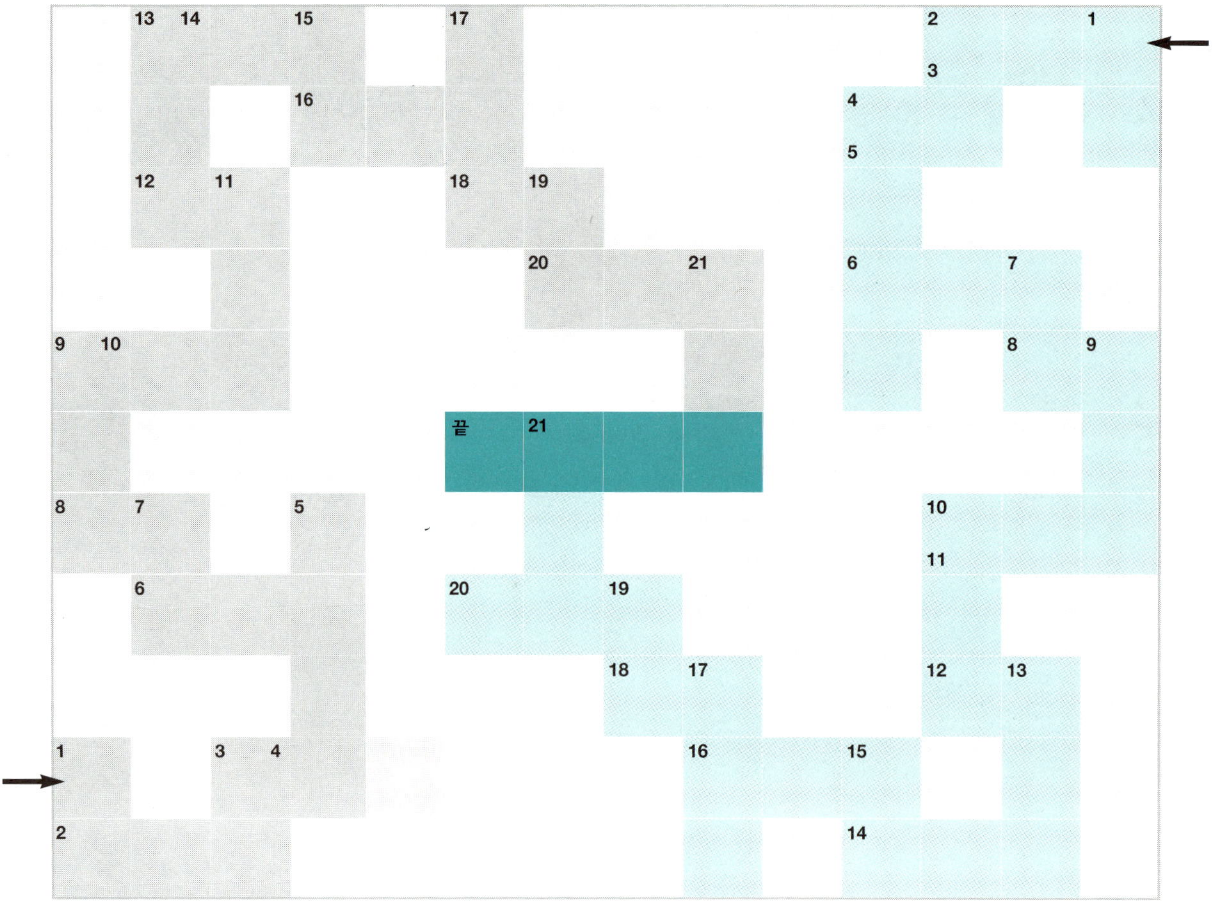

첫 번째 낱말 도움말

① '어떤 사실을 그대로 드러내거나 보여 주는 것'을 비유적으로 뜻하는 말입니다.
② '빛의 반사를 이용하여 물체의 모양을 비추어 주는 물건'을 뜻하는 말입니다. 옛날에는 구리나 돌을 매끄럽게 갈아서 만들었다고 합니다.

왼쪽 도전자 도움말

2 '참다못하여 터뜨린 울음'을 비유적으로 이르는 말입니다.
3 '건물의, 칸과 칸 사이의 두 기둥 위를 건너지른 나무'를 뜻하는 말입니다.

오른쪽 도전자 도움말

2 '사람이 끄는, 바퀴가 두 개 달린 수레'를 뜻하는 말입니다. 주로 사람을 태웁니다.
3 '마주 대하거나 헤어질 때에 예를 표함. 또는 그런 말이나 행동'을 뜻하는 말입니다.

4 '비밀이나 잘못된 일 따위가 드러난 판국' 을 뜻하는 말입니다. '이것이 나다' 라고 표현하기도 합니다.

5 '조금도 융통성이 없이 자기 주장만 계속 내세우는 일, 또는 그런 사람' 을 뜻하는 말입니다.

6 '일반 백성의 살림집' 을 뜻하는 말입니다.

7 '사람의 시체를 실어서 묘지까지 나르는 도구' 를 '이것' 이라 합니다. 꽃으로 장식하여 메기도 합니다.

8 '어떤 일에 실지로 이르러' 를 뜻하는 부사입니다. 집을 나왔지만 이것 갈 곳이 없었다' 라고 표현하기도 합니다.

9 '사람이 겨우 들어가 살 정도로 작게 지은 막, 또는 작고 초라한 집' 을 뜻하는 말입니다.

10 '얼굴을 잔뜩 찌푸린 모양' 을 뜻하는 말입니다. '이것을 짓다' 라고 표현하기도 합니다.

11 '무엇에 스치거나 문질러서 살갗이 벗겨진 상처' 를 뜻하는 말입니다. '마찰상' 과 비슷한 의미이기도 합니다.

12 '의사가 여러 가지 방법으로 환자의 병이나 증상을 살핌' 을 뜻하는 말입니다.

13 '강이나 바다를 등지고 치는 진' 을 뜻하는 말로 '어떤 일을 성취하기 위하여 더 이상 물러설 수 없음' 을 비유적으로 이를 때 쓰기도 합니다.

14 '믿음이나 의리를 저버린 사람' 을 뜻하는 말입니다. '배반자' 와 비슷한 의미입니다.

15 '강이나 바다의 바닥에서 오랫동안 갈리고 물에 씻겨 반질반질하게 된 잔돌' 을 뜻하는 말입니다.

16 '물건 따위를 잘 정리하거나 간수함' 을 뜻하는 말입니다.

17 '어떤 사람에게 늘 따라다니는 떳떳하지 않은 평판이나 좋지 않은 평가' 를 뜻하는 말입니다. '이것이 따라다니다' 라고 표현하기도 합니다.

18 '그림의 뒷면이나 테두리에 종이 또는 천을 발라서 꾸미는 일' 을 뜻하는 말입니다.

19 '집회나 시위 따위에서 어떤 요구나 주장 따위를 간결한 형식으로 표현한 문구' 를 뜻하는 말입니다. '이것을 외치다' , '이것을 내걸다' 라고 표현하기도 합니다.

20 '좋은 맞수, 또는 알맞은 상대' 를 뜻하는 말입니다.

21 '부끄러워하는 태도나 기색을 나타내는 일' 을 뜻하는 말로 '이것을 잘 타다' 라고 표현하기도 합니다.

4 '큰일을 일으킴' 을 뜻하는 말로 '이것을 모의하다' 라고 표현하기도 합니다.

5 '어떤 일의 요점만 간단히 말함' 을 뜻하는 말입니다.

6 '문서나 고지서 따위에 자를 수 있게 나타낸 선' 을 뜻하는 말입니다.

7 '같은 분야에서, 지위나 나이 · 학예 따위가 자기보다 많거나 앞선 사람' 을 뜻하는 말입니다. '선진' 과 비슷한 의미입니다.

8 '머리를 써서 일을 조리 있게 계획함, 또는 그런 속마음' 을 뜻하는 말로 배짱과 비슷한 말입니다. '이것이 두둑하다' 라고 표현하기도 합니다.

9 '조선 시대에, 범죄자를 잡거나 다스리는 일을 맡아보던 관아' 를 뜻하는 말입니다.

10 '천연기념물 제323호인 맷과의 새' 를 뜻하는 말입니다. 독수리보다 작고 사냥용으로 쓰이기도 하는 새로 '송골매' 라고 부르기도 합니다.

11 '해가 막 넘어가는 무렵' 을 뜻하는 말입니다. '일몰' , '해거름' 과 비슷한 말입니다.

12 '서로 갈리어 떨어짐' 을 뜻하는 말입니다. 유행가 노랫말에도 참 많이 나오는 말입니다.

13 '갑작스럽고 아주 짧은 동안' 을 뜻하는 말입니다. '이것에 벌어진 일' 이라고 표현하기도 합니다.

14 '쇠를 달구어 온갖 연장을 만드는 곳' 을 뜻하는 말입니다. '단철장' , '야장간' 과 같은 의미입니다.

15 '어떤 행동이나 견해, 제안 따위에 따르지 아니하고 맞서 거스름' 을 뜻하는 말입니다. '이것 의견' , '이것을 무릅쓰다' 라고 표현하기도 합니다.

16 '항공, 항해 따위에 쓰는 지리적인 방향 지시 계기' 를 뜻하는 말입니다. '자석반' 과 같은 의미입니다.

17 '나이가 많은 부인을 높여 이르는 말' 을 뜻합니다.

18 '주로 돌이나 쇠붙이, 보석, 유리 따위의 고체를 갈고 닦아서 표면을 반질반질하게 함' 혹은 '학문이나 기술 따위를 힘써 배우고 닦음' 을 뜻하는 말입니다.

19 '인연을 맺음, 또는 그런 관계' 를 뜻하는 말입니다. '이것 단체' , '이것 가정' 이라고 표현하기도 합니다.

20 '회의에서 많은 사람의 의견에 따라 안건의 가부를 결정하는 일' 을 뜻하는 말입니다.

21 '사람이 갈증을 해소하거나 맛을 즐길 수 있도록 만든 물' 을 뜻하는 말입니다.

최종 낱말 도움말

① '서로 가진 친분' 을 뜻하는 말입니다.
② '서로 아는 관계' 를 뜻하는 말로 '이것으로 집을 찾아갔다' , '이것으로 이름이 알려지다' 라고 표현하기도 합니다.

도전! 우리말 달인

1 달인 도전! 첫 번째 문제

다음 중 '매우 반가워함, 또는 그런 기색'이라는 뜻의 낱말은 무엇일까요? (   )
① 정색   ② 반색   ③ 생색

2 달인 도전! 두 번째 문제

다음은 발음에 관한 문제입니다. 다음 문장을 보고 제시된 동형이의어의 길고 짧은 발음을 정확하게 구별해서 읽어 주세요.

쌀 다섯 가마를 팔아 가마 한 채와 바꾸었다.

3 달인 도전! 세 번째 문제

다음은 띄어 쓰기 문제입니다. 제한 시간 30초 안에 주어진 문장을 띄어 읽어 주세요.

집	에	열	쇠	를	두	고	와	서	밖	에	서	한	시	간	여
를	기	다	렸	다	.										

4 달인 도전! 네 번째 문제

이것은 원래 수레나 쟁기를 끌기 위하여 마소의 목에 얹는 구부러진 막대를 부르는 말이었습니다. 요즘에 와서는 쉽게 벗어날 수 없는 구속이나 억압을 비유적으로 이르는 말로 쓰이는데요, 무엇일까요? (   )

5 달인 도전! 다섯 번째 문제

다음의 두 가지 뜻을 모두 포함하는 2음절의 낱말은 무엇일까요? (   )

- 흙을 잘못 다루어 지신(地神)을 노하게하여 받는 재앙.
- 공연히 건드려서 스스로 걱정이나 해를 입음을 비유하는 말.

우리말 겨루기

기출 문제은행

제15회

1단계 공통 서술어 맞히기

1
① 50 마음이
② 40 임이
③ 30 손을 □□다
④ 20 길을
⑤ 10 여행을

2
① 50 길이
② 40 차가
③ 30 의견이 □□□다
④ 20 반응이
⑤ 10 희비가

3
① 50 생각을
② 40 계획을
③ 30 신발을 □□다
④ 20 분위기를
⑤ 10 잔돈으로

4
① 50 흙을
② 40 친목을
③ 30 마늘을 □□다
④ 20 기초를
⑤ 10 결의를

5
① 50 위기를
② 40 소나기를
③ 30 애인을 □□다
④ 20 복병을
⑤ 10 임자를

1단계 맞는 말 틀린 말 맞히기

1
① 애숭이
② 아름드리
③ 심볼
④ 하옇튼
⑤ 헛물키다

2
① 가게부
② 남다르다
③ 패키지
④ 너그러히
⑤ 움츠리다

3
① 인두겁
② 어지간이
③ 타겟
④ 배짱이
⑤ 좁다랗다

4
① 촘촘히
② 어렵싸리
③ 다큐멘터리
④ 부비대다
⑤ 본따다

5
① 오랫만
② 일찌감치
③ 로얄제리
④ 개피떡
⑤ 헤매이다

1단계 숨은 낱말 맞히기

한 글자 문제

① 10 — 포도 / 젖 / 탄수화물 — ㄷ

② 10 — 음식 / 산 / 꼬챙이 — ㅈ

③ 10 — 악기 / 놋쇠 / 사물놀이 — ㅈ

④ 10 — 옷 / 저고리 / 헝겊 — ㅅ

⑤ 10 — 술 / 등 / 차 — ㅈ

두 글자 문제

① 20 — 쥐 / 물 / 비누 — ㅇ

② 20 — 한복 / 저고리 / 깃 — ㅈ

③ 20 — 기구 / 체조 / 뜀틀 — ㅁ

④ 20 — 바다 / 산호 / 바위 — ㅊ

⑤ 20 — 사진 / 그림 / 틀 — ㅈ

세 글자 문제

① 30 — 할아버지 / 돌 / 제주도 — ㄹ

② 30 — 식품 / 곤충 / 고치 — ㄷ

③ 30 — 방향 / 경고 / 점멸 — ㅃ

④ 30 — 거북이 / 달팽이 / 엉금엉금 — ㄹ

⑤ 30 — 동요 / 봄 / 꽃 — ㄴ

188

 1단계 자주 쓰는 표현말 맞히기

1 **4口** □□를 □다

2 **4口** □□는 □□

3 **4口** □□이 □□다  행운

4 **4口** □□의 □□

5 **4口** □□□ 대로

6 **4口** □□ 같은 □□□

7 **4口** □□□ 놓은 □□□□

도움말 – 글자의 첫소리

1 ㅋㄷ | ㄲ
2 ㄸㅇㄹ | ㅅㅂ
3 ㅅㄲ | ㅇㅁ
4 ㅇㅂ | ㄱㅊ
5 ㅇㅈㅅ | ㅁㅇ
6 ㅅㄷ | ㅁㄹㄱ
7 ㄲㅇㄷ | ㅂㄹㅈㄹ

제15회 | 189

1단계 우리말의 뜻 맞히기

1. 함함하다 ㄱ ㄷ ㄹ ㅂ ㅇ ㅈ ㅊ ㅌ ㅎ ㄸ
   뜻 ☐이 보드랍고 ☐☐☐하다

2. 새되다 ㄴ ㄹ ㅁ ㅂ ㅅ ㅇ ㅈ ㅋ ㅎ ㄲ
   뜻 ☐☐가 높고 ☐☐☐다

3. 온새미 ㄱ ㄷ ㄹ ㅂ ㅅ ㅇ ㅈ ㅌ ㅃ ㅉ
   뜻 ☐☐거나 ☐☐지 아니한 생긴 그대로의 ☐☐

도움말 - 글자의 첫소리
1 ㅌ | ㅂㅈㄹㄹ
2 ㅁㅅㄹ | ㄴㅋㄹ
3 ㄱㄹ | ㅉㄱ | ㅅㅌ

4 | 50 | **쓸쓸하다** ㄱ ㄴ ㄷ ㄹ ㅁ ㅂ ㅅ ㅇ ㅈ ㅎ
□이 □ 것처럼 □□한 느낌이 있다

5 | 50 | **너덜겅** ㄷ ㄹ ㅁ ㅂ ㅅ ㅇ ㅈ ㅌ ㅎ ㅃ
□이 많이 □□져 있는 □□

도움말 – 글자의 첫소리
4 ㅅ | ㅂ | ㅅㅈ
5 ㄷ | ㅎㅇ | ㅂㅌ

2단계 가로세로 낱말 잇기

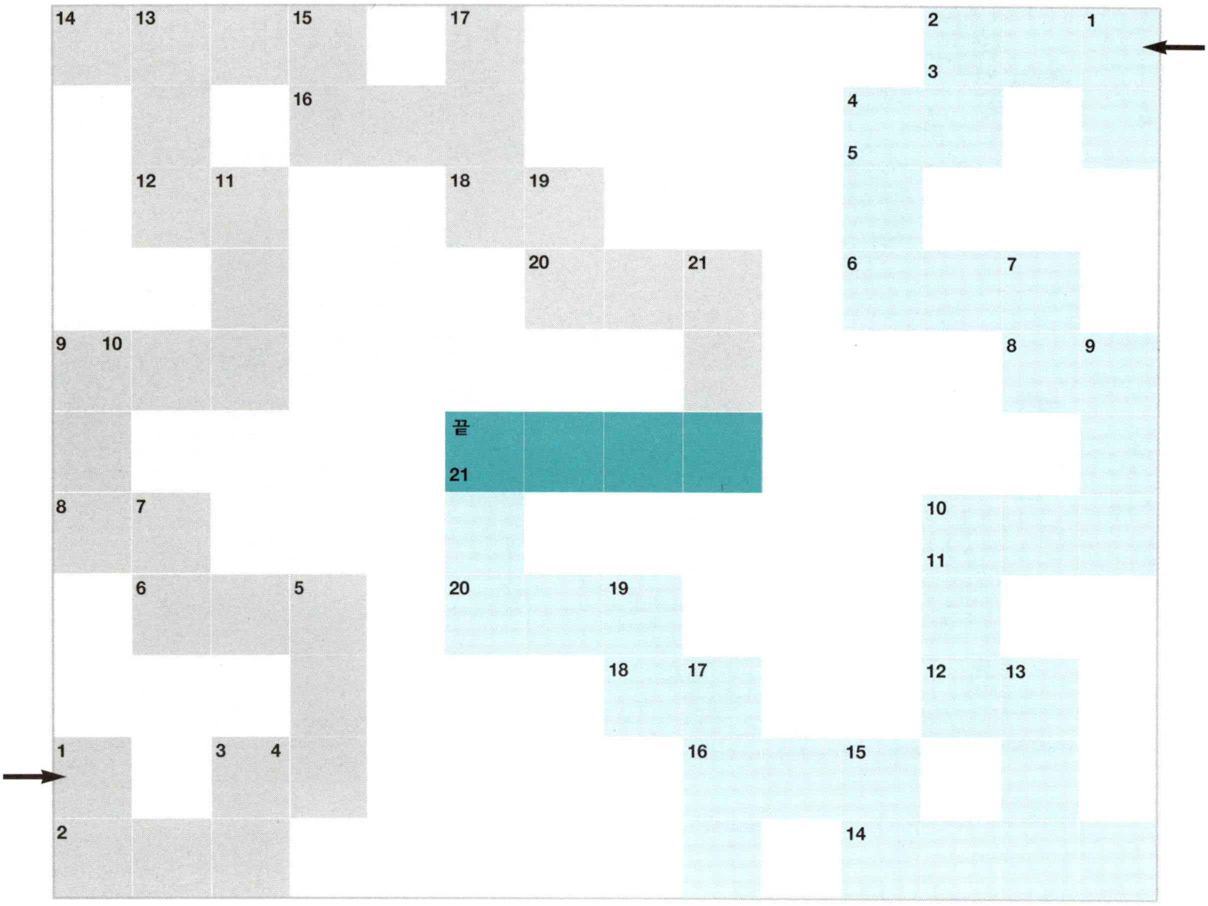

첫 번째 낱말 도움말

① 말 속에 악의가 있을 때 '이것이 박히다' 라는 표현을 씁니다.
② 바늘처럼 뽀족하게 돋친 것' 을 뜻하는 말입니다.

왼쪽 도전자 도움말

2 '그 시대에 유행하는 말' 을 이것' 이라 합니다. '유행어' 와 비슷한 의미입니다.

3 '한 번 스치는 정도' 라는 뜻으로, '약간' 을 이르는 말입니다. 주로 '이것의 불안감', '이것의 가능성' 이라고 표현합니다.

오른쪽 도전자 도움말

2 '아내를 아끼고 사랑하는 사람' 을 뜻하는 말입니다.

3 '남에게 귀엽게 보이는 태도' 를 뜻하는 말입니다. '이것을 떨다' 라고 표현하기도 합니다.

4 '어떤 면에서 그런대로 타당하다고 생각되는 이치'를 뜻하는 말입니다.

5 '하나도 남김없이'를 뜻하는 부사입니다. '모조리'와 비슷한 의미로 쓰이기도 합니다.

6 곡식의 일종으로 그 식물 줄기의 껍질을 벗긴 심을 '이것'이라 합니다. 주로 미술 공작 재료로 많이 사용합니다.

7 '장기, 바둑 따위에서 그 실력이 한 나라에서 으뜸가는 사람'을 이렇게 부릅니다.

8 '외국에 나가 있던 사람이 자기 나라로 돌아오거나 돌아감'을 뜻하는 말로 '환국', '회국'과 같은 의미로 쓰입니다.

9 '작은 소리를 듣지 못하는 귀'를 뜻하는 말입니다.

10 '가늘게 내리는 비'를 '이것'이라 합니다. 이슬비보다는 좀 굵게 내립니다.

11 '동물이나 사람의 형상을 한 잡된 귀신의 하나'를 뜻하는 말입니다. 비상한 힘과 재주를 가지고 있어 사람을 홀리기도 하고 짓궂은 장난이나 심술궂은 짓을 많이 한다고 합니다.

12 '그림에서 모양, 색깔, 위치 따위의 짜임새'를 뜻하는 말입니다. '이것을 잡다'라고 표현하기도 합니다.

13 '흥에 겨워서 떠들 때 가볍게 장단을 맞추며 내는 소리'를 뜻하는 말입니다.

14 '매우 위태롭고 아슬아슬한 상황'을 비유적으로 이르는 말입니다.

15 '어려운 문장이나 암호, 고문서 따위를 뜻을 헤아리며 읽음'을 뜻하는 말입니다. '암호를 이것하다'라고 표현하기도 합니다.

16 '남을 위한 자선 사업이나 사회사업에 물심양면으로 참여하여 지원하는 사람'을 뜻하는 말입니다.

17 보통 과수나무를 가지치기할 때 잘라내는 것을 이것이라 합니다. '어떤 문제나 사물에서 덜 중요하거나 본질적이지 않은 부분'을 뜻하기도 하는 말입니다.

18 '일러서 시킴, 또는 그 내용'을 뜻하는 말입니다. '이것사항'이라고 표현하기도 합니다.

19 '시력이 미치는 범위'를 뜻하는 말입니다. '시계'와 같은 의미입니다.

20 '조용한 밤의 분위기를 나타낸 서정적인 피아노곡'을 뜻하는 말입니다. '몽환곡'과 같은 의미입니다.

21 '쇠로 황새의 부리처럼 양쪽으로 길게 날을 내고 가운데 구멍에 긴 자루를 박아서 만든 농기구의 하나입니다. 주로 단단한 땅을 파는 데 사용합니다.

4 '자기가 다니거나 졸업한 학교'를 뜻하는 말입니다. '자교'와 같은 의미로 쓰입니다.

5 '산모퉁이의 휘어 둘린 곳'을 뜻하는 말입니다.

6 '일정한 자격을 가지고 남의 머리털을 깎아 다듬는 일을 직업으로 하는 사람'입니다.

7 '일의 앞뒤 사정과 까닭'을 뜻하는 말입니다.

8 '불쌍하고 가련하게 여김'을 뜻하는 말입니다. '이것의 정'이라고 표현하기도 합니다.

9 '나무가 없는 산'을 뜻하는 말입니다. '벌거숭이산'과 같은 의미입니다.

10 '비행 중인 항공기 따위에서 사람이나 물건을 안전하게 땅 위에 내리도록 하는 데 쓰는 기구'를 뜻하는 말입니다.

11 '세상과 인생을 즐겁고 좋은 것으로 여기고, 자신의 처지나 환경이 어렵더라도 늘 긍정적으로 생각하는 사람', 이런 사람을 가리켜 '이것'이라 부릅니다.

12 '간사하고 얄미운 말씨나 행동'을 뜻하는 말입니다. '이것을 떨다', '이것을 빼다'라고 표현하기도 합니다.

13 '남의 눈에 띄지 않게 가만히' 혹은 '행동이나 사태 따위가 가벼우면서도 은근하고 천천히'를 뜻하는 부사입니다.

14 '부모, 조부모 등 집안의 여러 어른들을 모시고 사는 처지'를 뜻하는 말입니다.

15 '겉으로 드러나지 않은, 사물이나 사건의 내부 깊숙한 곳'을 뜻하는 말입니다. '이것 보도', '이것 취재'라고 표현하기도 합니다.

16 '새롭고 신기한 것을 좋아하거나 모르는 것을 알고 싶어 하는 마음'을 뜻하는 말입니다.

17 '주로 문을 바르는 데 쓰는 얇은 종이'를 뜻하는 말입니다.

18 '노래나 구령 따위를 맨 먼저 부름'을 뜻하는 말입니다.

19 '잘못된 것이나 부족한 것, 나쁜 것 따위를 고쳐 더 좋거나 착하게 만듦'을 뜻하는 말입니다.

20 '피곤할 때에 몸을 쭉 펴고 팔다리를 뻗는 것'을 뜻하는 말입니다.

21 '사람이나 동식물 따위가 자라서 점점 커지는 동안'을 뜻하는 말입니다. '발육기'와 같은 의미입니다.

최종 낱말 도움말

① '경상도 민요의 하나'로 "에라 만수 에라 대신 대활연으로 서리서리 내리소서"라는 뒷소리로 되어 있습니다.
② '무당이 집의 수호신을 새로 모시는 굿을 할 때에 복을 빌기 위하여 부르는 노래, 또는 그 굿'을 뜻하는 말입니다.

도전! 우리말 달인

1 달인 도전! 첫 번째 문제

다음 중 '목표나 기준에 맞고 안 맞음을 헤아려 봄, 또는 헤아려 보는 목표나 기준'을 뜻하는 낱말은 무엇일까요? (   )
① 추리   ② 오산   ③ 가늠

2 달인 도전! 두 번째 문제

다음은 발음에 관한 문제입니다. 다음 문장을 보고 제시된 동형이의어의 길고 짧은 발음을 정확하게 구별해서 읽어 주세요.

누나는 성화 봉송을 보러 가자고 성화를 했다.

3 달인 도전! 세 번째 문제

다음은 띄어 쓰기 문제입니다. 제한 시간 30초 안에 주어진 문장을 띄어 읽어 주세요.

| 주 | 말 | 내 | 내 | 책 | 을 | 한 | 권 | 도 | 보 | 지 | 않 | 고 | 놀 | 고 | 먹 |
| 으 | 며 | 지 | 냈 | 다 | . | | | | | | | | | | |

4 달인 도전! 네 번째 문제

다음을 뜻하는 2음절의 낱말은 무엇일까요? (   )

- 나무의 온갖 가시.
- 괴로움과 어려움을 아울러 이르는 말.

5 달인 도전! 다섯 번째 문제

다음의 두 가지 뜻을 모두 포함하는 2음절의 낱말은 무엇일까요? (   )

- 억지 트집을 잡아 까다롭게 구는 일.
- 일이 순탄하게 진행되지 못하게 방해하는 일.

우리말 겨루기

기출 문제은행

제16회

1단계 공통 서술어 맞히기

1
- ① 50 음식을
- ② 40 승부를
- ③ 30 옥석을   □□다
- ④ 20 낯을
- ⑤ 10 시비를

2
- ① 50 씨가
- ② 40 피가
- ③ 30 목이   □□다
- ④ 20 입술이
- ⑤ 10 우물이

3
- ① 50 얼굴이
- ② 40 기분이
- ③ 30 비위가   □□다
- ④ 20 우유가
- ⑤ 10 자존심이

4
- ① 50 기회를
- ② 40 우승을
- ③ 30 빈틈을   □□다
- ④ 20 상금을
- ⑤ 10 먹잇감을

5
- ① 50 의견을
- ② 40 방향을
- ③ 40 대안을   □□□다
- ④ 20 조건을
- ⑤ 10 면허증을

 **1단계 맞는 말 틀린 말 맞히기**

1
① 어쨋든
② 쐐기
③ 인디안
④ 해묵다
⑤ 억눌르다

2
① 발굼치
② 느림보
③ 알미늄
④ 띠엄띠엄
⑤ 짓무르다

3
① 깔대기
② 왼종일
③ 쇼파
④ 금뺏지
⑤ 깨부시다

4
① 곗날
② 육개장
③ 레이다
④ 홀홀단신
⑤ 새침데기

5
① 수북히
② 끄내다
③ 몽타주
④ 이튿날
⑤ 짭잘하다

1단계 숨은 낱말 맞히기

한 글자 문제

① 10 — 나무 / 갈비 / 연료 — ㅅ

② 10 — 가축 / 털 / 옷감 — ㅇ

③ 10 — 바람 / 부엌 / 국수 — ㅋ

④ 10 — 망치 / 뚜껑 / 대장간 — ㅅ

⑤ 10 — 춤 / 가면 / 광대 — ㅌ

두 글자 문제

① 20 — 입 / 찜 / 물고기 — ㄱ

② 20 — 콩 / 떡 / 가루 — ㅁ

③ 20 — 깨 / 왕 / 구이 — ㄱ

④ 20 — 꽃 / 바지 / 소리 — ㅍ

⑤ 20 — 함성 / 박수 / 환영 — ㅊ

세 글자 문제

① 30 — 망원경 / 남산 / 통일 — ㅁ

② 30 — 향토 음식 / 메밀가루 / 춘천 — ㄱ

③ 30 — 머리 / 가지, 잎 / 우승자 — ㄱ

④ 30 — 곰 / 이정표 / 별 — ㄱ

⑤ 30 — 그릇 / 쌀 / 요금 — ㄱ

200

1단계 자주 쓰는 표현말 맞히기

1 4□   □□ 안 □□□

2 4□   □□ 같은 □□

3 4□   □이 □□다

4 4□   □을 □ □듯 하다

5 4□   □□ 으로 □□ 하다

6 4□   □□ 가서 □□□ 찾는다

7 4□   □이 □□게 기다리다

도움말 - 글자의 첫소리

1 ㅇㅁ | ㄱㄱㄹ   5 ㅎ | ㅇ | ㄷ | ㅁ
2 ㅅㄴ | ㅎㅁ   6 ㅅㅇ | ㄱ | ㅅㅂ
3 ㅇ | ㄴㄱ   7 ㅁ | ㅃㅈ
4 ㄷ | ㅁ | ㅆ

 # 1단계 우리말의 뜻 맞히기

1 (50) **모지랑이** ㄱ ㄷ ㄹ ㅁ ㅇ ㅈ ㅋ ㄲ ㄸ ㅆ
오래 □서 □이 □아 떨어진 □□

2 (50) **도사리** ㄴ ㅁ ㅂ ㅅ ㅇ ㅈ ㅊ ㄲ ㄸ ㅆ
다 □□ 못한 채로 □□□ 과일

3 (50) **곰비임비** ㄱ ㅁ ㅂ ㅅ ㅇ ㅈ ㅊ ㅌ ㅆ ㅉ
□□이 거듭 □□거나 □이 계속 일어남

도움말 - 글자의 첫소리
1 ㅆ | ㄲ | ㄷ | ㅁㄱ
2 ㅇㅈ | ㄸㅇㅈ
3 ㅁㄱ | ㅆㅇ | ㅇ

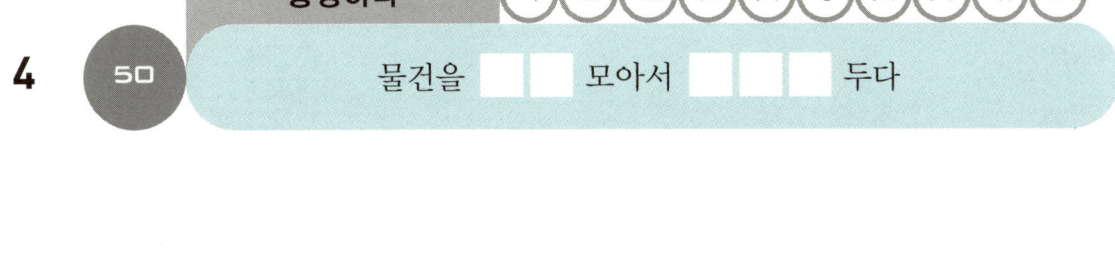

도움말 - 글자의 첫소리
4 ㅁㄹ | ㄱㅊㅇ
5 ㅇㄹㅁ | ㄸㄸㅎ

2단계 가로세로 낱말 잇기

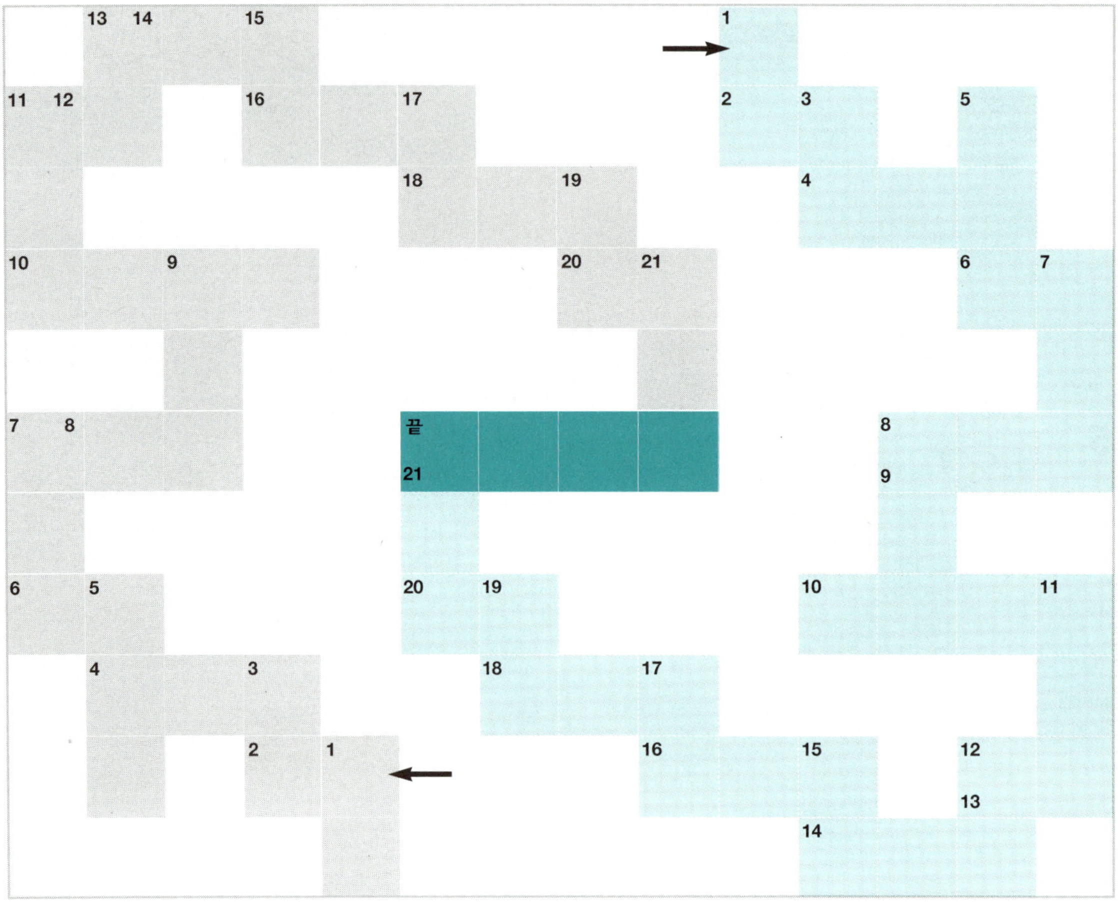

첫 번째 낱말 도움말

① '어떤 물체의 위를 덮는 물건'을 뜻하는 말입니다.
② '집의 맨 꼭대기 부분을 덮어 씌우는 덮개'를 뜻하는 말입니다.

왼쪽 도전자 도움말

2 '목적이나 뜻이 서로 같음, 또는 그런 사람'을 뜻하는 뜻하는 말입니다.

3 '풀을 뜯기며 가축을 치는 아이'를 뜻하는 말입니다.

오른쪽 도전자 도움말

2 '상처나 부스럼 따위에 감는 소독한 헝겊'을 뜻하는 말입니다. 신축성 있고 바람이 잘 통하는 면포, 거즈 따위로 만듭니다.

3 '설이나 추석 따위의 명절을 앞두고 경기가 가장 활발한 시기'를 뜻하는 말입니다.

4 '물건이 쓰러지지 않게 받치어 세우는 나무'를 뜻하는 말입니다. '받침목'과 비슷한 의미입니다.
5 '물건을 망가뜨리거나 남을 때리는 따위의 나쁘게 몸에 익어 버린 행동, 습관'을 뜻하는 말입니다.
6 '아들과 딸과 손자를 아울러 이르는 말'을 뜻합니다. '후손'과 같은 의미로 쓰이기도 합니다.
7 '대열에서 처져 뒤떨어진 사람' 혹은 '사회나 시대의 진보에 뒤떨어진 사람'을 뜻하는 말입니다.
8 '처마 끝에서 떨어지는 물'을 뜻하는 말입니다. 작은 힘이라도 꾸준히 계속하면 큰일을 이룰 수 있음을 비유적으로 말할 때 '이것이 댓돌을 뚫는다'라고 표현하기도 합니다.
9 '자기도 모르는 사이에 잃어버린 물건'을 뜻하는 말입니다. '유실물'과 비슷한 의미입니다.
10 '외로이 떨어져 있는 군사가 많은 수의 적군과 용감하게 잘 싸움'을 뜻하는 말입니다.
11 '아무 보람도 없이 애를 씀'을 뜻하는 말입니다. 고생을 했지만 아무 보람이나 결과가 없이 일이 끝났을 때, 자주 표현합니다.
12 '막 쓰는 물건을 쌓아 두는 광'을 뜻하는 말입니다. 흔히 문짝이 없이 한 면이 터져 있습니다.
13 '일반 사람들 사이'를 뜻하는 말입니다. '세간'과 비슷한 의미로 '이것에 떠도는 소문'이라고 표현하기도 합니다.
14 '선박 직원의 하나'를 뜻하는 말입니다. 해기사 면허를 취득한 사람으로 선장을 도와서 선박 운항의 일반 업무를 담당합니다.
15 '사고나 탈'을 뜻하는 말입니다. '이것이 나다'라고 표현하기도 합니다.
16 '달음질하는 일'을 뜻하는 말로 '경주'와 비슷한 의미입니다.
17 '어떤 일이 이루어지기를 바라고 기다림'을 뜻하는 말입니다. '기원', '기망', '기구'와 비슷한 의미입니다.
18 '유럽·아프리카 대륙과 남·북아메리카 대륙을 분리하는 넓고 큰 바다'를 뜻하는 말입니다. 세계에서 두 번째로 크다고 합니다.
19 '길이나 자리, 물건 따위를 사양하여 남에게 미루어 줌'을 뜻하는 말입니다.
20 '널리 펴서 많은 사람들에게 골고루 미치게 하여 누리게 함'을 뜻하는 말입니다. '이것에 힘쓰다'라고 표현하기도 합니다.
21 '무엇보다도 먼저 서둘러 해야 할 일'을 뜻하는 말입니다.

4 '목의 뒤쪽 부분과 그 아래 근처'를 뜻하는 말입니다. '이것을 잡히다'라고 표현하기도 합니다.
5 '눈으로는 볼 수 없을 만큼 작은 물체나 물질을 확대해서 보는 기구'를 뜻하는 말입니다.
6 '물건을 사려는 사람이 여럿일 때 값을 가장 높이 부르는 사람에게 팖'을 뜻하는 말입니다.
7 '반죽이나 진흙 따위를 아무 데나 함부로 뒤바름' 혹은 '정신을 잃고 아무렇게나 하는 몸짓'을 뜻하는 말입니다. '매닥질'과 비슷한 의미입니다.
8 '옮겨 심기 위하여 가꾸어 기른 어린 벼를 못자리에서 논으로 옮겨 심는 일'을 뜻하는 말입니다.
9 '물체의 모가 진 가장자리'를 뜻하는 말입니다.
10 '아주 짙은 안개 속에 있다는 뜻으로 무슨 일에 대하여 방향이나 갈피를 잡을 수 없음'을 이르는 말입니다.
11 '토목 공사에 쓰는 중량이 큰 기계'를 통틀어 이르는 말입니다.
12 '소나 돼지 따위의 가슴통을 이루는 좌우 열두 개의 굽은 뼈와 살'을 식용으로 이르는 말입니다.
13 '낡거나 못 쓰게 된 부분을 떼어 내고 새것으로 바꾸어 대는 일' 혹은 '사람이나 동물의 이미 있던 털이나 이 따위가 빠지고 그 자리에 새것이 나는 일'을 뜻하는 말입니다.
14 '마음속으로 은근히 기쁘게'를 뜻하는 부사입니다. '이것 받아들이다'라고 표현하기도 합니다.
15 '기체 상태로 되어 있는 물'을 뜻하는 말입니다. '이것'의 힘을 이용해서 동력을 얻기도 합니다.
16 '음식을 먹은 뒤에 몸이 나른해지고 졸음이 오는 증상'을 뜻하는 말입니다.
17 '사람들이 보통 알고 있거나 알아야 하는 지식'을 뜻하는 말입니다.
18 '계급이나 신분이 낮은 사람이 예의나 규율을 무시하고 윗사람을 꺾고 오름'을 뜻하는 말입니다.
19 '남이 한 일에 대하여 고마움이나 칭찬의 뜻을 표시함'을 이르는 말입니다. 주로 윗사람이 아랫사람에게 하는 말입니다.
20 '사물의 정당한 도리에 맞는 취지'를 뜻하는 말입니다. '이것에 맞다', '이것에 어긋나다'라고 표현하기도 합니다.
21 '나이가 적은 아이를 대접하거나 격식을 갖추어 이르는 말'을 뜻합니다.

최종 낱말 도움말

① '나이나 키가 비슷한 친구'를 뜻하는 말입니다.
② '상대편의 목의 아래 끝에서 팔의 위 끝에 이르는 부분에 서로 팔을 얹어 끼고 나란히 섬, 또는 그렇게 하고 노는 아이들의 놀이'를 뜻하는 말입니다.

도전! 우리말 달인

1 달인 도전! 첫 번째 문제

다음 중 '몸의 근육과 뼈마디'라는 뜻의 낱말은 무엇일까요? (　　)
① 삭신　　　② 힘살　　　③ 등골

2 달인 도전! 두 번째 문제

다음은 발음에 관한 문제입니다. 다음 문장을 보고 제시된 동형이의어의 길고 짧은 발음을 정확하게 구별해서 읽어 주세요.

철수네 모자가 똑같이 쓴 빨간색 모자가 눈에 확 띈다.

3 달인 도전! 세 번째 문제

다음은 띄어 쓰기 문제입니다. 제한 시간 30초 안에 주어진 문장을 띄어 읽어 주세요.

| 눈 | 내 | 린 | 설 | 악 | 산 | 의 | 모 | 습 | 은 | 마 | 치 | 한 | 폭 | 의 | 동 |
| 양 | 화 | 같 | 았 | 다 | . | | | | | | | | | | |

4 달인 도전! 네 번째 문제

다음의 세 가지 뜻을 모두 포함하는 2음절의 낱말은 무엇일까요? (   )

- 과녁의 한가운데가 되는 점.
- 가장 중요한 요점 또는 핵심.
- 조금도 틀림없이 바로.

5 달인 도전! 다섯 번째 문제

이 말은 원래 이름난 의사를 칭하는 말이었으나 요즘에 와서는 '장기, 바둑 따위에서 그 실력이 으뜸가는 사람'을 뜻하는 말로 많이 쓰이고 있습니다. 무엇일까요?
(   )

우리말 겨루기

기출 문제은행

제17회

1단계 공통 서술어 맞히기

1

- ① 50 말을
- ② 40 일손을
- ③ 30 동작을 □□다
- ④ 20 시계가
- ⑤ 10 시선을

2

- ① 50 얼굴을
- ② 40 손을
- ③ 30 봉투를 □□다
- ④ 20 도전장을
- ⑤ 10 오리발을

3
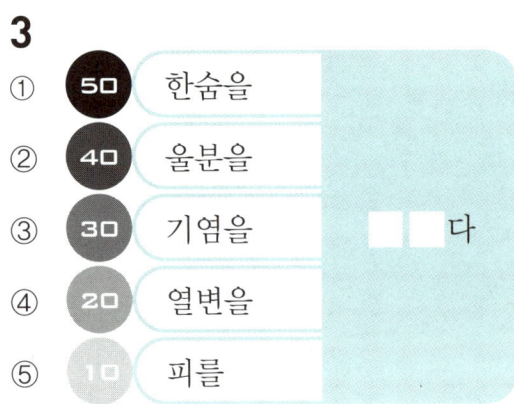
- ① 50 한숨을
- ② 40 울분을
- ③ 30 기염을 □□다
- ④ 20 열변을
- ⑤ 10 피를

4

- ① 50 목소리가
- ② 40 낮잠이
- ③ 30 입맞춤이 □□□다
- ④ 20 맛이
- ⑤ 10 사탕이

5
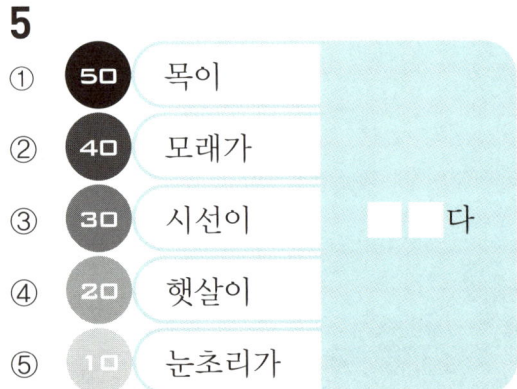
- ① 50 목이
- ② 40 모래가
- ③ 30 시선이 □□다
- ④ 20 햇살이
- ⑤ 10 눈초리가

 **1단계** **맞는 말 틀린 말 맞히기**

1
① 1ㅁ 통털어
② 1ㅁ 돌부리
③ 1ㅁ 크로바
④ 1ㅁ 부르주아
⑤ 1ㅁ 안스럽다

2
① 1ㅁ 두드러기
② 1ㅁ 설거지
③ 1ㅁ 알카리
④ 1ㅁ 끝발
⑤ 1ㅁ 나무래다

3
① 1ㅁ 부리나케
② 1ㅁ 소싯적
③ 1ㅁ 세팅
④ 1ㅁ 넌덜이
⑤ 1ㅁ 쪼달리다

4
① 1ㅁ 뒷풀이
② 1ㅁ 하마트면
③ 1ㅁ 배드민턴
④ 1ㅁ 눅눅하다
⑤ 1ㅁ 서울내기

5
① 1ㅁ 치다꺼리
② 1ㅁ 웅큼
③ 1ㅁ 매니저
④ 1ㅁ 들석이다
⑤ 1ㅁ 접질리다

1단계 숨은 낱말 맞히기

한 글자 문제

① 10
- 연필
- 화살
- 만년필
- ㅊ

② 10
- 이사
- 농사
- 김장
- ㅊ

③ 10
- 무기
- 육상 경기
- 방패
- ㅊ

④ 10
- 주부
- 딸기
- 주먹
- ㅋ

⑤ 10
- 눈
- 잎, 줄기
- 식물
- ㅆ

두 글자 문제

① 20
- 꾼
- 등짐
- 운반기구
- ㄱ

② 20
- 사람
- 총
- 사냥
- ㅅ

③ 20
- 열매
- 풍습
- 대보름
- ㄹ

④ 20
- 과자
- 물엿
- 깨, 콩
- ㅈ

⑤ 20
- 물
- 냄새
- 화장품
- ㅅ

세 글자 문제

① 30
- 밤하늘
- 별무리
- 은하수
- ㄹ

② 30
- 돌
- 멥쌀
- 떡
- ㅅ

③ 30
- 33
- 종로
- 제야의 종
- ㅅ

④ 30
- 스위스
- 이산가족
- 헌혈
- ㅅ

⑤ 30
- 도로
- 방향
- 안내
- ㅈ

1단계 자주 쓰는 표현말 맞히기

1 4ㅁ ☐☐ 라 하다

2 4ㅁ ☐☐ 에 ☐ 이 ☐ 다

3 4ㅁ ☐ 을 ☐☐ 다

4 4ㅁ ☐☐ 이 ☐ 다

5 4ㅁ ☐☐ 을 ☐☐ 다

6 4ㅁ ☐☐ 를 ☐☐☐ 면 ☐ 을 ☐ 다

7 4ㅁ ☐☐ 를 ☐☐ 다

도움말 – 글자의 첫소리

1 ㄴ | ㅁㄹ
2 ㄱㅅ | ㅁ | ㄷ
3 ㅁ | ㅁ | ㅊ
4 ㅂㄲ | ㅃㅈ
5 ㅇㅁ | ㄷㅅ
6 ㅎㄴ | ㄱㄹㅊ | ㅇㅇ
7 ㅇㄱㄴ | ㅇㅁ

제17회 | 213

1단계 우리말의 뜻 맞히기

1. **곗염** ㄱ ㄷ ㄹ ㅂ ㅅ ㅇ ㅈ ㅌ ㅎ ㄸ
   □□하며 □□하여 □내는 마음

2. **늦사리** ㄴ ㅁ ㅂ ㅅ ㅇ ㅈ ㅊ ㅎ ㄸ ㅆ
   □□보다 늦게 □□을 □□하는 일

3. **말머리아이** ㄱ ㄴ ㄷ ㅁ ㅂ ㅅ ㅈ ㅊ ㅎ ㅉ
   □□한 □에 곧바로 □서 □은 아이

도움말 - 글자의 첫소리
1 ㅂㄹㅇ | ㅅㅅ | ㅌ
2 ㅈㅊ | ㄴㅈㅁ | ㅅㅎ
3 ㄱㅎ | ㄷ | ㅂ | ㄴ

4 | 50 | **고래실** | ㄱ ㄹ ㅁ ㅂ ㅅ ㅇ ㅈ ㅊ ㄲ ㅃ
바닥이 깊고 ☐☐이 좋아 ☐☐☐ 논

5 | 50 | **더펄이** | ㄷ ㄹ ㅁ ㅂ ㅅ ㅇ ㅈ ㅊ ㄲ ㅃ
☐☐가 ☐☐하지 못하고 ☐☐대는 사람

도움말 - 글자의 첫소리
4 ㅁㄱ | ㄱㄹㅈ
5 ㅅㅁ | ㅊㅊ | ㄷㄹ

2단계 가로세로 낱말 잇기

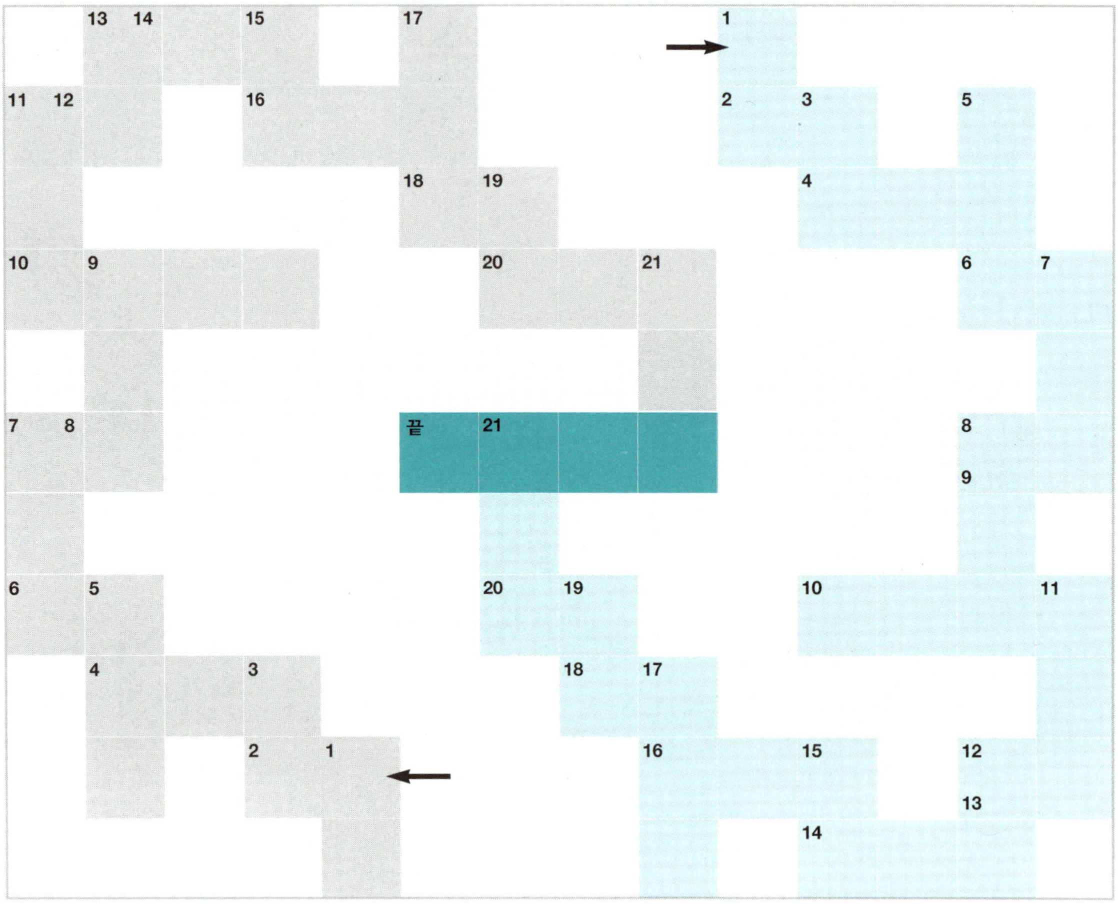

첫 번째 낱말 도움말
① '현상 따위가 일시적으로 생겨 껍데기만 있고 실질적인 내용이 없는 상태를 비유적으로 이르는 말'입니다.
② '액체가 기체를 머금고 부풀어서 생긴, 속이 빈 방울'을 뜻하는 말입니다.

왼쪽 도전자 도움말
2 '일정한 곳에서 먹고 자고 하는 따위의 일상적인 생활을 함, 또는 그 생활'을 뜻하는 말입니다. '주거'와 비슷한 의미입니다.
3 '이것'은 '식물의 몸체를 지지하고 받치는 부분'을 가리키는 말입니다. '강물이나 산 따위의 잇대어 뻗어나가는 갈래'라는 뜻으로도 많이 사용됩니다.

오른쪽 도전자 도움말
2 '물건이 가지고 있는 고유의 특성과 바탕'을 뜻하는 말입니다. 특히 상품을 평가하는 기준이 됩니다.
3 '다른 사람이 잘되거나 좋은 처지에 있는 것 따위를 공연히 미워하고 깎아내리려 함'을 뜻하는 말입니다.

4 '굵고 튼튼하게 꼰 줄'을 뜻하는 말입니다.

5 '어떤 지식 따위를 체계적으로 배우거나 학습하지 않고 남들이 하는 말 따위를 얻어들어서 아는 것'을 뜻하는 말입니다.

6 '재산이 많고 지위가 높음'을 뜻하는 말입니다. '이것을 누리다'라고 표현하기도 합니다.

7 '집안 살림의 수입과 지출을 적는 장부'를 뜻하는 말입니다.

8 '사람이나 일부 짐승의 머리에 털이 한곳을 중심으로 빙 돌아 나서 소용돌이 모양으로 된 부분'을 뜻하는 말입니다.

9 '제멋대로 행동하는 사람, 또는 성질이 활달하고 거친 사람을 비유적으로 이르는 말'입니다.

10 '밤낮으로 쉬지 아니하고 연달아'를 뜻하는 말입니다.

11 '품삯을 주고 사람을 부리는 사람'을 뜻하는 말입니다. 흔히 노사관계에서 사에 해당되는 사람입니다.

12 '호박, 박, 고구마 따위를 납작납작하거나 잘고 길게 썰어 말린 것'을 뜻하는 말입니다. 주로 반찬으로 많이 만들어 먹습니다.

13 '목이 짧고 배가 부른 작은 항아리'를 뜻하는 말입니다. 이 안에 고추장이나 된장을 넣어 두기도 합니다.

14 '늘 정하여 놓고 거래를 하는 곳'을 뜻하는 말입니다.

15 '짐이 한 덩이'를 뜻하는 말입니다. 주로 큰 파도를 표현할 때 자주 사용하는 말입니다.

16 '특정인에게 일정한 빚을 갚아야 할 의무를 가진 사람'을 뜻하는 말입니다.

17 '미처 생각할 겨를도 없이 급히'를 뜻하는 부사입니다.

18 '해마다 돌아오는 제삿날'을 뜻하는 말입니다.

19 '어떤 단체나 모임의 모든 사람'을 뜻하는 말입니다. '학생 이것', '임직원 이것'이라고 표현하기도 합니다.

20 '혹독한 겨울 추위를 비유적으로 이르는 말'입니다. '이것이 기승을 부리다'라고 표현하기도 합니다.

21 '하지 아니하여도 좋을 쓸데없는 말'을 뜻하는 말입니다.

4 '젖먹이가 두 입술을 떨며 투루루 소리를 내는 짓' 혹은 '말이나 당나귀가 코로 숨을 급히 내쉬며 투루루 소리를 내는 일'을 뜻하는 말입니다.

5 '오랫동안 앓고 있어 고치기 어려운 병'을 뜻하는 말입니다.

6 '예전에, 군인이나 군대를 이르던 말'을 뜻합니다. '병졸'과 같은 의미입니다.

7 '실재하는 사물을 보고 모양을 간추려서 그린 그림'을 뜻하는 말입니다.

8 '일이나 사물 따위가 점점 발달하여 감'을 뜻하는 말입니다. 영국의 생물학자 다윈은 '생물의 이것'을 연구한 사람으로 유명합니다.

9 '아침부터 저녁까지의 동안'을 뜻하는 말입니다. '어제는 이것 비가 내렸다'라고 표현하기도 합니다.

10 '모든 사람의 의견이 같음'을 뜻하는 말입니다.

11 '회복할 수 없을 정도의 큰 피해나 상처'를 뜻하는 말입니다.

12 '어렵고 가난한 상태'를 뜻하는 말입니다. '이것을 떨다'라고 표현하기도 합니다.

13 '사물의 이치를 깊이 연구함' 혹은 '마음속으로 이리저리 따져 깊이 생각함, 또는 그런 생각'을 뜻하는 말입니다.

14 '갈참나무, 졸참나무, 물참나무, 떡갈나무의 열매를 통틀어 이르는 말'입니다.

15 '보행자의 통행에 사용하도록 된 도로'를 뜻하는 말로 '보도'와 같은 의미입니다.

16 '현생 인류 이전의 고대 인류' 혹은 '미개한 사회의 사람'을 뜻하는 말입니다.

17 '조선 시대에, 왕비의 친아버지나 정일품 공신에게 주던 작호'를 뜻하는 말입니다.

18 '말로 단단히 부탁함, 또는 그런 부탁'을 뜻하는 말입니다.

19 '일 따위를 맡아서 능히 해냄' 혹은 '능히 견디어 냄'을 뜻하는 말입니다.

20 '마음에 느낀 바'를 뜻하는 말입니다. '이것을 밝히다'라고 표현하기도 합니다.

21 '범죄 수사나 치안 유지를 위하여 군인이나 경찰이 통행인을 막고 인적 사항을 묻거나 소지품 및 차량 따위를 검사하는 곳'을 '이것'이라 합니다.

최종 낱말 도움말

① '중간에서 양쪽의 관계를 연결하는 매개체를 비유적으로 이르는 말'입니다.
② '개울이나 물이 괸 곳에 돌이나 흙더미를 드문드문 놓아 건너다닐 수 있도록 만든 시설물'을 뜻하는 말입니다.

도전! 우리말 달인

1 달인 도전! 첫 번째 문제

다음 중 '부끄러운 기색이 없이 비위 좋게 구는 짓이나 성미'를 뜻하는 낱말은 무엇일까요? (   )
① 익살   ② 넉살   ③ 너스레

2 달인 도전! 두 번째 문제

다음은 발음에 관한 문제입니다. 다음 문장을 보고 제시된 동형이의어의 길고 짧은 발음을 정확하게 구별해서 읽어 주세요.

친구에게 사과의 뜻으로 사과 한 상자를 선물했다.

3 달인 도전! 세 번째 문제

다음은 띄어 쓰기 문제입니다. 제한 시간 30초 안에 주어진 문장을 띄어 읽어 주세요.

| 올 | 해 | 에 | 는 | 무 | 슨 | 일 | 이 | 있 | 어 | 도 | 살 | 을 | 빼 | 겠 | 다 |
| 고 | 마 | 음 | 먹 | 었 | 다 | . | | | | | | | | | |

4 달인 도전! 네 번째 문제

이것은 원래 조선 시대에 승정원에서 재결 사항을 기록하고 서사하여 반포하던 관보였습니다. 요즘에 와서는 다른 곳에 있는 사람에게 소식을 전함, 또는 소식을 적은 종이를 뜻하는 말로 바뀌어 쓰이고 있는데요, 무엇일까요? (　　　　　)

5 달인 도전! 다섯 번째 문제

원래는 '한 터에서의 울타리'라는 것으로 경계의 뜻을 나타내는 말로서, 한 어머니가 낳은 형제 간의 나이 차를 뜻합니다. 무엇일까요? (　　　　　)

우리말 겨루기

기출 문제은행

제18회

1단계 공통 서술어 맞히기

1
① 50 연기가
② 40 깃발이
③ 30 아지랑이가 ☐☐☐☐다
④ 20 치맛자락이
⑤ 10 코스모스가

2
① 50 허기를
② 40 아이를
③ 30 향수를 ☐☐다
④ 20 슬픔을
⑤ 10 무료함을

3
① 50 마음에
② 40 그물에
③ 30 단속에 ☐☐다
④ 20 감기에
⑤ 10 최면에

4
① 50 술잔을
② 40 인사를
③ 30 의견을 ☐☐다
④ 20 정을
⑤ 10 이야기를

5
① 50 집안일에
② 40 팔에
③ 30 연구에 ☐☐☐다
④ 20 처마 끝에
⑤ 10 철봉에

 **맞는 말 틀린 말 맞히기**

1
① 사뿐이
② 지리하다
③ 플래시
④ 넓쩍하다
⑤ 쑤세미

2
① 이제껏
② 쑥갓
③ 모짜르트
④ 켤레
⑤ 뒤짚다

3
① 진눈개비
② 자그만치
③ 피에로
④ 호도나무
⑤ 울부짖다

4
① 족집게
② 들녁
③ 튜울립
④ 메꾸다
⑤ 따사로히

5
① 풍비박산
② 잘잘못
③ 지프차
④ 카셋트
⑤ 칠흙

1단계 숨은 낱말 맞히기

한 글자 문제

① 10 — 배 / 방향 / 장치 — ㅋ

② 10 — 나무 / 치마 / 가죽 — ㅌ

③ 10 — 머리 / 꿈 / 살 — ㄱ

④ 10 — 새끼 / 낚시 / 노끈 — ㅈ

⑤ 10 — 잎 / 밥 / 국 — ㄸ

두 글자 문제

① 20 — 벽 / 연탄 / 석유 — ㄹ

② 20 — 동네 / 돌 / 생일 — ㅊ

③ 20 — 죽 / 해산물 / 조개 — ㅂ

④ 20 — 뿔 / 풀 / 보리 — ㄹ

⑤ 20 — 콩 / 간장 / 된장 — ㅈ

세 글자 문제

① 30 — 밥알 / 술 / 막걸리 — ㄷ

② 30 — 진흙 / 시멘트 / 도자기 — ㄹ

③ 30 — 겨울 / 털 / 여우 — ㄷ

④ 30 — 달집 / 쥐불 / 명절 — ㅂ

⑤ 30 — 집 / 학교 / 직장 — ㅅ

1단계 자주 쓰는 표현말 맞히기

1. 4口 ☐☐이 ☐다

2. 4口 ☐빠진 ☐

3. 4口 ☐☐이 ☐☐☐

4. 4口 ☐☐ 목에 ☐☐ ☐☐☐

5. 4口 ☐☐ 서 ☐☐ 기   행운

6. 4口 ☐☐에 ☐☐ 분다

7. 4口 ☐☐☐ 보고 ☐☐☐ 먹지

도움말 - 글자의 첫소리

1 ㅈㅅ | ㅍㄹ
2 ㄱ | ㄴ
3 ㅁㅅㅅ | ㅎㅅㅅ
4 ㄷㅈ | ㅈㅈ | ㅁㄱㅇ
5 ㄴㅇ | ㅊ | ㅂ
6 ㅇㄴ | ㄷ | ㄴㅍ
7 ㄱㅇㄴ | ㄸㅇㄴ

우리말의 뜻 맞히기

1

2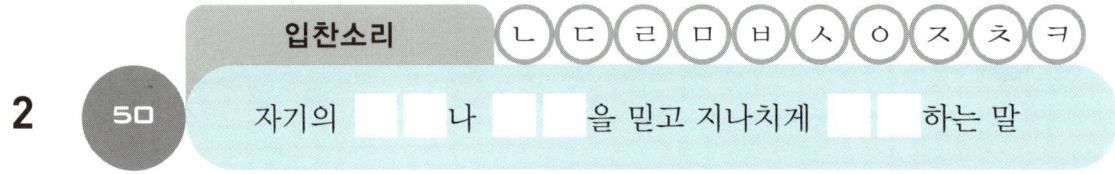

3

도움말 - 글자의 첫소리
1 ㄱㅇ | ㄴㄹ
2 ㅈㅇ | ㄴㄹ | ㅈㄷ
3 ㅉㄱ | ㅇㅅ | ㅅㅈ

4 **얼렁장사** ㄴ ㄷ ㄹ ㅁ ㅂ ㅅ ㅇ ㅈ ㅊ ㅎ
   □□ 사람이 □□을 모아서 하는 장사

5 **울짱** ㄷ ㄹ ㅁ ㅇ ㅈ ㅊ ㅌ ㅎ ㄸ ㅃ
   □□ 따위를 죽 잇따라 박아 만든 □□□

도움말 – 글자의 첫소리
4 ㅇㄹ | ㅁㅊ
5 ㅁㄸ | ㅇㅌㄹ

2단계 가로세로 낱말 잇기

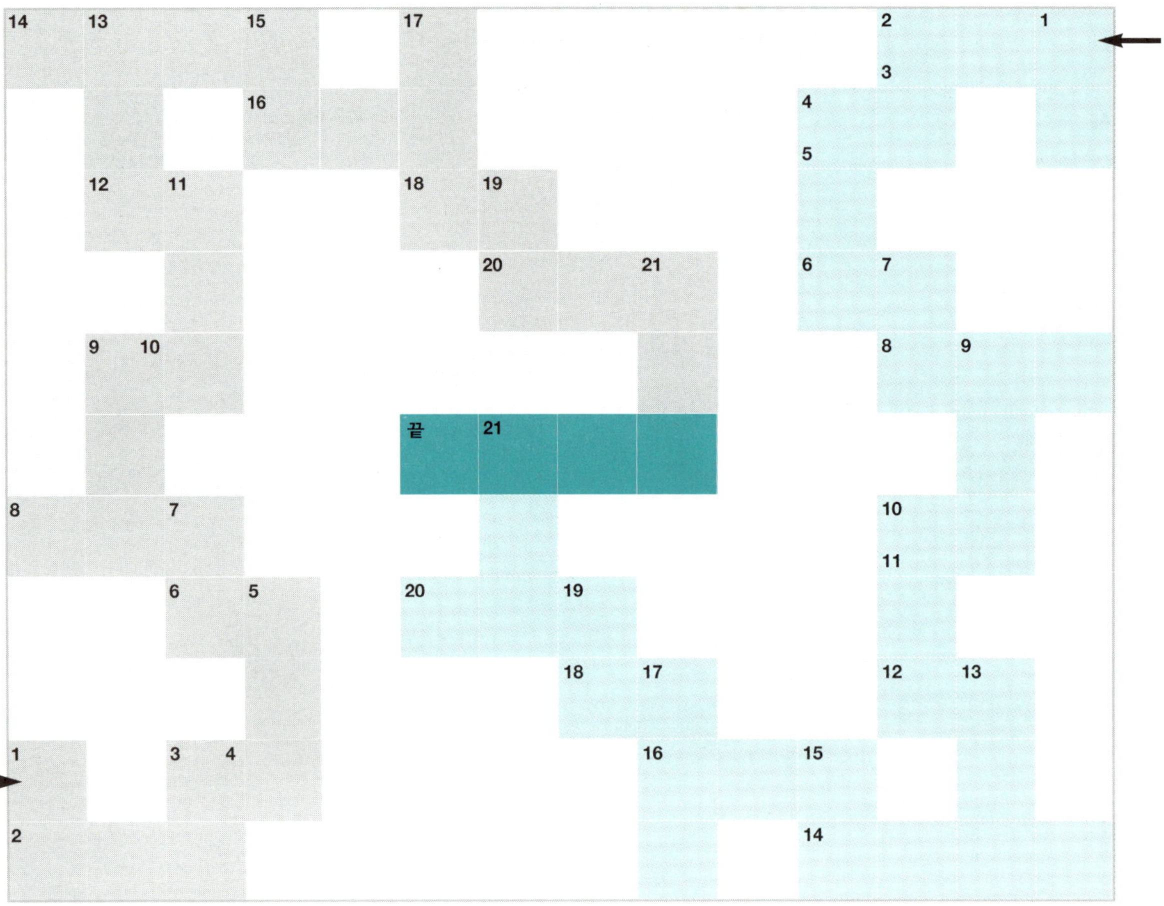

첫 번째 낱말 도움말

① '이것'과 뜻이 같은 말로 '야금', '포단' 등이 있으며, '이것'을 세는 단위를 '채'라고 합니다.
② '잘 때 몸을 덮기 위하여 피륙과 솜 따위로 만든 침구의 하나'를 뜻하는 말입니다.

왼쪽 도전자 도움말

2 '몹시 뜨겁게 열이 나는 몸이나 뜨겁게 된 물건'을 비유적으로 뜻하는 말입니다.

3 '탄환의 뇌관을 쳐 폭발하게 하는 송곳 모양으로 된 총포의 한 부분'을 '이것'이라 합니다.

오른쪽 도전자 도움말

2 '옥수수의 열매'를 뜻하는 말로 주로 '이것'을 쪄 먹거나 떡, 묵, 밥, 술 따위를 만들어 먹습니다.

3 '일의 근본이 되는 큰 줄거리' 혹은 '정당이나 사회단체 등이 그 기본 입장이나 방침, 운동 규범 따위를 열거한 것'을 뜻하는 말로 '행동 이것'이라고 표현하기도 합니다.

4 '일을 마치거나 목적을 이루는 데 들인 노력과 수고, 또는 일을 마치거나 그 목적을 이룬 결과로서의 공적'을 뜻하는 말입니다.

5 '특별히 정한 때가 없이 아무 때나'를 뜻하는 부사로 '수시로'와 비슷한 의미입니다.

6 '바느질할 때 바늘귀를 밀기 위하여 손가락에 끼는 도구'를 뜻하는 말입니다.

7 '건장하고 튼튼한 체격'을 뜻하는 말로 '장골'과 비슷한 의미입니다. 주로 '이것이 장대하다'라는 표현으로 쓰입니다.

8 '남에게 넘겨씌우거나 남에게서 넘겨받은 허물이나 걱정거리'를 뜻하는 말입니다.

9 '주로 아이들이 모여서 그네, 미끄럼틀, 시소 등을 타는 곳'으로 '어떤 집단이나 개인의 활동 장소'를 비유적으로 이르는 말로 쓰기도 합니다.

10 '심술궂고 욕심 많은 사람'을 비유적으로 이를 때 흔히 이 인물 같다고 합니다.

11 '물속으로 잠겨 들어가는 일을 전문적으로 하는 사람'을 이렇게 부릅니다.

12 '깊이 들지 못하거나 흡족하게 이루지 못한 잠'을 뜻하는 말로 '겉잠', '수잠'과 비슷한 의미입니다.

13 '폭약이 터지도록 불을 붙이는 심지' 혹은 '사건이 일어나게 된 직접적인 원인'을 뜻하는 말입니다.

14 '여러 말을 늘어놓지 아니하고 바로 요점이나 본문제를 중심적으로 말함'을 뜻하는 말입니다.

15 '이러쿵저러쿵 남의 흉을 보는 입의 놀림'을 뜻하는 말입니다.

16 '길을 인도해 주는 사람이나 사물'을 뜻하는 말입니다.

17 '일반 역과는 달리 역무원이 없고 정차만 하는 역'을 뜻하는 말입니다.

18 '옳고 그름에는 관계없이 무조건 한쪽 편을 들어 주는 일'을 뜻하는 말입니다.

19 '기온이 영하일 때 유리나 벽 따위에 수증기가 허옇게 얼어붙은 서릿발'을 뜻하는 말입니다.

20 '노래할 때 흥이나 즐거움을 나타내는 소리'를 뜻하는 말입니다. 경기 민요 중에 '이것 뱃놀이 가잔다'라는 소절이 있습니다.

21 '화난 감정을 푼다는 뜻으로, 오히려 다른 사람에게 화를 냄'을 이르는 말입니다.

4 '어떤 사물에 대한 생각을 말이나 소리로 나타내 자꾸 되풀이하는 일' 혹은 '변함없이 똑같은 상태에 있음을 나타내는 말'을 뜻합니다.

5 전통 과자의 일종으로 꿀물로 반죽한 밀가루를 기름에 띄워 지진 유밀과'를 '이것'이라 합니다.

6 '이미 지나간 때' 혹은 '지나간 일이나 생활'을 뜻하는 말입니다.

7 '짚을 두툼하게 엮거나, 새끼로 날을 하여 짚으로 쳐서 자리처럼 만든 물건'을 '이것'이라 합니다. 허드레로 자리처럼 쓰기도 하며, 한데에 쌓은 물건을 덮기도 합니다.

8 '나중에 참고하기 위하여 글로 간단히 적어 둠, 또는 그런 기록'을 뜻하는 말입니다.

9 '대나 싸리 따위를 쪼개어 둥글게 결어 속이 깊숙하게 만든 그릇'을 뜻하는 말입니다.

10 '부정이나 반대의 뜻을 나타내는 부사'로 '밥을 이것 먹다', '일을 이것 하다'라고 표현하기도 합니다.

11 '시집갈 나이의 여자' 혹은 '손아래 시누이'를 이렇게 부릅니다.

12 '식물에서 암술대 밑에 붙은 통통한 주머니 모양의 부분'을 뜻하는 말입니다. '이것' 속에 밑씨가 들어 있습니다.

13 '방아로 곡식을 찧거나 빻는 곳'을 뜻하는 말로 '정미소', '제분소'와 비슷한 의미입니다.

14 '자세히 살피지 아니하고 대충대충 보고 지나감'을 뜻하는 말입니다.

15 '약주를 거르고 남은 찌꺼기 술'을 뜻하는 말입니다.

16 '넓고 큰 빔위나 그기'를 뜻하는 말입니다. '이것 행사', '이것 집회'라고 표현하기도 합니다.

17 '남의 말을 듣고 그대로 받아들이지 아니하고 그 자리에서 제 의사를 나타냄, 또는 그 말'을 뜻하는 말입니다.

18 '한 번 스치는 정도'라는 뜻으로, '약간'을 이르는 말입니다. 주로 '이것의 불안감', '이것의 가능성'이라고 표현합니다.

19 '하는 일 없이 세월을 보냄' 혹은 '어떠한 것에 재미를 붙여 심심하지 아니하게 세월을 보냄'을 뜻하는 말입니다.

20 '활동하는 힘이 되는 본바탕'을 뜻하는 말입니다.

21 '어떤 목적이나 방향으로 남을 가르쳐 이끌 수 있는 능력'을 뜻하는 말입니다.

최종 낱말 도움말

① '아무것도 모르는 어리석은 사람'을 뜻하는 말입니다.
② '헐었거나 끝이 몹시 닳거나 잘리어 없어져 못 쓰게 된 물건'을 뜻하는 말입니다.

도전! 우리말 달인

1 **달인 도전! 첫 번째 문제**

다음 중 '일이 돌아가는 형편이나 그 까닭'을 뜻하는 낱말은 무엇일까요? (   )
① 결말　　　　② 영문　　　　③ 추정

2 **달인 도전! 두 번째 문제**

다음은 발음에 관한 문제입니다. 다음 문장을 보고 제시된 동형이의어의 길고 짧은 발음을 정확하게 구별해서 읽어 주세요.

누나는 자기가 직접 만든 흰색 자기를 깨트렸다.

3 **달인 도전! 세 번째 문제**

다음은 띄어 쓰기 문제입니다. 제한 시간 30초 안에 주어진 문장을 띄어 읽어 주세요.

| 오 | 일 | 동 | 안 | 밀 | 린 | 일 | 을 | 하 | 느 | 라 | 밥 | 먹 | 을 | 시 | 간 |
| 도 | 없 | 었 | 다 | . | | | | | | | | | | | |

4 달인 도전! 네 번째 문제

다음의 두 가지 뜻을 모두 포함하는 2음절의 낱말은 무엇일까요? (   )

- 여러 가지 이유로 생물체가 제대로 자라지 못하고 쇠하여지는 일, 또는 그런 상태.
- 옷차림이나 몸치레가 초라하고 너절한 것.

5 달인 도전! 다섯 번째 문제

다음의 세 가지 뜻을 모두 포함하는 2음절의 낱말은 무엇일까요? (   )

- 공공이나 관가의 직무(職務).
- 세금(稅金).
- 마땅히 자기가 해야 할 책임.

우리말 겨루기

기출 문제은행

제19회

1단계 공통 서술어 맞히기

1
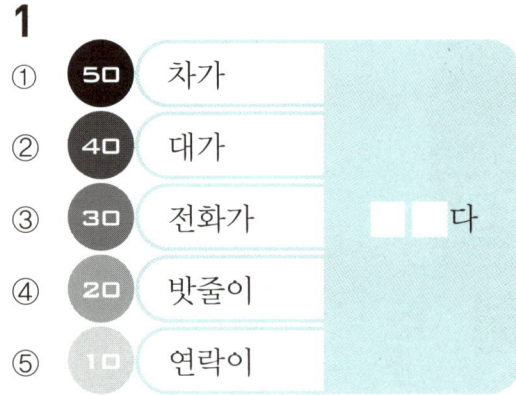

2

3

4

5

1단계 맞는 말 틀린 말 맞히기

1

① 1 0 강남콩
② 1 0 땟깔
③ 1 0 키타
④ 1 0 송두리째
⑤ 1 0 더욱이

2

① 1 0 한낱
② 1 0 널판지
③ 1 0 플랫폼
④ 1 0 각별이
⑤ 1 0 밋밋하다

3

① 1 0 비로서
② 1 0 팔베개
③ 1 0 멀티비션
④ 1 0 담쟁이
⑤ 1 0 기여코

4

① 1 0 설농탕
② 1 0 빨랫줄
③ 1 0 쌀푸대
④ 1 0 로터리
⑤ 1 0 찰라

5

① 1 0 모밀
② 1 0 행가래
③ 1 0 시애틀
④ 1 0 여태것
⑤ 1 0 졸립다

1단계 숨은 낱말 맞히기

한 글자 문제

①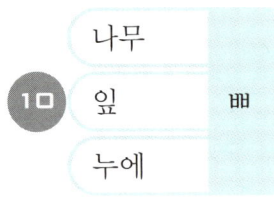
10 나무 / 잎 / 누에 — ㅃ

②
10 신발 / 젓가락 / 친구 — ㅉ

③
10 제비 / 안개 / 나팔 — ㄲ

④
10 실, 줄 / 머리카락 / 가닥 — ㅇ

⑤
10 마당 / 오리 / 목 — ㅂ

두 글자 문제

①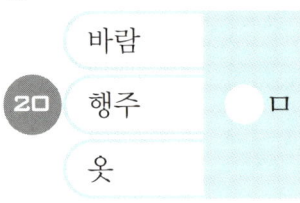
20 바람 / 행주 / 옷 — ㅁ

②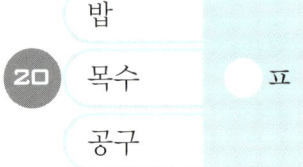
20 밥 / 목수 / 공구 — ㅍ

③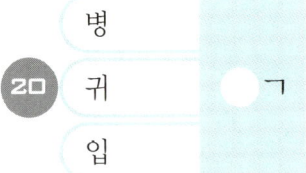
20 병 / 귀 / 입 — ㄱ

④
20 곰팡이 / 발효제 / 술 — ㄹ

⑤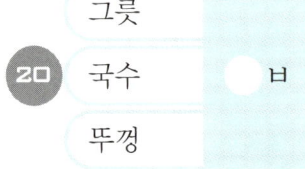
20 그릇 / 국수 / 뚜껑 — ㅂ

세 글자 문제

①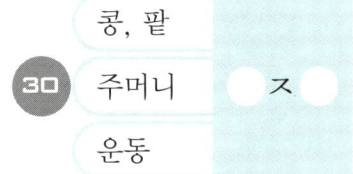
30 콩, 팥 / 주머니 / 운동 — ㅈ

②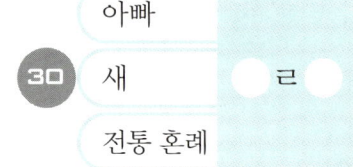
30 아빠 / 새 / 전통 혼례 — ㄹ

③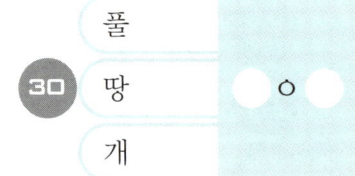
30 풀 / 땅 / 개 — ㅇ

④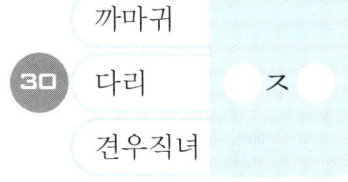
30 까마귀 / 다리 / 견우직녀 — ㅈ

⑤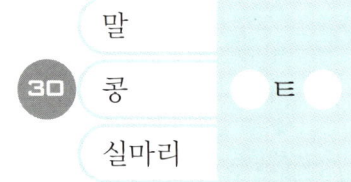
30 말 / 콩 / 실마리 — ㅌ

 1단계 자주 쓰는 표현말 맞히기

1 4口 □□을 □□ 삼다

2 4口 □□라면 □□다

3 4口 □이 □□□지다   행운

4 4口 □를 □다

5 4口 □□에 없는 □□

6 4口 □□을 □□다

7 4口 □□ □□□ 듯

도움말 – 글자의 첫소리

1 ㅎㄴ | ㅈㅂ
2 ㄷㅉㄱ | ㅅㄹ
3 ㅇ | ㄸ | ㅂㅇ
4 ㅃㄹ | ㅃ
5 ㅁㅇ | ㅅㄹ
6 ㅊㅁ | ㄲㅇ
7 ㅈㅈ | ㄷㄴㄷ

1단계 우리말의 뜻 맞히기

1. 굼슬겁다 — ㄱㄴㄷㄹㅁㅂㅅㅇㅈㅎ
성질이 보기보다 ☐☐☐고 ☐☐☐다

2. 살품 — ㄱㄴㅂㅅㅇㅊㅌㅍㄸㅃ
☐과 ☐☐ 사이에 생기는 빈 ☐

3. 언죽번죽 — ㄱㄴㄹㅂㅅㅇㅈㄲㄸㅃ
부끄러워하는 ☐☐이 조금도 없고 ☐☐가 좋아 ☐☐한 모양

도움말 – 글자의 첫소리
1 ㄴㄱㄹ | ㅂㄷㄹ
2 ㅇ | ㄱㅅ | ㅌ
3 ㄱㅅ | ㅂㅇ | ㅃㅃ

4 50 난색 ㄱ ㄷ ㄹ ㅁ ㅅ ㅇ ㅈ ㅊ ㅍ ㄲ
□□거나 □□□하는 기색

5 50 기염 ㄱ ㄷ ㄹ ㅂ ㅅ ㅇ ㅈ ㅎ ㄲ ㅉ
□□처럼 대단한 □□

도움말 – 글자의 첫소리
4 ㄲㄹ | ㅇㄹㅇ
5 ㅂㄲ | ㄱㅅ

2단계 가로세로 낱말 잇기

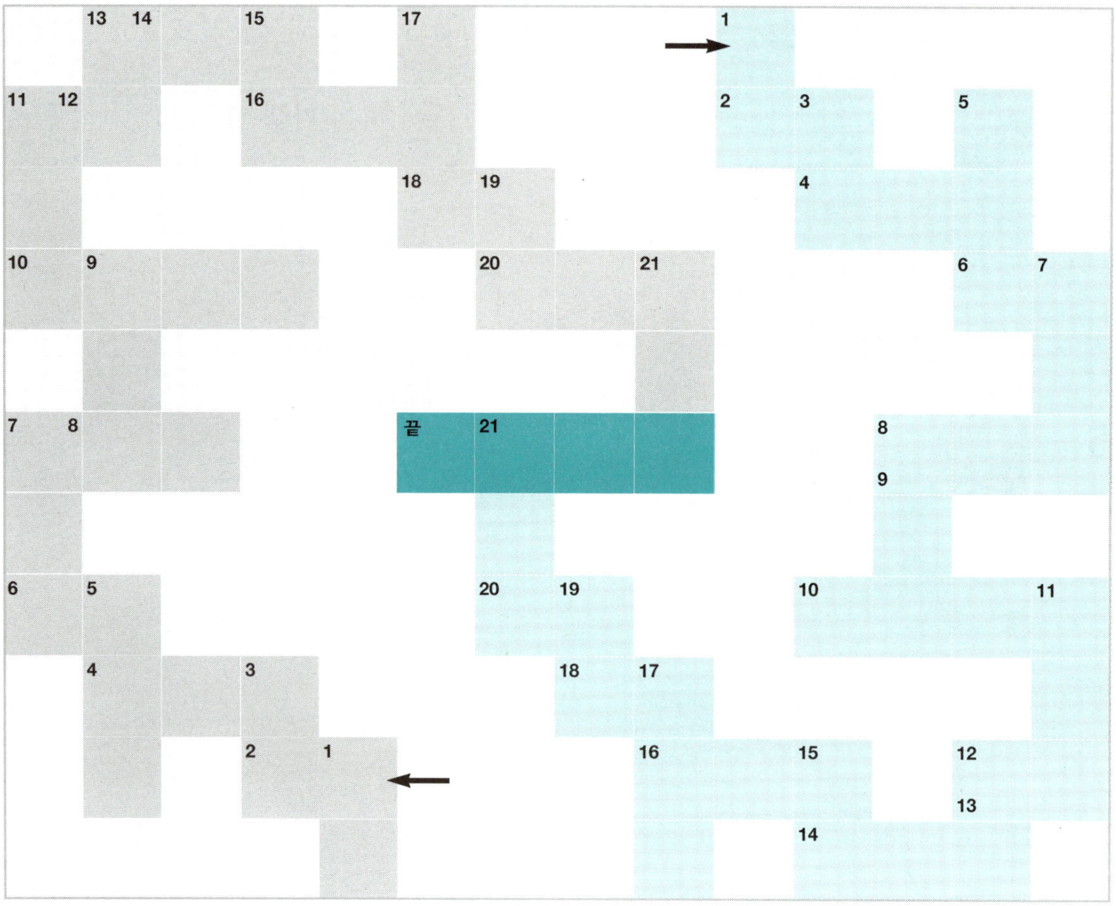

첫 번째 낱말 도움말

① '이것과 나중', '이것부터 끝까지' 라는 표현으로 자주 쓰이는 낱말입니다.
② '시간적으로나 순서상으로 맨 앞'을 뜻하는 말입니다.

왼쪽 도전자 도움말

2 '이르는 곳'을 뜻하는 말로 '곳곳', '여기저기', '촉처' 와 비슷한 낱말입니다. '이것에서 주문이 쇄도하다' 라고 표현하기도 합니다.

3 '어떤 목적이나 방향으로 남을 가르쳐 이끎'을 뜻하는 말입니다.

오른쪽 도전자 도움말

2 '나쁜 목적으로 몰래 흉악한 일을 꾸밈, 또는 그런 꾀'를 뜻하며 '음계'와 같은 의미입니다.

3 '죄다 한데 묶은 수효'를 뜻하는 말입니다. 경우에 따라서는 '모두'와 비슷한 의미로도 사용됩니다.

240

4 '듬직하고 위엄이 있는 겉모양'을 뜻하는 말입니다. '이것이 있어 보인다'라고 표현하기도 합니다.

5 '큰 통나무를 '우물 정' 자 모양으로 귀를 맞추어 층층이 얹고 그 틈을 흙으로 메워 지은 집'을 뜻하는 말입니다.

6 '드나드는 목의 첫머리'를 뜻하는 말로 '마을 이것', '강 이것'이라고 표현합니다.

7 '적도를 중심으로 남북 회귀선 사이에 있는 지대에 사는 어류'를 통틀어 이르는 말인데요, '진기한 형태와 고운 색채를 가진 거피, 네온테트라, 에인절피시 따위의 관상용 어류'를 뜻하는 말로도 쓰입니다.

8 '도서관 등에서 책이나 문서 따위를 죽 훑어보거나 조사하면서 보는 방'을 뜻하는 말입니다.

9 '어떤 일에 흥미나 열성이 생겨 기분이 좋아져 우쭐우쭐하여지는 기운'을 뜻하는 말입니다. '이것이 나다'라고 표현하기도 합니다.

10 '온갖 어려운 고비를 다 겪으며 심하게 고생함'을 뜻하는 말입니다.

11 '폭이 매우 좁고 작은 개골창 물이 흘러 나가도록 길게 판 내'를 뜻하는 말입니다.

12 '조심하지 아니하여 잘못됨, 또는 그런 행위'를 '이것'이라 합니다. '이것'에는 '실례', '실경'의 뜻도 있습니다.

13 '날이 예리하고 짧은 칼'을 뜻하는 말입니다. '이것을 꽂다', '이것을 던지다'라고 표현하기도 합니다.

14 '암컷과 수컷의 눈과 날개가 하나씩이어서 짝을 짓지 아니하면 날지 못한다는 전설상의 새'를 '이것'이라 하는데요, '남녀나 부부 사이의 두터운 정'을 비유적으로 이르기도 합니다.

15 '어떤 책임자 밑에서 지도를 받으면서 그 일을 도와주는 사람'을 뜻하는 말입니다.

16 '옛날 각 궁궐이나 성의 문을 지키던 무관 벼슬'을 '이것'이라 했습니다.

17 '몹시 위험한 행위' 혹은 '남녀 간의 분별없는 위험한 사귐'을 비유적으로 이르는 말로 '이것을 저지르다'라고 표현하기도 합니다.

18 '허랑방탕한 짓' 혹은 '허랑방탕한 짓을 일삼는 사람'을 뜻하는 말입니다.

19 '종이나 비닐 따위로 봉투처럼 만든 주머니'를 뜻하는 말입니다.

20 '걸을 때에 도움을 얻기 위하여 짚는 막대기'를 뜻하는 말입니다.

21 '나무나 풀의 살아 있는 낱 잎'을 뜻하는 말로 '잎사귀'와 비슷한 의미입니다.

4 '음식 그릇을 씻을 때 쓰는 물'을 뜻하는 말입니다.

5 '옛날 물건, 헐거나 낡은 물건을 사고파는 장사, 혹은 그런 장수'를 뜻하는 말입니다.

6 '예전에, 장가든 남자가 머리털을 끌어 올려 정수리 위에 틀어 감아 맨 것'을 뜻하는 말입니다.

7 일부 명사 뒤에 붙어 '그것이 너무 많은 상태' 또는 '그런 상태의 사물, 사람'의 뜻을 더하는 접미사입니다.

8 '짚, 띠 따위로 엮어 허리나 어깨에 걸쳐 두르는 비옷'으로, 예전에 주로 농촌에서 일할 때 비가 오면 자주 사용했다고 합니다.

9 '아무리 해도'를 뜻하는 부사로 '도저히'와 비슷한 의미입니다.

10 '음력으로 열한 번째 달과 음력으로 한 해의 마지막 달'을 아울러 이르는 말입니다.

11 '달 언저리에 둥그렇게 생기는 구름 같은 허연 테'를 '이것'이라 합니다.

12 '지체가 높거나 권세가 있는 사람'을 높여 부르는 말입니다.

13 '강이나 내, 또는 좁은 바닷목에서 배가 건너다니는 일정한 곳'을 뜻하는 말입니다.

14 '홀연히 나타나 잠깐 유지되다가 사라지는 아름답고 환상적인 일이나 현상 따위'를 비유적으로 뜻하는 말입니다.

15 '뒤에 덧붙여 말한다'는 뜻으로, 편지의 끝에 더 쓰고 싶은 것이 있을 때에 그 앞에 쓰는 말입니다.

16 '3년과 같이 길게 느껴진다'는 뜻으로, 몹시 애타게 기다리는 마음을 이르는 말입니다.

17 '빌려 쓰는 물건에 대하여 무는 요금'을 뜻하는 말입니다.

18 '거울을 버티어 세우고 그 아래에 화장품 따위를 넣는 서랍을 갖추어 만든 가구'를 '이것'이라 합니다.

19 '경우'나 '형편', '정도'의 뜻을 나타내는 말로 '말도 못할 이것에 이르렀다'라고 표현하기도 합니다.

20 '어린아이의 말로, 더러운 것'을 이르는 말입니다.

21 '몸은 둥글고 뚱뚱하며 다리가 짧고 뾰족한 주둥이와 넓은 발로 땅을 파고 들어가 사는 포유동물'을 '이것'이라 합니다. 제 본분을 모르고 엉뚱한 희망을 가진다는 뜻으로 '이것 혼인 같다'라는 표현을 쓰기도 합니다.

최종 낱말 도움말

① '물건의 꼭대기'를 뜻하는 말입니다.
② '어떤 일이나 단체에서 으뜸인 사람'을 뜻하는 말입니다.

도전! 우리말 달인

1 달인 도전! 첫 번째 문제

다음 중 '사람이나 길짐승의 몸에 난 길고 굵은 털'을 뜻하는 낱말은 무엇일까요?
① 터럭   ② 티   ③ 나룻   (   )

2 달인 도전! 두 번째 문제

다음은 발음에 관한 문제입니다. 다음 문장을 보고 제시된 동형이의어의 길고 짧은 발음을 정확하게 구별해서 읽어 주세요.

앞날에 대한 근시안적 사고가 이번 사고를 일으켰다.

3 달인 도전! 세 번째 문제

다음은 띄어 쓰기 문제입니다. 제한 시간 30초 안에 주어진 문장을 띄어 읽어 주세요.

| 밤 | 새 | 옆 | 집 | 김 | 씨 | 와 | 얘 | 기 | 하 | 느 | 라 | 시 | 간 | 가 | 는 |
| 줄 | 도 | 몰 | 랐 | 다 | . |

4 달인 도전! 네 번째 문제

예전 조선 시대에 평민이 선비를 부르던 말의 줄임말입니다. 요즘에는 얌전하고 고루한 사람을 놀림조로 이르는 말로 많이 쓰이고 있는데요, 무엇일까요? (   )

5 달인 도전! 다섯 번째 문제

다음의 두 가지 뜻을 모두 포함하는 2음절의 낱말은 무엇일까요? (   )

-봄, 가을에 다듬어 지어서 입는 모시옷.
-지어서 한 번도 빨지 않은 새 옷.

우리말 겨루기

기출 문제은행

제20회

1단계 공통 서술어 맞히기

1

① 50 이불이
② 40 입술이
③ 30 주머니가 ☐☐☐다
④ 20 옷이
⑤ 10 봉투가

2

① 50 말을
② 40 눈을
③ 30 잔을 ☐☐다
④ 20 고개를
⑤ 10 재봉틀을

3
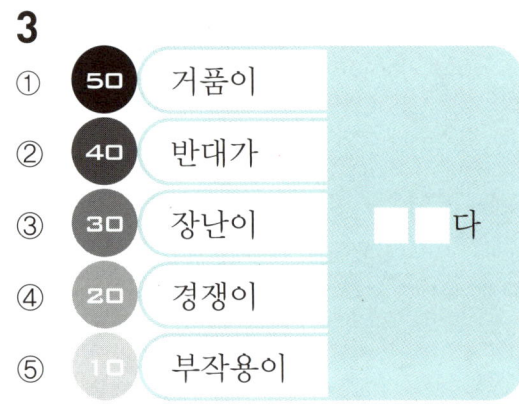
① 50 거품이
② 40 반대가
③ 30 장난이 ☐☐다
④ 20 경쟁이
⑤ 10 부작용이

4
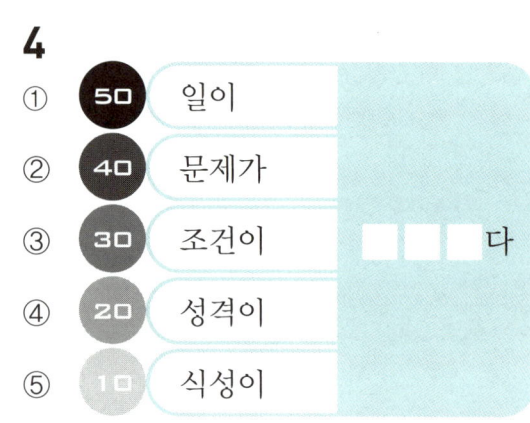
① 50 일이
② 40 문제가
③ 30 조건이 ☐☐☐다
④ 20 성격이
⑤ 10 식성이

5
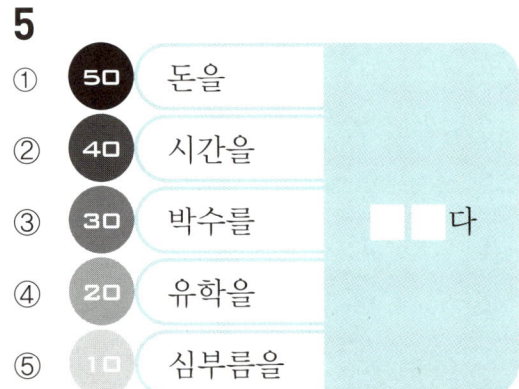
① 50 돈을
② 40 시간을
③ 30 박수를 ☐☐다
④ 20 유학을
⑤ 10 심부름을

1단계 맞는 말 틀린 말 맞히기

1
① 나부랭이
② 혼잣말
③ 카추사
④ 깡술
⑤ 소맷깃

2
① 소꿉놀이
② 그을음
③ 퍼머
④ 살갗
⑤ 넉두리

3
① 시무룩이
② 재털이
③ 거든
④ 덤풀
⑤ 꼬챙이

4
① 허탕
② 돋자리
③ 콤패트
④ 특별이
⑤ 광대뼈

5
① 세뱃돈
② 요컨대
③ 로케트
④ 으레
⑤ 햇님

1단계 숨은 낱말 맞히기

1단계 자주 쓰는 표현말 맞히기

1 4口 □에 □ 탄듯

2 4口 □□에서 □□까지

3 4口 □□□ 이 □□□

4 4口 □□도 □다

5 4口 □ 너 □□□

6 4口 □□□□에 □□ 것 같다

7 4口 □□은 □□ 같다

도움말 – 글자의 첫소리

1 ㅅ | ㅁ
2 ㅇㄹ | ㅁㄷ
3 ㅈㅁㄴ | ㄷ | ㅆㅈㄷ
4 ㄱㅈ | ㅍㅈ
5 ㄱ | ㄱ | ㅂㄱㄱ
6 ㅂㄴㅂㅅ | ㅇㅇ
7 ㅁㅇ | ㄱㄸ

1단계 우리말의 뜻 맞히기

1 50 홀앗이살림 ㄱ ㄷ ㄹ ㅁ ㅂ ㅅ ㅇ ㅈ ㅊ ㅎ
☐☐가 많지 아니한 ☐☐☐ 살림

2 50 만감 ㄴ ㄹ ㅁ ㅂ ㅅ ㅇ ㅈ ㅍ ㄲ ㅃ
☐☐☐는 온갖 ☐☐

3 50 꺽짓손 ㄱ ㄴ ㅁ ㅂ ㅅ ㅇ ㅈ ㅋ ㅍ ㅎ
☐☐ 힘이 ☐☐어서 호락호락하지 않은 ☐☐☐

도움말 - 글자의 첫소리
1 ㅅㄱ | ㄷㅊㅎ
2 ㅅㅇㅇㄹ | ㄴㄲ
3 ㅈㄴ | ㅇㅅ | ㅅㅇㄱ

4 알음장 ㄱㄴㄹㅁㅅㅇㅈㅊㅌㅎ
남 몰래 넌지시 알려 줌

5 상고대 ㄴㄹㅁㅂㅅㅇㅈㅊㅍㅎ
나무나 풀에 내려 눈처럼 된 서리

도움말 – 글자의 첫소리
4 ㄴㅊ | ㅇㅁ
5 ㅍ | ㄴ | ㅅㄹ

가로세로 낱말 잇기

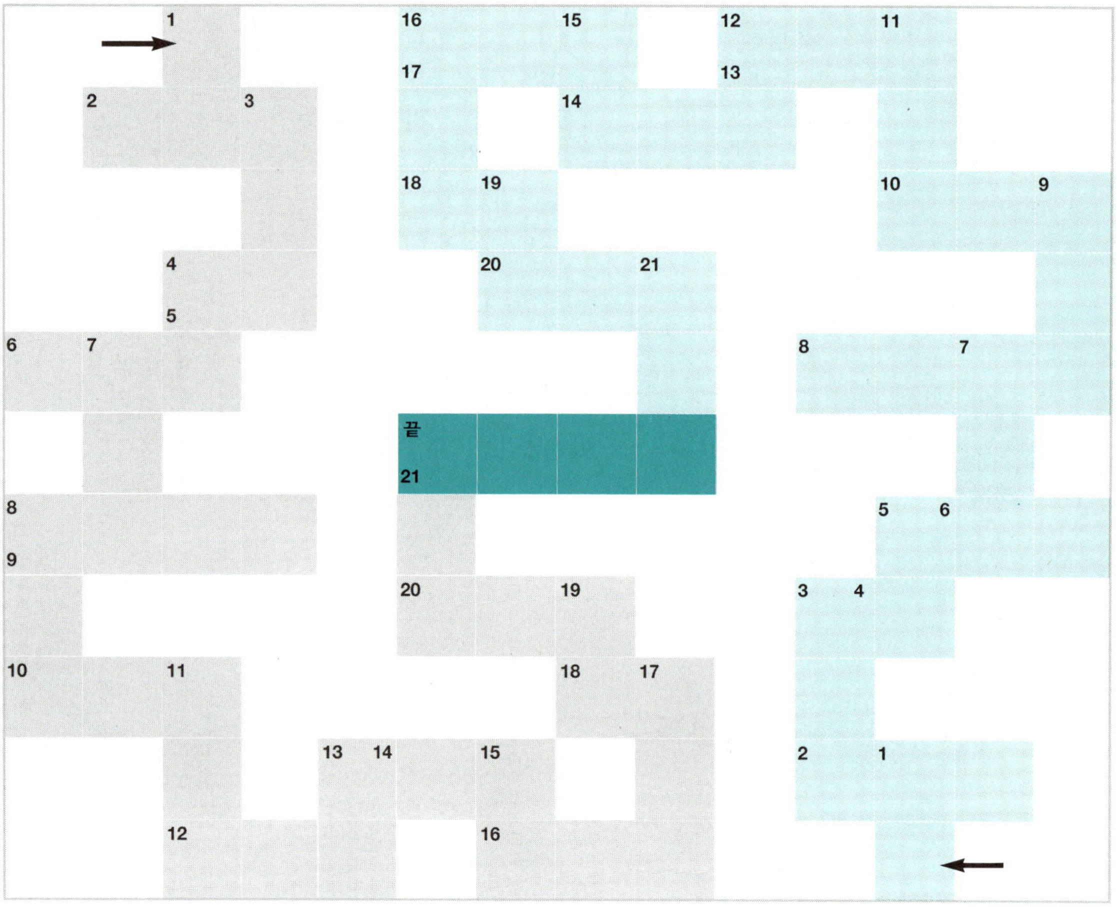

첫 번째 낱말 도움말

① 하는 짓이나 말이 그 연령에 어울리지 아니하게 유치할 때 '이것이 아깝다'는 표현을 씁니다.
② '사람이나 동·식물 따위가 세상에 나서 살아온 햇수'를 뜻하는 말입니다.

왼쪽 도전자 도움말

2   '나무나 쇠붙이를 이용해 숟가락 모양으로 가늘고 작게 만든 귀지를 파내는 기구'를 '이것'이라 합니다.

3   '못난 사람이나 사물 또는 언짢은 일'을 비유적으로 이르는 말입니다. '시고 떫은맛이 나는 식물의 열매'이기도 합니다.

오른쪽 도전자 도움말

2   '갑자기 세차게 쏟아지다가 곧 그치는 비'를 뜻하는 말입니다.

3   '활동하는 힘이 되는 본바탕'을 뜻하는 말입니다. '생활의 이것'이란 표현으로 쓰입니다.

4 '일을 할 때 쓰는 연장을 통틀어 이르는 말' 혹은 '어떤 목적을 이루기 위한 수단이나 방법'을 뜻하는 말입니다.

5 '물건을 낱개로 사지 않고 죄다 한데 묶어서 삼'을 뜻하는 말입니다.

6 '무엇을 맞히려고 던지는 돌멩이'를 뜻하는 말입니다.

7 '몹시 어리석은 사람'을 이르는 말입니다.

8 '귀신같이 나타났다가 사라진다는 뜻으로, 그 움직임을 쉽게 알 수 없을 만큼 자유자재로 나타나고 사라짐'을 비유적으로 뜻하는 말입니다.

9 '도로에 설치하여, 적색·녹색·황색 및 녹색 화살 표시 따위의 점멸로 차량이나 사람의 통행을 통제하는 장치'를 뜻하는 말로 '신호불'의 두 번째 뜻과 같은 말입니다.

10 '사람이나 동물의 등마루가 되는 부분' 혹은 '산의 등줄기'를 뜻하는 말입니다.

11 '바로 다음의 해'를 뜻하는 말입니다.

12 '어떤 특정 분야에서 어려운 일이나 힘든 일에 관한 처리가 능숙한 사람'을 뜻하는 말입니다.

13 '제게 딸린 것을 잘 보살피고 돌봄' 혹은 '물건을 잘 거두어 보호함'을 뜻하는 말입니다. '자기 몸을 이것하다', '자식을 이것하다'라고 표현하기도 합니다.

14 '생선, 조개류 따위를 말린 식품'을 뜻하는 말입니다.

15 '논에 물이 넘어 들어오거나 나가게 하기 위하여 만든 속은 통로' 혹은 '어떤 일의 시작'을 비유적으로 이르는 말입니다.

16 '어떤 이야기나 사건의 실마리'를 뜻하는 말입니다. '이것을 잡다'라는 표현으로 쓰입니다.

17 '아이를 갓 낳은 그 자리'를 뜻하는 말입니다.

18 '오랫동안 누적된 변형 에너지가 갑자기 방출되면서 지각이 흔들리는 일'을 '이것'이라 합니다.

19 '폭탄이나 등잔 따위에 불을 붙이기 위하여 꽂은 실오라기나 헝겊, 줄'을 이르는 말입니다.

20 '남에게 굽히지 아니하고 자신의 품위를 스스로 지키는 마음'을 뜻하는 말입니다.

21 '결혼한 여자와 성숙한 여자를 통틀어 이르는 말'을 뜻합니다.

4 '사람의 어깨에서 팔까지 또는 궁둥이에서 다리까지의 양쪽 부분'을 뜻하는 말입니다. '이것을 치다'라고 표현하기도 합니다.

5 '어떤 사물이나 조직의 전체를 이루는 짜임새나 구조'를 뜻하는 말로 '일의 이것이 잡히다'라고 표현하기도 합니다.

6 '그리 많지 아니한 수량이나 정도' 혹은 '그리 길지 아니한 시간 동안'을 뜻하는 말입니다.

7 불교에서 '숨이 끊어질 때의 모진 고통'을 뜻하는 말로 '임종'을 달리 이르는 말로 쓰입니다.

8 '시대에 뒤떨어졌거나 오래되어 쓸모없게 된 물건 따위'를 비유적으로 뜻하는 말입니다.

9 '동물이 깃들여 사는 곳'을 뜻하는 말입니다. 얼마 전 수달의 '이것'을 보호하기 위해 경남 진주시의 진양호 일대를 야생동물특별보호구역으로 지정하기도 했습니다.

10 '정치적·사회적 단체나 그 책임자가 일정한 사항에 대한 방침이나 견해를 공표하는 글이나 문서'를 뜻하는 말입니다.

11 '여럿이 함께 기세를 올려 지르는 소리'를 뜻하는 말입니다. 유치환 선생님의 시 '깃발'에도 이 낱말이 나옵니다.

12 '어떤 사실을 화제로 삼아 이러쿵저러쿵 쓸데없이 입을 놀리는 일'을 뜻하는 말로 '이것을 찧다'라는 표현으로 자주 쓰입니다.

13 '출품한 작품이 심사에 합격하여 뽑힘'을 뜻하는 말입니다.

14 '항해 중에 폭풍우 따위를 만나 부서지거나 뒤집힌 배'를 '이것'이라 합니다.

15 '언행이나 상태가 보통과 아주 다름, 또는 언행이 두드러지게 남과 달라 예측할 수 없음'을 뜻하는 말입니다. '이것을 떨다'라고 표현하기도 합니다.

16 '말먹이를 담아 주는 그릇'을 뜻하는 말입니다.

17 '남의 말을 듣고 그대로 받아들이지 아니하고 그 자리에서 제 의사를 나타냄, 또는 그 말'을 뜻하는 말입니다.

18 '국이나 찌개에 넣는 고기붙이'를 뜻하는 말입니다.

19 '확실하거나 분명하지 않음'을 뜻하는 말입니다. 문학작품의 연대나 지은이가 불분명할 때 많이 쓰는 말입니다.

20 '둥근 쪽이 아래로 향한 음력 매달 7~8일경에 나타나는 반원 모양의 달'을 '이것'이라 합니다.

21 '달음질하는 일'을 뜻하는 말로 '경주'와 비슷한 의미입니다.

최종 낱말 도움말
① '쓸 만한 것을 골라내고 남은 물건'을 뜻합니다.
② '하찮은 사람이나 물건을 비유적으로 이르는 말' 혹은 '깨어져 잘게 조각이 난 물건'을 뜻하는 말입니다.

도전! 우리말 달인

1 달인 도전! 첫 번째 문제

다음 중 '가늘게 쪼갠 나무토막이나 조금 긴 듯한 토막의 낱개' 라는 뜻의 2음절의 낱말은 무엇일까요? (   )
① 개피   ② 개비   ③ 가치

2 달인 도전! 두 번째 문제

다음은 발음에 관한 문제입니다. 다음 문장을 보고 제시된 동형이의어의 길고 짧은 발음을 정확하게 구별해서 읽어 주세요.

지난 겨울 최영 장군의 동상을 만들다가 동상에 걸렸다.

3 달인 도전! 세 번째 문제

다음은 띄어 쓰기 문제입니다. 제한 시간 30초 안에 주어진 문장을 띄어 읽어 주세요.

| 호 | 남 | 의 | 폭 | 설 | 피 | 해 | 에 | 누 | 구 | 할 | 것 | 없 | 이 | 모 | 두 |
| 성 | 금 | 을 | 보 | 냈 | 다 | . | | | | | | | | | |

4 달인 도전! 네 번째 문제

이 말은 '오행설에서, 금(金)은 목(木)과, 목은 토(土)와, 토는 수(水)와, 수는 화(火)와, 화는 금과 조화를 이루지 못함'을 이르는 말이었는데요, 요즘에 와서는 '둘 사이에 마음이 서로 맞지 아니하여 항상 충돌함'을 뜻하는 말로 많이 쓰이고 있습니다. 무엇일까요? (   )

5 달인 도전! 다섯 번째 문제

다음의 두 가지 뜻을 모두 포함하는 2음절의 낱말은 무엇일까요? (   )

– 두 땅의 경계선을 간단히 나타낸 표.
– 물건과 물건의 틈새나 또는 그 사이를 구별 지은 표.

정답 및 해설

제1회

1단계

공통 서술어 맞히기

1. 차리다   2. 던지다   3. 삼키다   4. 벗기다   5. 내리다

맞는 말 틀린 말 맞히기

1. ① 딴청 ○
   ② 닦달하다 ○
   ③ 마추다 × → 맞추다
   ④ 왠지 ○
   ⑤ 곰팡이 ○

2. ① 부억 × → 부엌
   ② 에머랄드 × → 에메랄드
   ③ 보따리를 끄르다 ○
   ④ 가르마 ○
   ⑤ 괴씸하다 × → 괘씸하다

3. ① 오라비 ○
   ② 뒤석이다 × → 뒤섞이다
   ③ 엊그제 ○
   ④ 치루다 × → 치르다
   ⑤ 크리스털 ○

4. ① 오도카니 ○
   ② 데이터 ○
   ③ 금실 좋은 부부 ○
   ④ 허리를 굽신거리다 × → 허리를 굽실거리다
   ⑤ 얼굴이 핼쑥하다 ○

5. ① 늙으막 × → 늘그막
   ② 실뭉치 × → 실몽당이
   ③ 수퍼마켓 × → 슈퍼마켓
   ④ 겸연쩍다 ○
   ⑤ 내로라하다 ○

숨은 낱말 맞히기

한 글자 문제 ① 볼   ② 피   ③ 책   ④ 접   ⑤ 깃
두 글자 문제 ① 장난 ② 강보 ③ 악수 ④ 지폐 ⑤ 손님
세 글자 문제 ① 꽹과리 ② 무지개 ③ 고양이 ④ 문풍지 ⑤ 민들레

자주 쓰는 표현말 맞히기

1. 급할수록 돌아가라
2. 죽도 밥도 안 되다
3. 어느 장단에 춤추랴
4. 다리품을 팔(판)다
5. 고양이 세수하듯
6. 앉은 자리에 풀도 안 나겠다
7. 물 찬 제비

우리말의 뜻 맞히기

1. 개맹이   똘똘한 기운이나 정신
2. 스리   음식을 먹다가 볼을 깨물어 생긴 상처
3. 심드렁하다 마음에 탐탁하지 아니하여서 관심이 거의 없다
4. 빌미   재앙이나 탈 따위가 생기는 원인
5. 트레바리   이유 없이 남의 말에 반대하기를 좋아하는 성격

2단계

가로세로 낱말 잇기

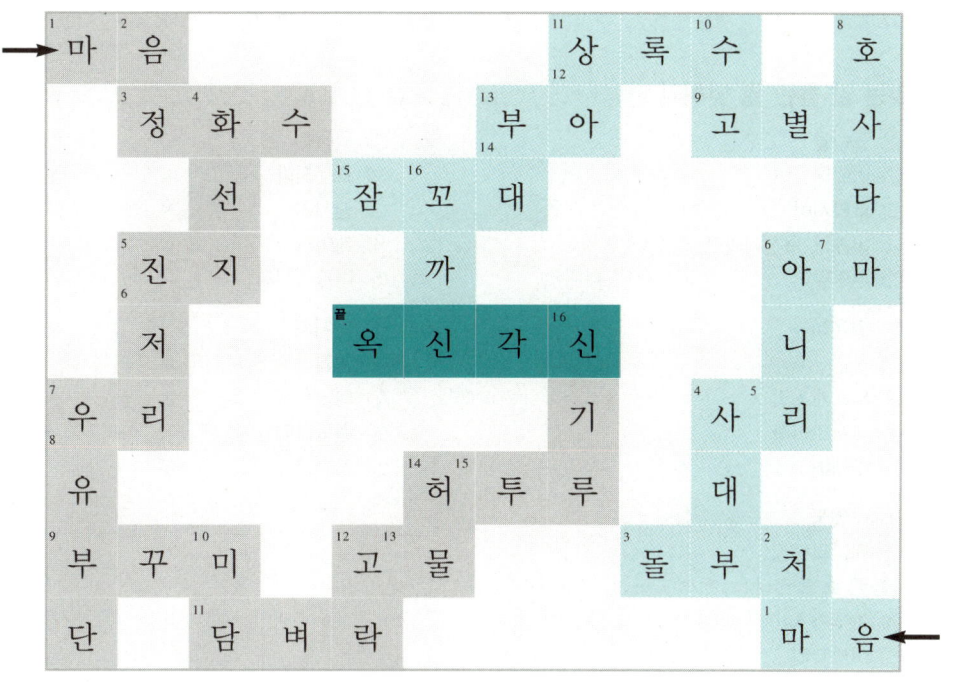

도전! 우리말 달인

1. ② 언덕
   해설 재: 길이 나 있어서 넘어 다닐 수 있는 높은 산의 고개. / 골짜기: 산과 산 사이에 움푹 패어 들어간 곳.

2. 이번 회:의(會:議) 결과에 대해 임원들은 회의(懷疑)를 느꼈다.

3.

| 한 | | 석 | | 달 | 쯤 | 후 | 에 | | 그 | | 사 | 람 | 을 |
| 만 | 나 | | 여 | 행 | 을 | | 가 | 기 | 로 | | 했 | 다 | . |

   해설 '쯤'은 일부 명사 또는 명사구 뒤에 붙어 '정도'의 뜻을 더하는 접미사로 앞말과 붙여 써야 합니다.

4. 남새

5. 압권

제2회

1단계

공통 서술어 맞히기

1. 밝히다　　2. 줄이다　　3. 쌓이다　　4. 일어나다　　5. 넘치다

맞는 말 틀린 말 맞히기

1. ① 돌나물　　　　　○
   ② 비릿내　　　　　× → 비린내
   ③ 후리지아　　　　× → 프리지어
   ④ 어깨가 욱신거리다 ○
   ⑤ 두루말이　　　　× → 두루마리

2. ① 막둥이　　　　　○
   ② 흐뭇하다　　　　× → 흐뭇하다
   ③ 괜시리　　　　　× → 괜스레
   ④ 케이크　　　　　○
   ⑤ 미끌어지다　　　× → 미끄러지다

3. ① 엮은이　　　　　○
   ② 골덴　　　　　　× → 코르덴
   ③ 우스개소리　　　× → 우스갯소리
   ④ 부서뜨리다　　　○
   ⑤ 주책이다　　　　× → 주책없다

4. ① 마사지　　　　　○
   ② 험집　　　　　　× → 흠집
   ③ 테잎　　　　　　× → 테이프
   ④ 걸죽하다　　　　× → 걸쭉하다
   ⑤ 꼬깃꼬깃　　　　○

5. ① 북엇국　　　　　○
   ② 개나리봇짐　　　× → 괴나리봇짐
   ③ 한 수 물르다　　× → 한 수 무르다
   ④ 파투가 나다　　　○
   ⑤ 이부자리　　　　○

숨은 낱말 맞히기

한 글자 문제	① 실	② 뜻	③ 맛	④ 몸	⑤ 포
두 글자 문제	① 마늘	② 뿌리	③ 볼기	④ 가시	⑤ 벌레
세 글자 문제	① 노가리	② 다보탑	③ 눈보라	④ 가오리	⑤ 나막신

자주 쓰는 표현말 맞히기

1. 순풍에 돛 단듯
2. 무자식이 상팔자
3. 도랑 치고 가재 잡고
4. 언 발에 오줌 누기
5. 뚝배기보다 장맛이 좋다
6. 첫술에 배부르랴
7. 냉수 마시고 이 쑤시기

우리말의 뜻 맞히기

1. 난색　　　꺼리거나 어려워하는 기색
2. 허섭스레기　좋은 것이 빠지고 난 뒤에 남은 허름한 물건
3. 오붓하다　홀가분하면서 아늑하고 정답다
4. 골탕　　　한꺼번에 되게 당하는 손해나 곤란
5. 북새　　　많은 사람이 야단스럽게 부산을 떨며 법석이는 일

2단계

가로세로 낱말 잇기

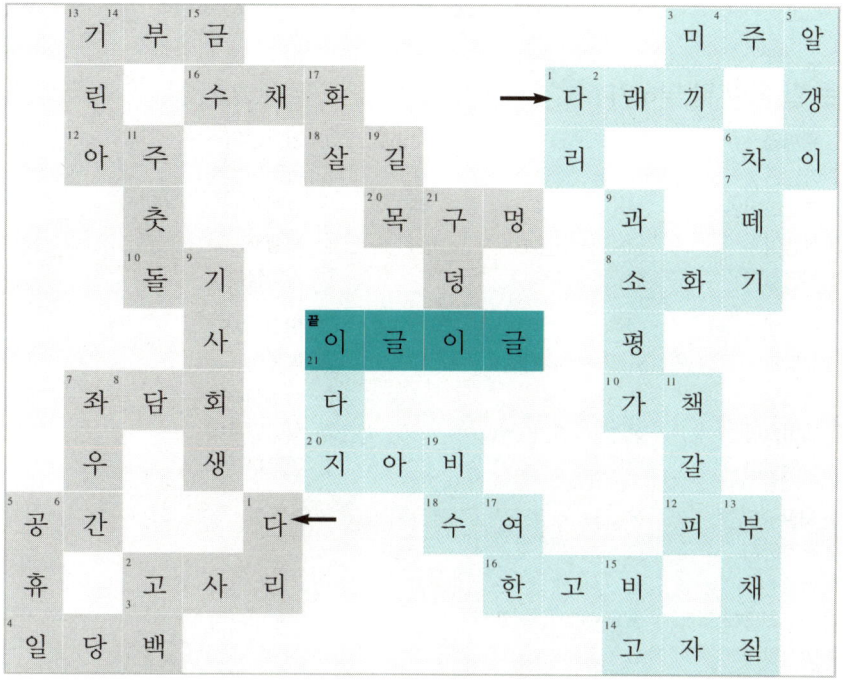

도전! 우리말 달인

1. ② 쌈
   해설 땀: 바느질할 때 실을 꿴 바늘로 한 번 뜬 자국, 또는 실을 꿴 바늘로 한 번 뜬 자국을 세는 단위. / 죽: 옷, 그릇 따위의 열 벌을 묶어 이르는 말.

2. 불어 원서(原書)를 번역하는 회사에 취직하려고 원서(願書)를 냈다.

3.
| 그는 | 일 | 년 | 열두 | 달 | 내내 | 쉴 |
| 새 | 없이 | 열심히 | 일했다. | | | |

   해설 '수'를 적을 적에는 '만' 단위로 띄어 씁니다. '새'는 '사이'의 준말로, '쉬다'와 '사이'는 두 개의 독립적인 낱말이므로 띄어 씁니다.

4. 오지랖

5. 푸념

제3회

1단계

공통 서술어 맞히기

1. 나오다　　2. 정하다　　3. 찌르다　　4. 조이다　　5. 빠지다

맞는 말 틀린 말 맞히기

1. ① 손찌검　　○
   ② 마늘쫑　　✕ → 마늘종
   ③ 오므라이스　○
   ④ 삵괭이　　✕ → 살쾡이
   ⑤ 시답잖다　○

2. ① 암코양이　✕ → 암고양이
   ② 미닫이　　○
   ③ 크레용　　○
   ④ 시뻘개지다　✕ → 시뻘게지다
   ⑤ 얄따랗다　○

3. ① 따끈히　　○
   ② 짜투리　　✕ → 자투리
   ③ 콩트　　　○
   ④ 죄여들다　✕ → 죄어들다
   ⑤ 널찍하다　○

4. ① 머리기사　○
   ② 막동이　　✕ → 막둥이
   ③ 카운셀러　✕ → 카운슬러
   ④ 알아맞추다　✕ → 알아맞히다
   ⑤ 어르다　　○

5. ① 뒷탈　　　✕ → 뒤탈
   ② 수캉아지　○
   ③ 케찹　　　✕ → 케첩
   ④ 쭈구러들다　✕ → 쭈그러들다
   ⑤ 안성맞춤　○

숨은 낱말 맞히기

한 글자 문제	① 물	② 소	③ 좀	④ 꿈	⑤ 감
두 글자 문제	① 유리	② 얼레	③ 미음	④ 미늘	⑤ 낙엽
세 글자 문제	① 연하장	② 까투리	③ 온도계	④ 주사위	⑤ 아리랑

자주 쓰는 표현말 맞히기

1. 천 리 길도 한 걸음부터
2. 손에 잡힐 듯하다
3. 눈에 넣어도 아프지 않다
4. 입에 달고 다니다
5. 시간 가는 줄 모르(모른)다
6. 삼십육계 줄행랑을 놓다
7. 이를 잡듯 뒤지다

우리말의 뜻 맞히기

1. 나비잠　　갓난아이가 두 팔을 머리 위로 벌리고 자는 잠
2. 해미　　　바다 위에 낀 아주 짙은 안개
3. 잠방이　　가랑이가 무릎까지 내려오도록 짧게 만든 홑바지
4. 생게망게　하는 행동이나 말이 갑작스럽고 터무니없는 모양
5. 가다귀　　참나무 따위의 잔가지로 된 땔나무

2단계

가로세로 낱말 잇기

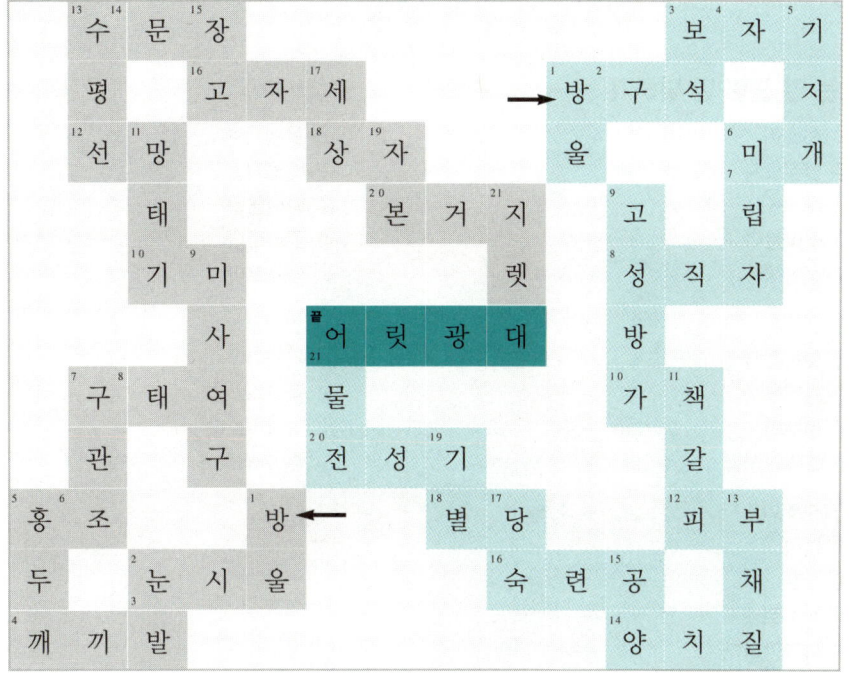

도전! 우리말 달인

1. ④ 기변지교
   해설 때에 따라 쓰는 교묘한 수단.

2. 서울과 오산(烏山)이 가깝다는 생각은 큰 오:산(誤:算)이었다.

3.
형	은		비	밀	이		드	러	날		것	을		걱	정
하	며		안	절	부	절	못	했	다	.					

   해설 '안절부절못하다'는 한 낱말이므로 붙여 써야 합니다.

4. 낙점

5. 와중

제4회

1단계

공통 서술어 맞히기

1. 넘다 2. 복잡하다 3. 굴리다 4. 견디다 5. 날리다

맞는 말 틀린 말 맞히기

1.
① 쇳소리 ○
② 밀짚모자 ○
③ 바게뜨 × → 바게트
④ 들이붇다 × → 들이붓다
⑤ 청녹색 × → 청록색

2.
① 옷섭 × → 옷섶
② 뻐꾸기 ○
③ 바이올린 ○
④ 무찔르다 × → 무찌르다
⑤ 다다르다 ○

3.
① 잔듸 × → 잔디
② 옛스럽다 × → 예스럽다
③ 랑데부 ○
④ 누누이 ○
⑤ 조그만하다 × → 조그마하다

4.
① 인삿말 × → 인사말
② 기꺼이 ○
③ 콤파스 × → 컴퍼스
④ 약삭바르다 × → 약삭빠르다
⑤ 손아래뻘 ○

5.
① 오뚜기 × → 오뚝이
② 덥석 ○
③ 수프 ○
④ 꺼꾸로 × → 거꾸로
⑤ 자그만하다 × → 자그마하다

숨은 낱말 맞히기

한 글자 문제	① 살	② 섬	③ 굿	④ 독	⑤ 움
두 글자 문제	① 호롱	② 마당	③ 대장	④ 골무	⑤ 베개
세 글자 문제	① 비빔밥	② 행진곡	③ 회초리	④ 망부석	⑤ 땅거미

자주 쓰는 표현말 맞히기

1. 촉각을 곤두세우(곤두세운)다
2. 남 좋은 일을 시키(시킨)다
3. 뚱딴지 같은 소리
4. 머리끝에서 발끝까지
5. 잠꼬대 같은 소리
6. 밑져야 본전
7. 메뚜기도 한 철

우리말의 뜻 맞히기

1. 뒤웅박 — 박을 쪼개지 않고 꼭지 근처에 구멍만 뚫어 속을 파낸 바가지
2. 묘령 — 스무 살 안팎의 여자 나이
3. 엔간하다 — 대중으로 보아 정도가 표준에 꽤 가깝다
4. 함초롬하다 — 젖거나 서려 있는 모양이나 상태가 가지런하고 차분하다
5. 민낯 — 화장을 하지 않은 여자의 얼굴

2단계

가로세로 낱말 잇기

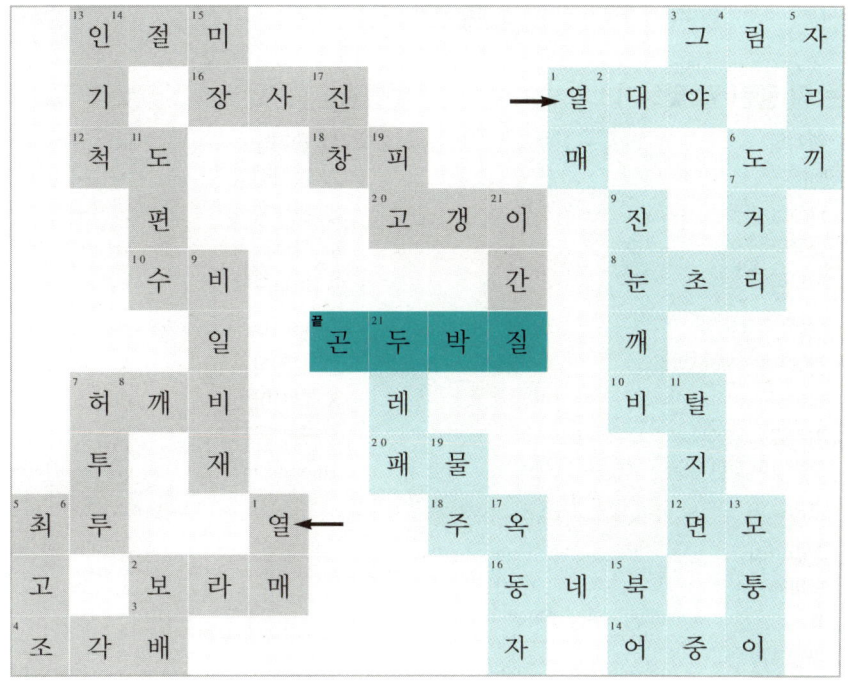

도전! 우리말 달인

1. ② 샅

   해설 아름: 볼을 이루고 있는 살. / 죽지: 팔과 어깨가 이어진 관절의 부분.

2. 오늘 사극 연:기(演:技) 수업을 내일로 연기(延期)했다.

3.
중	학	교		때	의		친	구		네		명	이		우
리		집	에		놀	러		왔	다	.					

   해설 '우리'와 '집'은 두 개의 독립적인 단어이므로 띄어 써야 합니다. 단위를 나타내는 명사는 띄어 써야 합니다.

4. 무진장

5. 거리

제5회

1단계

공통 서술어 맞히기

1. 먹이다   2. 거칠다   3. 넉넉하다   4. 타다   5. 넘어가다

맞는 말 틀린 말 맞히기

1. ① 김치독 × → 김칫독
   ② 백분율 ○
   ③ 카센타 × → 카센터
   ④ 멋쩍다 ○
   ⑤ 오므리다 ○

2. ① 공기밥 × → 공깃밥
   ② 절대절명 × → 절체절명
   ③ 환타지 × → 판타지
   ④ 다소곳이 ○
   ⑤ 불살르다 × → 불사르다

3. ① 뒤통수 ○
   ② 접때 만난 적이 있다 ○
   ③ 캐비넷 × → 캐비닛
   ④ 뙤약볕 ○
   ⑤ 고생에 찌들린 얼굴 × → 고생에 찌든 얼굴

4. ① 벚나무 ○
   ② 알뜰이 × → 알뜰히
   ③ 파자마 ○
   ④ 험상궂다 ○
   ⑤ 울궈먹다 × → 우려먹다

5. ① 맨날   × → 만날
   ② 어리버리 × → 어리바리
   ③ 팡파레 × → 팡파르
   ④ 퓨즈   ○
   ⑤ 가날프다 ○

숨은 낱말 맞히기

한 글자 문제 ① 순 ② 솜 ③ 밀 ④ 날 ⑤ 찜
두 글자 문제 ① 청자 ② 사진 ③ 쟁반 ④ 차례 ⑤ 고수
세 글자 문제 ① 선인장 ② 동치미 ③ 종량제 ④ 구미호 ⑤ 곤룡포

자주 쓰는 표현말 맞히기

1. 아닌 밤중에 홍두깨
2. 엎드려 절 받기
3. 비가 오나 눈이 오나
4. 팔이 안으로 굽는다
5. 나이는 못 속인다
6. 어제 오늘 할 것 없이
7. 주먹을 불끈 쥐(쥔)다

우리말의 뜻 맞히기

1. 얄망궂다   성질이나 태도가 괴상하고 까다로워 얄미운 데가 있다
2. 안갚음   자식이 커서 부모를 봉양하는 일
3. 오롯하다   모자람이 없이 온전하다
4. 부닐다   가까이 따르며 붙임성 있게 굴다
5. 앙세다   몸은 약하여 보여도 힘이 세고 다부지다

2단계

가로세로 낱말 잇기

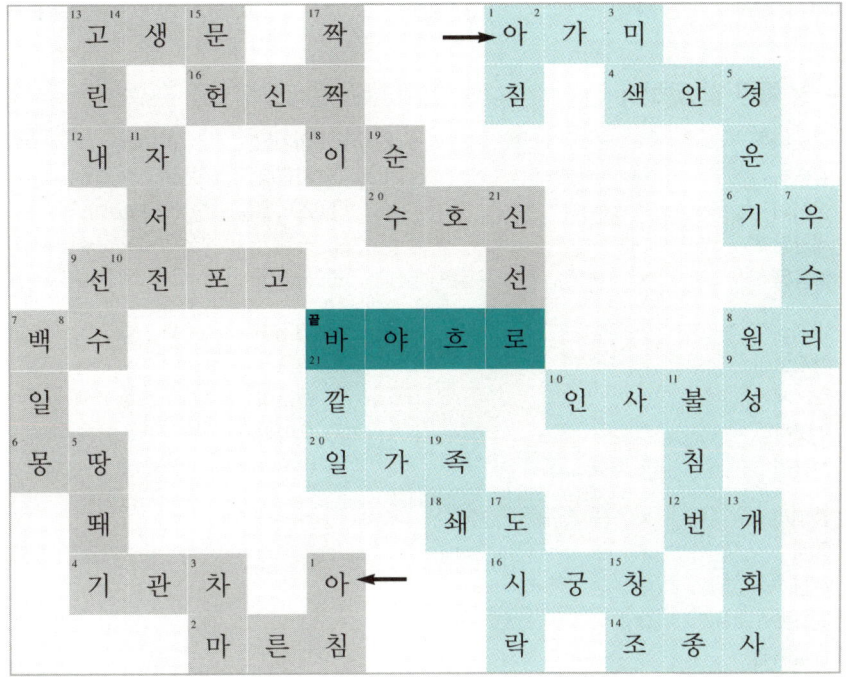

도전! 우리말 달인

1. ① 얼

   해설 기: 활동하는 힘. / 살: 사람을 해치거나 물건을 깨뜨리는 모질고 독한 귀신의 기운.

2. 이번 시사(時事) 문제는 새로운 변화를 시:사(示:唆)하고 있다.

3.
열		명		내 지		스 무		명		안 쪽 의	
사 람 들 을				초 대 할				예 정 이 다	.		

   해설 '내지'는 수량을 나타내는 말들 사이에 쓰여 '얼마에서 얼마까지'를 뜻하는 부사로 앞말과 띄어 써야 합니다.

4. 대책

5. 너울

제6회

1단계

공통 서술어 맞히기

1. 풀리다　　2. 나다　　3. 잔잔하다　　4. 날카롭다　　5. 나서다

맞는 말 틀린 말 맞히기

1. ① 구렛나루　　× → 구레나룻
   ② 깊숙히　　× → 깊숙이
   ③ 심지여　　× → 심지어
   ④ 새카맣다　　○
   ⑤ 발돋음　　× → 발돋움

2. ① 어기짱　　× → 어깃장
   ② 시덥다　　× → 시답다
   ③ 스티로폼　　○
   ④ 상채기　　× → 생채기
   ⑤ 잠뱅이　　× → 잠방이

3. ① 미처　　○
   ② 아지랭이　　× → 아지랑이
   ③ 브러시　　○
   ④ 뚜렷하다　　○
   ⑤ 섯불리　　× → 섣불리

4. ① 현저히　　○
   ② 싹뚝　　× → 싹둑
   ③ 랩소디　　○
   ④ 풋나기　　× → 풋내기
   ⑤ 반짓고리　　× → 반짇고리

5. ① 흔쾌이　　× → 흔쾌히
   ② 통채　　× → 통째
   ③ 쿠션　　○
   ④ 놋그릇　　○
   ⑤ 관심꺼리　　× → 관심거리

숨은 낱말 맞히기

한 글자 문제	① 업	② 숨	③ 갑	④ 쑥	⑤ 꼴
두 글자 문제	① 거울	② 부리	③ 벼루	④ 사주	⑤ 딸기
세 글자 문제	① 장애물	② 꾸러기	③ 고희연	④ 바구니	⑤ 잠꼬대

자주 쓰는 표현말 맞히기

1. 군불에 밥 짓기
2. 문지방이 닳도록 드나들(든)다
3. 꼬리표가 붙다
4. 죽으나 사나
5. 밥이 보약
6. 떼어 놓은 당상
7. 고양이 목에 방울 달기

우리말의 뜻 맞히기

1. 보늬　　밤이나 도토리 따위의 속껍질
2. 연생이　　가냘프고 약하고 보잘것없는 사람이나 물건
3. 부등깃　　갓 태어난 어린 새의 다 자라지 못한 약한 깃
4. 드레지다　　사람의 됨됨이가 가볍지 않고 무게가 있다
5. 재원　　재주가 뛰어난 젊은 여자

2단계

가로세로 낱말 잇기

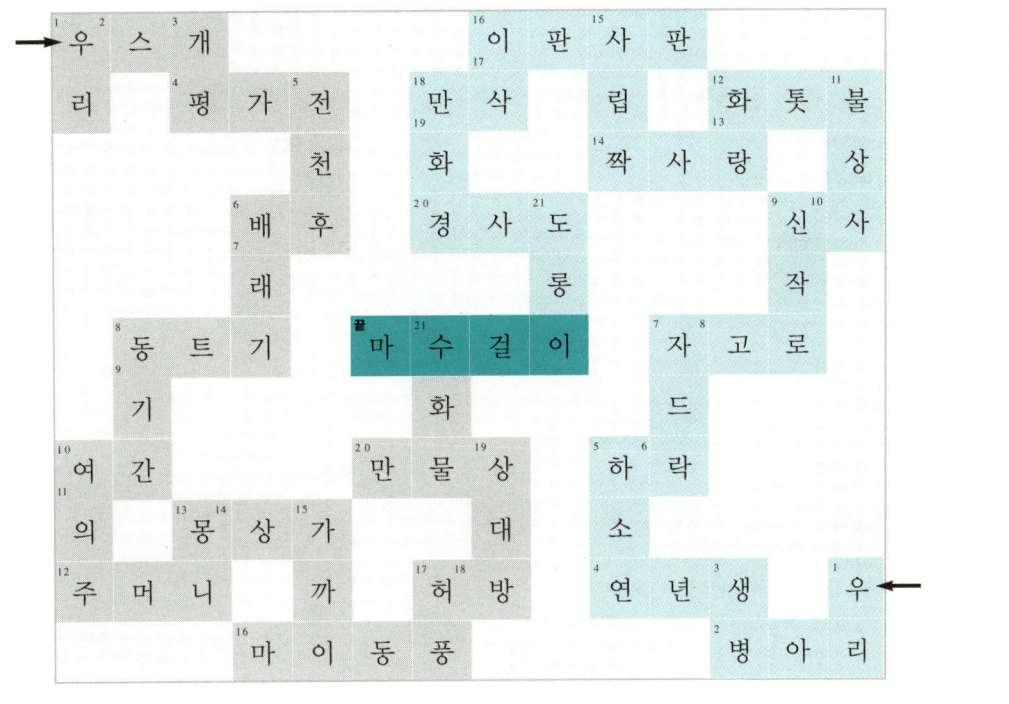

도전! 우리말 달인

1. ② 얌전
   해설 성실: 정성스럽고 참됨. / 정숙: 여자로서 행실이 곧고 마음씨가 맑고 고움.

2. 동:화(童:話) 속 주인공과 동화(同化)되는 느낌이 들었다.

3.
그	는		뜻	밖	의		여	러		가	지		상	황	에
	몸	둘		바	를		몰	랐	다	.					

   해설 '뜻밖'은 한 단어이므로 붙여 써야 합니다. '여러'와 '가지'는 두 개의 독립적인 단어이므로 띄어 써야 합니다.

4. 박차

5. 복마전

제7회

1단계

공통 서술어 맞히기

1. 달래다   2. 감추다   3. 피우다   4. 치르다   5. 차다

맞는 말 틀린 말 맞히기

1. ① 팔뚝 ○
   ② 어슴푸레 ○
   ③ 가디건 × → 카디건
   ④ 시커메지다 ○
   ⑤ 녹슬은 칼 × → 녹슨 칼

2. ① 세수대야 × → 세숫대야
   ② 단호히 ○
   ③ 아나로그 × → 아날로그
   ④ 굽이굽이 ○
   ⑤ 희안하다 × → 희한하다

3. ① 삭바느질 × → 삯바느질
   ② 달달이 × → 다달이
   ③ 엔도르핀 ○
   ④ 노란자위 × → 노른자위
   ⑤ 삼수갑산 ○

4. ① 잇단 사고 ○
   ② 늦동이 × → 늦둥이
   ③ 클라이막스 × → 클라이맥스
   ④ 찻잎 ○
   ⑤ 헌출하다 × → 헌칠하다

5. ① 숙맥 ○
   ② 별의별 생각 ○
   ③ 도너츠 × → 도넛
   ④ 해꼬지 × → 해코지
   ⑤ 옷에 땀이 배이다 × → 옷에 땀이 배다

숨은 낱말 맞히기

한 글자 문제 ① 눈   ② 집   ③ 차   ④ 들   ⑤ 말
두 글자 문제 ① 유채 ② 좁쌀 ③ 올무 ④ 풍경 ⑤ 가락
세 글자 문제 ① 마지기 ② 방망이 ③ 노리개 ④ 올가미 ⑤ 복숭아

자주 쓰는 표현말 맞히기

1. **귀**에 **못**이 **박히**도록
2. **시장**이 **반찬**
3. **하늘**의 **별 따기**
4. **하루**가 **멀다** 하고
5. **물불**을 **가리**지 않는다
6. **밤낮**이 **따로 없다**
7. **소 닭** 보 듯하다

우리말의 뜻 맞히기

1. 잠포록하다   날이 **흐리고 바람기**가 없다
2. 천둥지기   **빗물**에 의하여서만 **벼**를 심어 재배할 수 있는 **논**
3. 발싸심   **팔다리**를 움직이고 **몸**을 비틀면서 비비적대는 짓
4. 거쿨지다   **몸집**이 크고 말이나 하는 짓이 **씩씩**하다
5. 음전하다   말이나 **행동**이 **곱고 우아**하다

2단계

가로세로 낱말 잇기

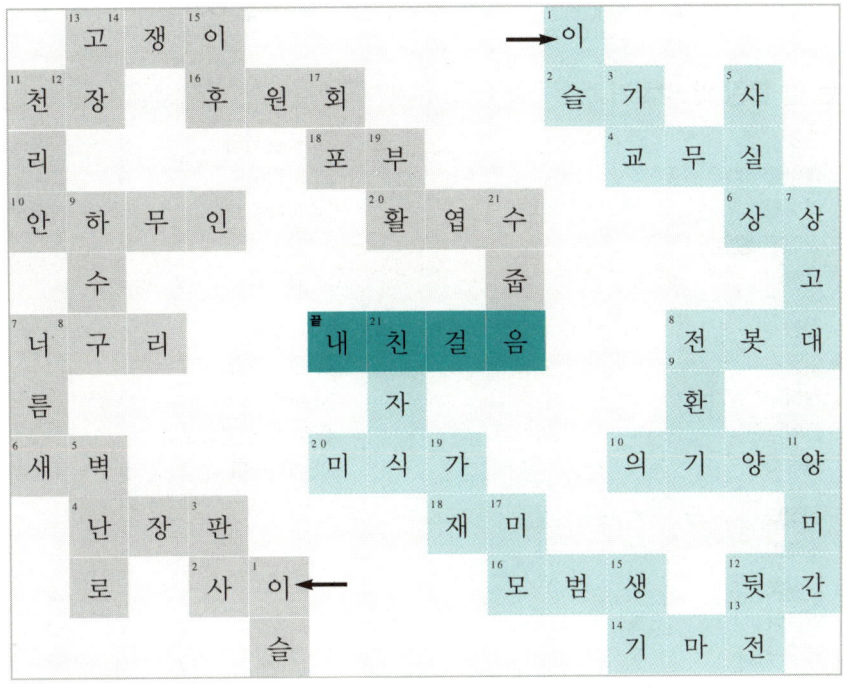

도전! 우리말 달인

1. ① 이랑
   해설 둔덕: 가운데가 솟아서 불룩하게 언덕이 진 곳. / 떼기: 경계를 지어 놓은 논밭의 구획.

2. 중국으로 장기(長期) 출장을 갔다가 장:기(將:棋) 두는 법을 배우게 됐다.

3.

친	구	도		만	날		겸		구	경	도		할		겸
	서	울	에		갔	다	올		생	각	이	다	.		

   해설 '겸'은 두 말을 이어 주거나 열거할 적에 쓰이는 말로 띄어 씁니다.

4. 요지경

5. 짬

제8회

1단계

공통 서술어 맞히기

1. 가다
2. 느끼다
3. 적시다
4. 나가다
5. 건드리다

맞는 말 틀린 말 맞히기

1.
   ① 한갓 O
   ② 몰아붙이다 O
   ③ 라이타 X → 라이터
   ④ 길디긴 행렬 O
   ⑤ 국꺼리 X → 국거리

2.
   ① 웃음꺼리 X → 웃음거리
   ② 완강히 O
   ③ 전자렌지 X → 전자레인지
   ④ 가랭이 X → 가랑이
   ⑤ 뒤처리 O

3.
   ① 장농 X → 장롱
   ② 실낫같다 X → 실낱같다
   ③ 케첩 O
   ④ 진퇴양란 X → 진퇴양난
   ⑤ 깨부시다 X → 깨부수다

4.
   ① 나뭇꾼 X → 나무꾼
   ② 길쭉하다 O
   ③ 뷔페 O
   ④ 담박에 알아보다 X → 단박에 알아보다
   ⑤ 냉냉하다 X → 냉랭하다

5.
   ① 휘젖다 X → 휘젓다
   ② 소복이 O
   ③ 방갈로 O
   ④ 별르다 X → 벼르다
   ⑤ 만의 하나 O

숨은 낱말 맞히기

한 글자 문제   ① 집   ② 발   ③ 침   ④ 담   ⑤ 노
두 글자 문제   ① 모래   ② 여물   ③ 배우   ④ 바늘   ⑤ 수염
세 글자 문제   ① 죽부인   ② 정거장   ③ 꼴뚜기   ④ 철조망   ⑤ 자명종

자주 쓰는 표현말 맞히기

1. **눈**에 **불**을 켜다
2. **부르는** 게 **값**이다
3. **흐르는** 물은 **썩지** 않는다
4. **날개 돋친** 듯 팔린다
5. **발길**이 **떨어지지** 않는다
6. **사흘**이 **멀다** 하고
7. **가슴**에 **손**을 얹다

우리말의 뜻 맞히기

1. 데알다 — **자세히** 모르고 대강 또는 **반쯤**만 알다
2. 설핏하다 — 짜거나 **엮은** 것이 **거칠**고 **성긴** 듯하다
3. 우듬지 — **나무**의 **꼭대기** 줄기
4. 볼가심 — 아주 적은 양의 **음식**으로 **시장기**를 면하는 일
5. 무리꾸럭 — 남의 **빚**이나 **손해**를 대신 **물어** 주는 일

2단계

가로세로 낱말 잇기

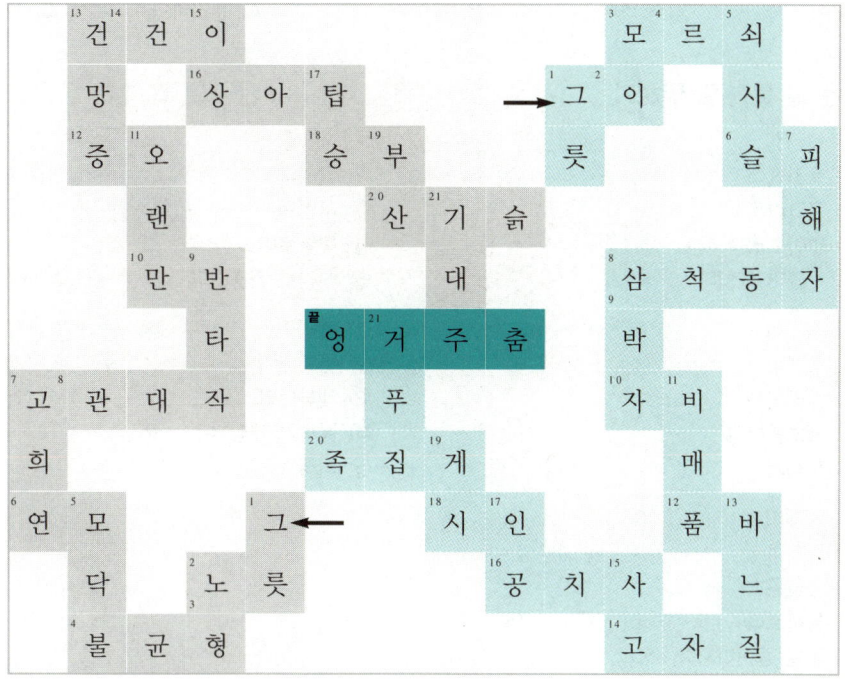

도전! 우리말 달인

1. ② 품
   해설 삯: 일한 데 대한 품값으로 주는 돈이나 물건. / 턱: 좋은 일이 있을 때에 남에게 베푸는 음식 대접.

2. 충청과 경기(京畿) 대표의 결승전 경:기(競:技)가 시작됩니다.

3.
| 집 | 채 | 만 | | 한 | | 파 | 도 | 가 | | 몰 | 려 | 와 | | 큰 |
| 배 | 를 | | 삼 | 키 | 고 | | 지 | 나 | 갔 | 다 | . | | | |

   해설 '만'은 보통 '하다', '못하다'와 함께 쓰여 앞말이 나타내는 대상이나 내용 정도에 달함을 나타내는 보조사이므로 앞말에 붙여 써야 합니다.

4. 아성

5. 너스레

정답 및 해설 | 273

제9회

1단계

공통 서술어 맞히기

1. 고치다　　2. 흐르다　　3. 풀리다　　4. 유지하다　　5. 복잡하다

맞는 말 틀린 말 맞히기

1. ① 단금질　　× → 담금질
   ② 육자백이　× → 육자배기
   ③ 콘크리트　○
   ④ 맞아드리다　× → 맞아들이다
   ⑤ 수없이 되뇌다　○

2. ① 제삿상　× → 제사상
   ② 짤리다　× → 잘리다
   ③ 사인펜　○
   ④ 대수로이　○
   ⑤ 신경을 거스리다　× → 신경을 거스르다

3. ① 족도리　× → 족두리
   ② 조개비　× → 조가비
   ③ 훌라후프　○
   ④ 새초롬하다　× → 새치름하다
   ⑤ 짜집기　× → 짜깁기

4. ① 빼곡이　× → 빼곡히
   ② 얼룩배기　× → 얼룩빼기
   ③ 레파토리　× → 레퍼토리
   ④ 날씨가 개다　○
   ⑤ 되레　○

5. ① 시래기　○
   ② 발자욱　× → 발자국
   ③ 판탈롱　○
   ④ 옳바르다　× → 올바르다
   ⑤ 숨을 들이마시다　○

숨은 낱말 맞히기

한 글자 문제　① 등　② 품　③ 창　④ 궁　⑤ 손
두 글자 문제　① 의자　② 성냥　③ 꼭지　④ 주먹　⑤ 쌈지
세 글자 문제　① 향수병　② 고구마　③ 마침표　④ 붕어빵　⑤ 족집게

자주 쓰는 표현말 맞히기

1. **손가락 하나 까딱** 않다
2. **딴 주머니를 차(찬)**다
3. **쥐구멍**에도 **볕 들 날** 있다
4. **거짓말**을 **밥 먹듯** 하다
5. **선심을 쓰(쓴)**다
6. **손**에 **땀**을 쥐듯
7. **피**도 **눈물**도 없이

우리말의 뜻 맞히기

1. 반지기　　어떤 물건에 **잡것**이 반 이상 **섞인** 것
2. 민틋하다　**울퉁불퉁**한 곳이 없이 **평평(판판)**하고 비스듬하다
3. 진둥한둥　**바쁘**거나 **급**해서 몹시 **서두르**는 모양
4. 도르리　　여러 사람이 **음식**을 차례로 **돌려** 가며 내어 함께 **먹음**
5. 버긋하다　**맞붙은** 곳에 **틈**이 조금 **벌어**져 있다

2단계

가로세로 낱말 잇기

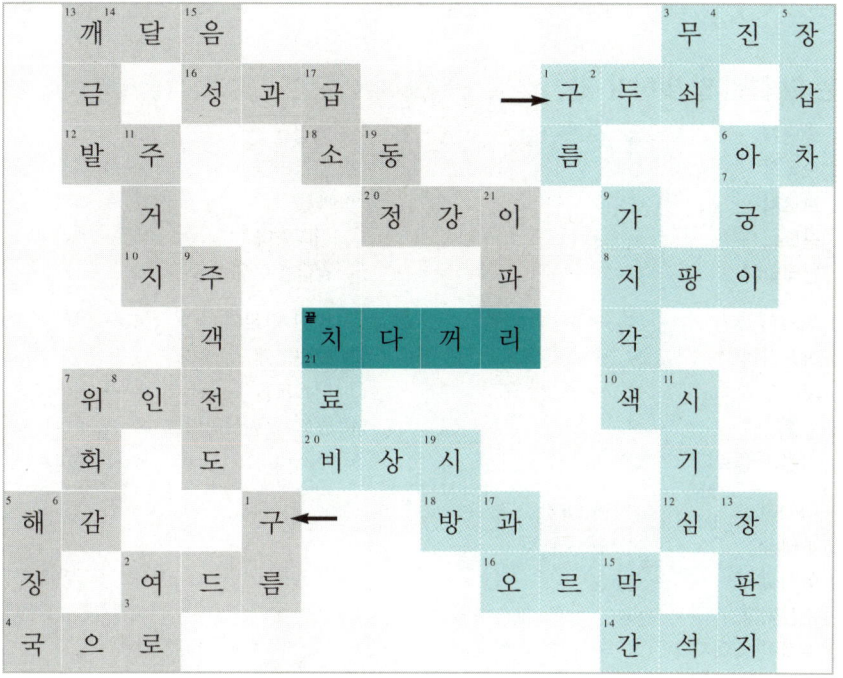

도전! 우리말 달인

1. ③ 단비
   해설 가랑비: 가늘게 내리는 비. / 작달비: 장대처럼 굵고 거세게 좍좍 내리는 비.

2. 나의 장:인(丈:人)은 도공 중에서 최고의 장인(匠人)으로 꼽힌다.

3.

고	향	을		떠	나	온		지		일		년		만	에
	부	모	님	을		찾	아	뵈	었	다	.				

   해설 '지'는 '의존 명사로 앞말과 띄어 씁니다. '찾아뵈다'는 한 단어이므로 붙여 써야 합니다.

4. 관건

5. 솔

제10회

1단계

공통 서술어 맞히기

1. 지키다
2. 피하다
3. 따지다
4. 시원하다
5. 내리다

맞는 말 틀린 말 맞히기

1. ① 뚱단지 × → 뚱딴지
   ② 으름장 ○
   ③ 브로치 ○
   ④ 꽁트 × → 콩트
   ⑤ 난데없다 ○

2. ① 엉겁결 ○
   ② 엇갈리다 × → 엇갈리다
   ③ 캐롤 × → 캐럴
   ④ 길다랗다 × → 기다랗다
   ⑤ 걷잡을 수 없는 불길 ○

3. ① 싸래기 × → 싸라기
   ② 야단법썩 × → 야단법석
   ③ 샤베트 × → 셔벗
   ④ 주춧돌 ○
   ⑤ 서점에 들르다 ○

4. ① 영판 다르다 × → 아주 다르다
   ② 보릿고개 ○
   ③ 데스크탑 × → 데스크톱
   ④ 눈쌀을 찌푸리다 × → 눈살을 찌푸리다
   ⑤ 추스리다 × → 추스르다

5. ① 마땅이 × → 마땅히
   ② 쿠테타 × → 쿠데타
   ③ 아직껏 ○
   ④ 수상쩍다 ○
   ⑤ 갈갈이 찢어지다 × → 갈가리 찢어지다

숨은 낱말 맞히기

한 글자 문제	① 정	② 약	③ 종	④ 손	⑤ 쌈
두 글자 문제	① 미역	② 새우	③ 수건	④ 계피	⑤ 장갑
세 글자 문제	① 구들장	② 초상화	③ 이무기	④ 주근깨	⑤ 굴렁쇠

자주 쓰는 표현말 맞히기

1. 십년 묵은 체증
2. 싼 게 비지떡
3. 울며 겨자 먹기
4. 쥐도 새도 모르게
5. 고생 끝에 낙이 온다
6. 하늘이 두 쪽 나도
7. 십 년이면 강산도 변한다

우리말의 뜻 맞히기

1. 볼멘소리 — 서운하거나 성이 나서 퉁명스럽게 하는 말투
2. 주책 — 일정하게 자리 잡힌 주장이나 판단력
3. 안달 — 속을 태우며 조급하게 구는 짓
4. 볼만장만 — 보기만 하고 간섭하지 아니하는 모양
5. 자릿내 — 오래도록 빨지 아니한 빨랫감에서 나는 쉰 듯한 냄새

2단계

가로세로 낱말 잇기

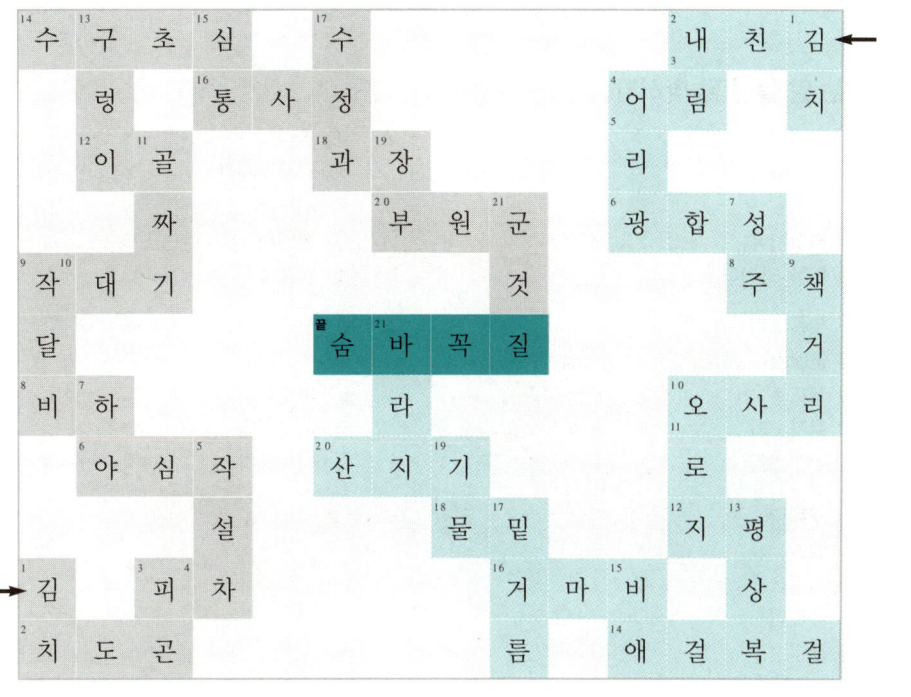

도전! 우리말 달인

1. ③ 빔
   해설 때때옷: 어린아이의 말로, 알록달록하게 곱게 만든 아이의 옷을 이르는 말. / 당의: 여자들이 저고리 위에 덧입는 한복의 하나.

2. 그동안 소원(疏遠)했던 친구들과 만나는 것이 소:원(所:願)이다.

3.
몇		날		며	칠	을		고	민	하	다	가		그	에
게		내		마	음	을		털	어	놓	았	다	.		

   해설 '몇'은 그리 많지 않은 얼마 만큼의 수를 막연하게 이르는 관형사로 띄어 씁니다.

4. 도량

5. 가늠

제11회

1단계

공통 서술어 맞히기

1. 단단하다   2. 쓸쓸하다   3. 올리다   4. 때우다   5. 어둡다

맞는 말 틀린 말 맞히기

1. ① 얼떨결   ○
   ② 시라소니   × → 스라소니
   ③ 깁스   ○
   ④ 부숴지다   × → 부서지다
   ⑤ 불을 댕기다 ○

2. ① 승락   × → 승낙
   ② 엉크러지다 × → 엉클어지다
   ③ 시그날   × → 시그널
   ④ 홀연히   ○
   ⑤ 날갯죽지   ○

3. ① 부릅뜨다   ○
   ② 곱배기   × → 곱빼기
   ③ 레포트   × → 리포트
   ④ 관자노리   × → 관자놀이
   ⑤ 앳띤 얼굴 × → 앳된 얼굴

4. ① 웬간한 사람 × → 웬만한 사람
   ② 수탕나귀   ○
   ③ 미스테리   × → 미스터리
   ④ 어쭙잖다   ○
   ⑤ 나꿔채다   × → 낚아채다

5. ① 구태여   ○
   ② 왠일   × → 웬일
   ③ 커피숍   ○
   ④ 애틋이   ○
   ⑤ 끝발   × → 끗발

숨은 낱말 맞히기

한 글자 문제   ① 빚   ② 꿀   ③ 눈   ④ 먹   ⑤ 땀
두 글자 문제   ① 비녀 ② 염전 ③ 수레 ④ 개미 ⑤ 모자
세 글자 문제   ① 두레박 ② 광한루 ③ 상품권 ④ 청국장 ⑤ 미아리

자주 쓰는 표현말 맞히기

1. 달리는 말에 채찍질
2. 자다가 남의 다리 긁다
3. 듣도 보도 못하다
4. 꼬리에 꼬리를 물(문)다
5. 비행기를 태우(운)다
6. 엉덩이가 무겁다
7. 열 일 제쳐 두다

우리말의 뜻 맞히기

1. 뚝심   굳세게 버티거나 감당하여 내는 힘
2. 감풀   썰물 때에만 드러나 보이는 넓고 평평한 모래 벌판
3. 꺽지다   성격이 억세고 꿋꿋하며 용감하다
4. 헙헙하다 활발하고 융통성이 있으며 대범하다
5. 억짓손   무리하게 억지로 해내는 솜씨

2단계

가로세로 낱말 잇기

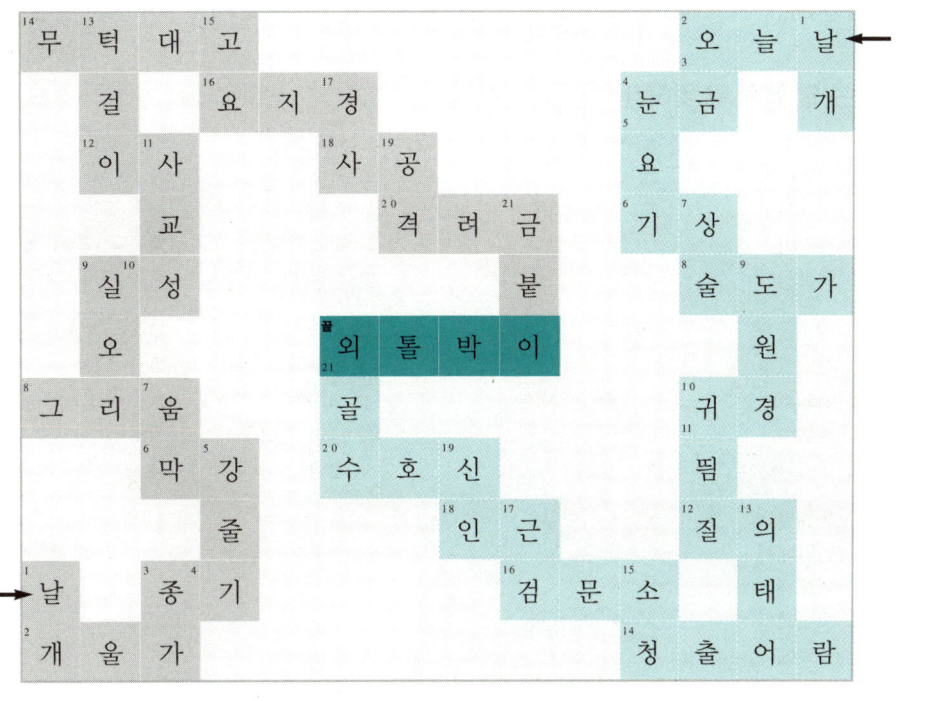

도전! 우리말 달인

1. ① 덩치
   해설 기골: 살과 뼈대를 아울러 이르는 말. / 허우대: 겉으로 드러난 체격.

2. 씨름 장:사 아무개 씨의 아버지는 과일 장사를 하신다.

3.
백		년		동	안		보	관		중	이	던		귀	한
책	을		도	둑	맞	았	다	.							

   해설 '도둑맞다'는 한 단어이므로 붙여 써야 합니다.

4. 주마등

5. 행각

제12회

1단계

공통 서술어 맞히기

1. 쏟아지다   2. 모으다   3. 트이다   4. 살피다   5. 흘리다

맞는 말 틀린 말 맞히기

1. ① 연거퍼 × → 연거푸
   ② 오이소박이 ○
   ③ 나레이터 × → 내레이터
   ④ 끔찍이 ○
   ⑤ 영락없다 ○

2. ① 허드레 ○
   ② 약숫터 × → 약수터
   ③ 히터 ○
   ④ 왁자지껄 × → 왁자지껄
   ⑤ 천정에서 비가 샌다 × → 천장에서 비가 샌다

3. ① 쌀뜨물 ○
   ② 카스텔라 ○
   ③ 애드립 × → 애드리브
   ④ 늦깎이 ○
   ⑤ 옷이 거치장스럽다 × → 옷이 거추장스럽다

4. ① 줄줄이 ○
   ② 두루마기 ○
   ③ 보우트 × → 보트
   ④ 숨이 가쁘다 ○
   ⑤ 줄창 기다리다 × → 줄곧 기다리다

5. ① 빈털털이 × → 빈털터리
   ② 언덕배기 ○
   ③ 내프킨 × → 냅킨
   ④ 깡보리밥 × → 꽁보리밥
   ⑤ 바닥에 널브러지다 ○

숨은 낱말 맞히기

한 글자 문제	① 방	② 춤	③ 굿	④ 난	⑤ 묵
두 글자 문제	① 고치	② 풀무	③ 경찰	④ 고래	⑤ 비누
세 글자 문제	① 순두부	② 곰방대	③ 가락지	④ 소쿠리	⑤ 상아탑

자주 쓰는 표현말 맞히기

1. 얼굴이 홍당무가 되다
2. 입 밖에 내(낸)다
3. 임자를 만나(만난)다
4. 돈방석에 앉다
5. 깨가 쏟아지는 신혼부부
6. 가슴에 맺힌 한
7. 꿈보다 해몽

우리말의 뜻 맞히기

1. 고자누룩하다 — 한참 떠들썩하다가 조용해지다
2. 칠흑 — 옻칠처럼 검고 광택이 있는 빛깔
3. 아리잠직하다 — 키가 작고 모습이 얌전하며 어린 티가 있다
4. 삭정이 — 살아 있는 나무에 붙어 있는 말라 죽은 가지
5. 휘휘하다 — 무서운 느낌이 들 정도로 고요하고 쓸쓸하다

2단계

가로세로 낱말 잇기

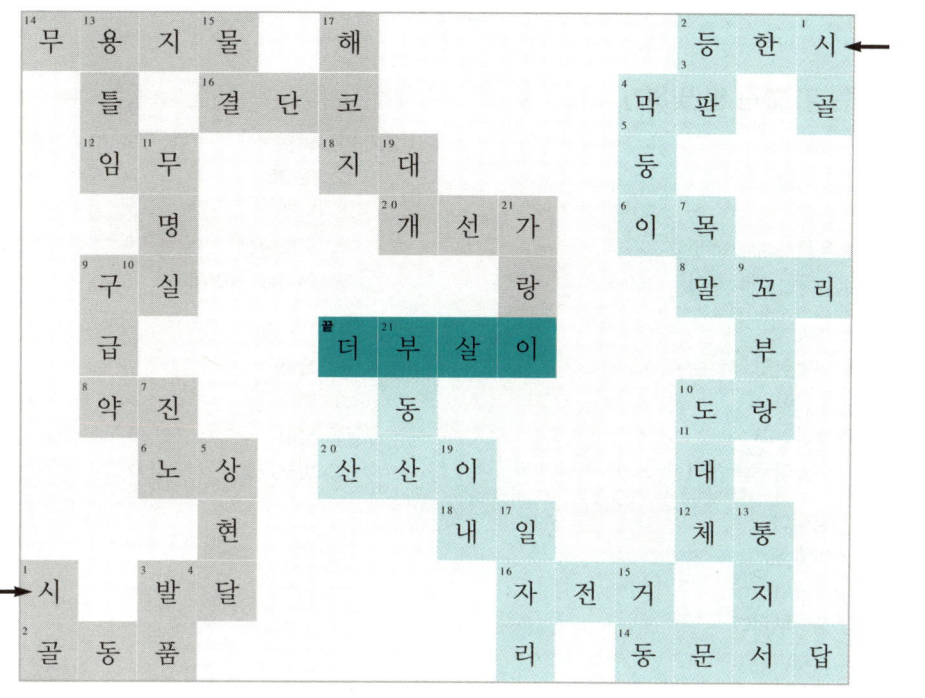

도전! 우리말 달인

1. ② 가래

   [해설] 타래: 사리어 뭉쳐 놓은 실이나 노끈 따위의 뭉치. / 사리: 국수, 새끼, 실 따위를 둥그렇게 포개어 감은 뭉치.

2. 이번에 이사한 새집의 처마 밑에 새:집이 있었다.

3.
어	머	니	는		스	물	한		살	에		아	버	지	께
	시	집	오	셨	다	고		한	다	.					

   [해설] '수를 적을 적에는 '만' 단위로 띄어 씁니다. '시집오다'는 한 단어이므로 붙여 써야 합니다.

4. 곤죽

5. 굴지

제13회

1단계

공통 서술어 맞히기

1. 무너지다　　2. 지키다　　3. 통하다　　4. 부르다　　5. 펼치다

맞는 말 틀린 말 맞히기

1. ① 숫돼지　　× → 수퇘지
   ② 끄나풀　　○
   ③ 알콜　　× → 알코올
   ④ 무릅쓰다　　○
   ⑤ 얼굴을 내비추다　　× → 얼굴을 내비치다

2. ① 망둥어　　× → 망둥이
   ② 또렷히　　× → 또렷이
   ③ 자켓　　× → 재킷
   ④ 오도방정　　× → 오두방정
   ⑤ 먼지를 떨어내다　　○

3. ① 넷째　　○
   ② 뉘엇뉘엇　　× → 뉘엿뉘엿
   ③ 싸이렌　　× → 사이렌
   ④ 샛파랗다　　× → 새파랗다
   ⑤ 예절이 깎듯하다　　× → 예절이 깍듯하다

4. ① 무난이　　× → 무난히
   ② 줄곧　　○
   ③ 벨브　　× → 밸브
   ④ 냅따　　× → 냅다
   ⑤ 옆구리를 간지르다　　× → 옆구리를 간질이다

5. ① 큼직이　　○
   ② 너댓 명　　× → 네댓 명
   ③ 침팬치　　× → 침팬지
   ④ 쏘아부치다　　× → 쏘아붙이다
   ⑤ 칼치　　× → 갈치

숨은 낱말 맞히기

한 글자 문제	① 팥	② 분	③ 칡	④ 곰	⑤ 짚
두 글자 문제	① 썰매	② 투호	③ 이끼	④ 신화	⑤ 꼬리
세 글자 문제	① 휘파람	② 진달래	③ 지팡이	④ 백사장	⑤ 고드름

자주 쓰는 표현말 맞히기

1. 눈 가리고 아웅
2. 속 빈 강정
3. 어 다르고 아 다르다
4. 고양이 쥐 생각
5. 누이 좋고 매부 좋다
6. 마른 하늘에 날벼락
7. 말 속에 뼈가 있다

우리말의 뜻 맞히기

1. 옴팡지다 — 아주 심하거나 지독한 데가 있다
2. 매나니 — 무슨 일을 할 때 아무 도구도 가지지 않은 맨손
3. 볼멘소리 — 서운하거나 성이 나서 퉁명스럽게 하는 말투
4. 등걸잠 — 옷을 입은 채 아무것도 덮지 아니하고 아무 데나 쓰러져 자는 잠
5. 따지기때 — 초봄에 얼었던 흙이 풀리려고 하는 때

2단계

가로세로 낱말 잇기

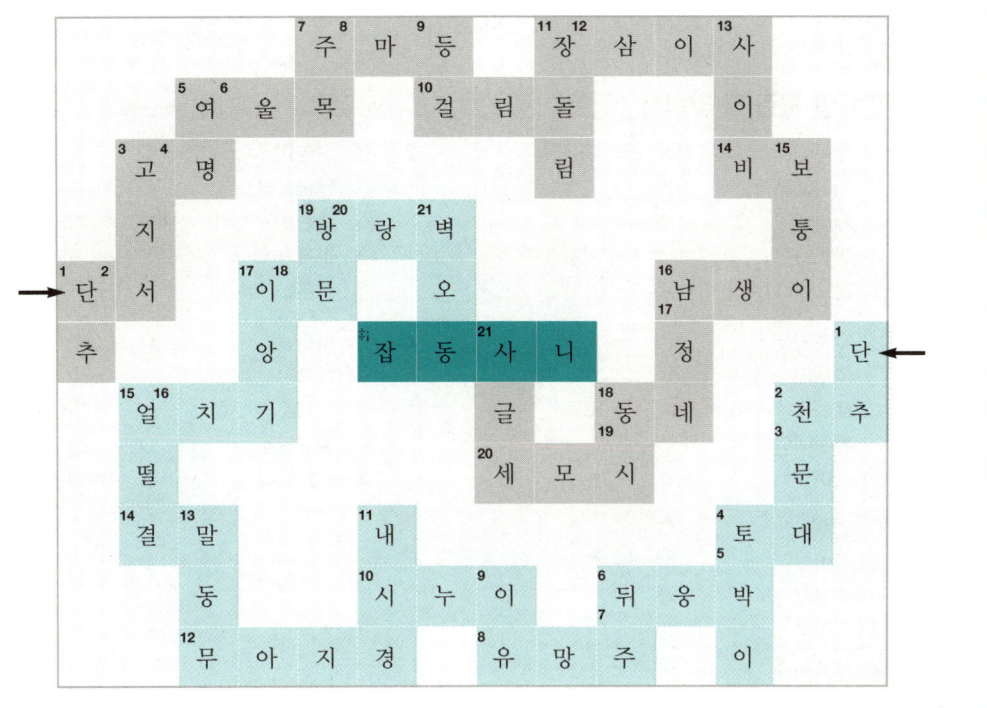

도전! 우리말 달인

1. ② 손때
   해설 손길: 돌보아 주거나 도와주는 일. / 손맛: 손으로 만져 보아 느끼는 느낌.

2. 섬세한 사람이 유리(琉璃) 공예를 하는 데 더 유:리(有:利)하다.

3.
| 작 | 년 | | 이 | 맘 | 때 | 에 | 는 | | 삼 | 십 | | 권 | 짜 | 리 |
| 사 | 전 | 을 | | 선 | 물 | 로 | | 받 | 았 | 었 | 다 | . | | |

   해설 '이맘때'는 '이만큼 된 때'를 가리키는 한 단어이므로 붙여 씁니다. '짜리'는 '그만한 수나 양을 가진 것'을 나타내는 접미사로 앞말과 붙여 씁니다.

4. 보람

5. 서슬

제14회

1단계

공통 서술어 맞히기

1. 급하다   2. 세우다   3. 그치다   4. 깨지다   5. 채우다

맞는 말 틀린 말 맞히기

1.
   ① 줄무니 × → 줄무늬
   ② 기어올르다 × → 기어오르다
   ③ 캐러멜 ○
   ④ 미류나무 × → 미루나무
   ⑤ 곤혹을 치르다 × → 곤욕을 치르다

2.
   ① 드높이 ○
   ② 단칸살림 ○
   ③ 탤런트 ○
   ④ 젖가락 × → 젓가락
   ⑤ 커튼을 제치다 × → 커튼을 젖히다

3.
   ① 후추가루 × → 후춧가루
   ② 깍두기 ○
   ③ 로보트 × → 로봇
   ④ 혼쭐내다 ○
   ⑤ 다이얼 ○

4.
   ① 나흘날 ○
   ② 살고기 × → 살코기
   ③ 메세지 × 메시지
   ④ 일고여덟 ○
   ⑤ 푸르르다 × 푸르다

5.
   ① 볍씨 ○
   ② 빤이 × → 빤히
   ③ 콩쿠르 ○
   ④ 나일론 ○
   ⑤ 불쏘시게 × → 불쏘시개

숨은 낱말 맞히기

한 글자 문제	① 줌	② 달	③ 자	④ 길	⑤ 색
두 글자 문제	① 방석	② 안개	③ 장사	④ 감독	⑤ 처녀
세 글자 문제	① 뚝배기	② 다시마	③ 방명록	④ 인당수	⑤ 방앗간

자주 쓰는 표현말 맞히기

1. 눈도 깜짝 안 하다
2. 지척이 천 리라
3. 넘어진 김에 쉬어 간다
4. 초를 다투(툰)다
5. 빠져나갈 구멍이 없다
6. 두말할 나위가 없다
7. 우는 아이 젖 준(주)다

우리말의 뜻 맞히기

1. 눙치다 — 좋은 말로 마음을 풀어 누그러지게 하다
2. 토렴 — 밥이나 국수에 뜨거운 국물을 부었다 따랐다 하여 덥게 함
3. 매조지다 — 일의 끝을 단단히 단속하여 마무리하다
4. 구순하다 — 서로 사귀거나 지내는 데 사이가 좋아 화목하다
5. 볼썽 — 남에게 보이는 체면이나 태도

2단계

가로세로 낱말 잇기

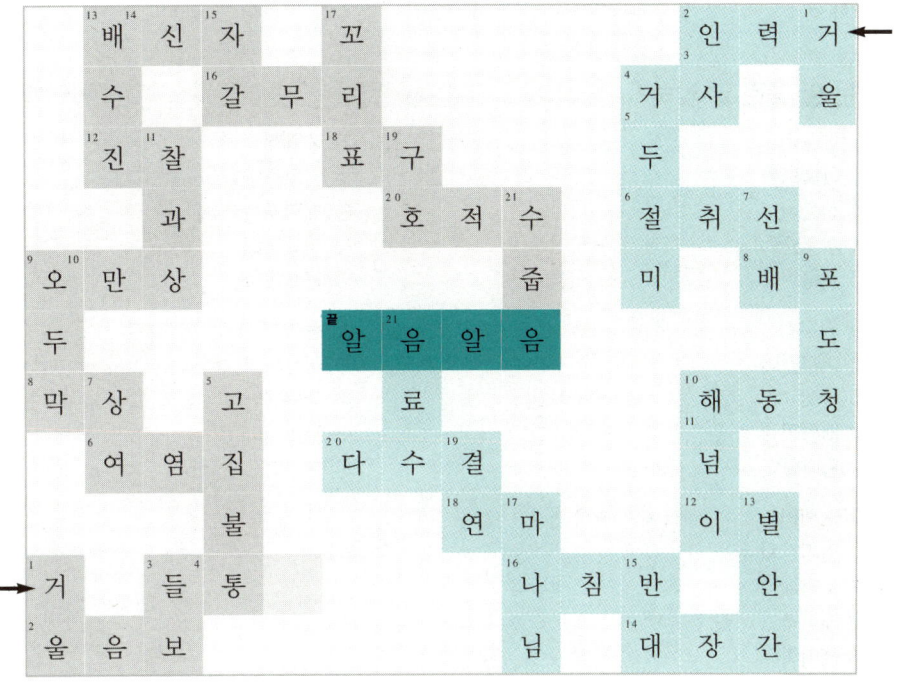

도전! 우리말 달인

1. ② 반색
   해설 정색: 얼굴에 엄정한 빛을 나타냄. 또는 그런 얼굴빛. / 생색: 다른 사람 앞에 당당히 나설 수 있거나 자랑할 수 있는 체면.

2. 쌀 다섯 가마를 팔아 가:마 한 채와 바꾸었다.

3.
집	에		열	쇠	를		두	고		와	서		밖	에	서
	한		시	간	여	를		기	다	렸	다	.			

   해설 '두다'와 '오다'는 두 개의 독립적인 낱말이므로 띄어 써야 합니다. '여'는 '그 수를 넘음'의 뜻을 더하는 접미사로 앞말과 붙여 써야 합니다.

4. 멍에

5. 동티

제15회

1단계

공통 서술어 맞히기
1. 떠나다　　2. 엇갈리다　　3. 바꾸다　　4. 다지다　　5. 만나다

맞는 말 틀린 말 맞히기
1. ① 애숭이　　× → 애송이
   ② 아름드리　　○
   ③ 심볼　　× → 심벌
   ④ 하옇튼　　× → 하여튼
   ⑤ 헛물키다　　× → 헛물커다

2. ① 가게부　　× → 가계부
   ② 남다르다　　○
   ③ 패키지　　○
   ④ 너그러히　　× → 너그러이
   ⑤ 움츠리다　　○

3. ① 인두겁　　○
   ② 어지간이　　× → 어지간히
   ③ 타겟　　× → 타깃
   ④ 배짱이　　× → 베짱이
   ⑤ 좁다랗다　　○

4. ① 촘촘히　　○
   ② 어렵싸리　　× → 어렵사리
   ③ 다큐멘터리　　○
   ④ 부비대다　　× → 비비대다
   ⑤ 본따다　　× → 본뜨다

5. ① 오랫만　　× → 오랜만
   ② 일찌감치　　○
   ③ 로얄제리　　× → 로열젤리
   ④ 개피떡　　○
   ⑤ 헤매이다　　× → 헤매다

숨은 낱말 맞히기
한 글자 문제　① 당　② 적　③ 징　④ 섶　⑤ 잔
두 글자 문제　① 방울　② 동정　③ 도마　④ 암초　⑤ 액자
세 글자 문제　① 하르방　② 번데기　③ 깜빡이　④ 느림보　⑤ 개나리

자주 쓰는 표현말 맞히기
1. 콧대를 꺾다
2. 떠오르는 샛별
3. 손끝이 여물(야물)다
4. 약방의 감초
5. 엿장수 마음대로
6. 삼단 같은 머릿결
7. 꾸어다 놓은 보릿자루

우리말의 뜻 맞히기
1. 함함하다　　털이 보드랍고 반지르르(번지르르)하다
2. 새되다　　목소리가 높고 날카롭다
3. 온새미　　가르거나 쪼개지(짜개지) 아니한 생긴 그대로의 상태
4. 썰썰하다　　속이 빈 것처럼 시장한 느낌이 있다
5. 너덜겅　　돌이 많이 흩어져 있는 비탈

2단계

가로세로 낱말 잇기

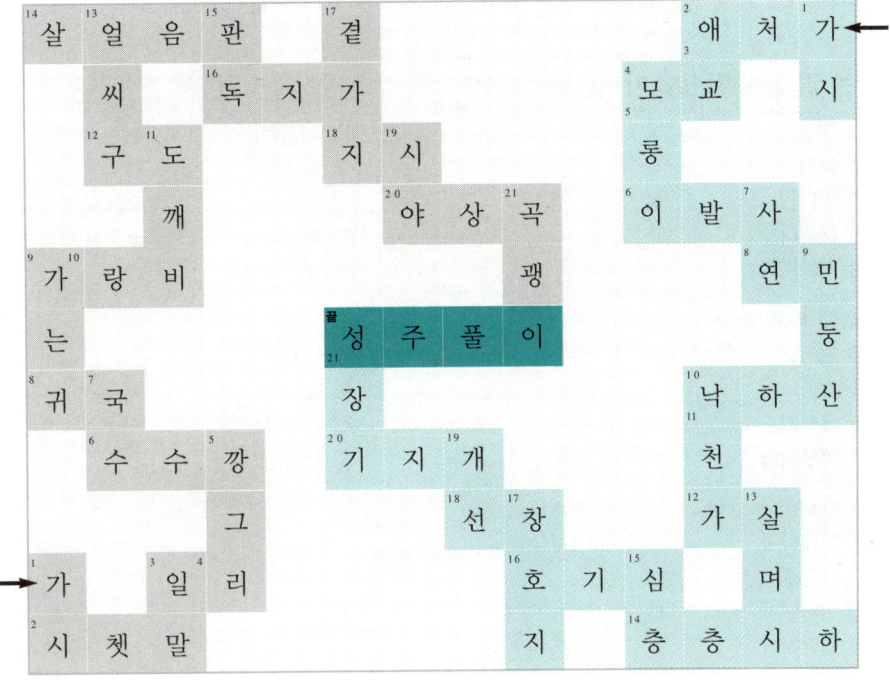

도전! 우리말 달인

1. ③ 가늠

    해설 추리: 알고 있는 것을 바탕으로 알지 못하는 것을 미루어서 생각함. / 오산: 추측이나 예상을 잘못함.

2. 누나는 성ː화(聖ː火) 봉송을 보러 가자고 성화(成火)를 했다.

3.

주	말		내	내		책	을		한		권	도		보	지
않	고		놀	고	먹	으	며		지	냈	다	.			

   해설 단위를 나타내는 명사는 띄어 써야 합니다. '놀고먹다'는 한 단어이므로 붙여 써야 합니다.

4. 형극

5. 가탈

제16회

1단계

공통 서술어 맞히기

1. 가리다   2. 마르다   3. 상하다   4. 노리다   5. 제시하다

맞는 말 틀린 말 맞히기

1. ① 어쨋든 × → 어쨌든
   ② 쐐기 ○
   ③ 인디안 × → 인디언
   ④ 해묵다 ○
   ⑤ 억눌르다 × → 억누르다

2. ① 발굼치 × → 발꿈치
   ② 느림보 ○
   ③ 알미늄 × → 알루미늄
   ④ 띠엄띠엄 × → 띄엄띄엄
   ⑤ 짓무르다 ○

3. ① 깔대기 × → 깔때기
   ② 왼종일 × → 온종일
   ③ 쇼파 × → 소파
   ④ 금뺏지 × → 금배지
   ⑤ 깨부시다 × → 깨부수다

4. ① 곗날 ○
   ② 육개장 ○
   ③ 레이다 × → 레이더
   ④ 홀홀단신 × → 혈혈단신
   ⑤ 새침데기 ○

5. ① 수북히 × → 수북이
   ② 끄내다 × → 꺼내다
   ③ 몽타주 ○
   ④ 이튿날 ○
   ⑤ 짭잘하다 × → 짭짤하다

숨은 낱말 맞히기

한 글자 문제	① 숯	② 양	③ 칼	④ 쇠	⑤ 탈
두 글자 문제	① 아귀	② 고물	③ 소금	④ 나팔	⑤ 갈채
세 글자 문제	① 전망대	② 막국수	③ 월계관	④ 북극성	⑤ 바가지

자주 쓰는 표현말 맞히기

1. 우물 안 개구리
2. 실낱 같은 희망
3. 옷이 날개다
4. 돈을 물 쓰듯 하다
5. 한 입으로 두 말 하다
6. 서울 가서 김 서방 찾는다
7. 목이 빠지게 기다리다

우리말의 뜻 맞히기

1. 모지랑이   오래 써서 끝이 닳아 떨어진 물건
2. 도사리   다 익지 못한 채로 떨어진 과일
3. 곰비임비   물건이 거듭 쌓이거나 일이 계속 일어남
4. 봉창하다   물건을 몰래 모아서 감추어 두다
5. 불목   온돌방 아랫목의 가장 따뜻한 자리

2단계

가로세로 낱말 잇기

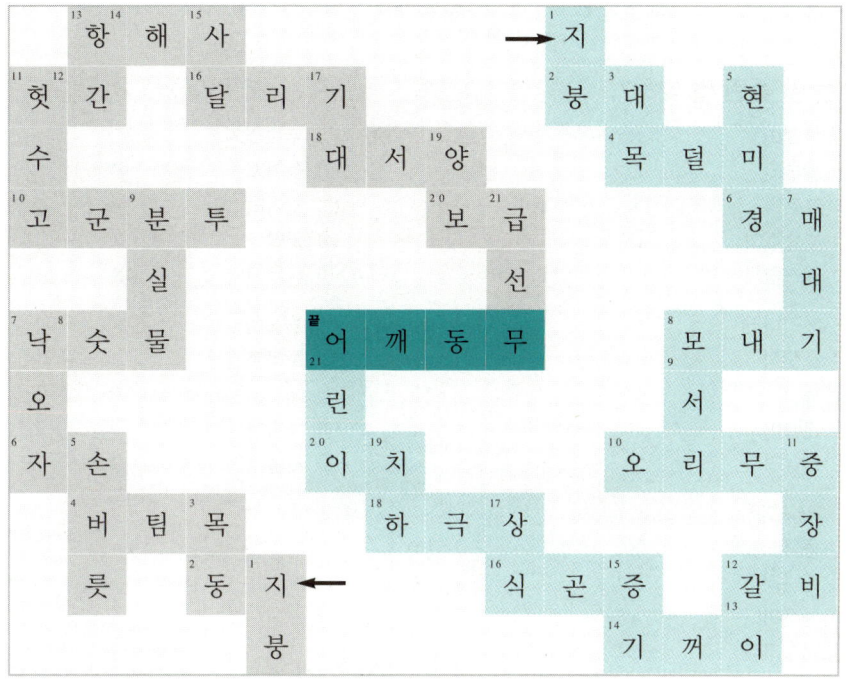

도전! 우리말 달인

1. ① 삭신
   해설 힘살: 근육 / 등골: 등 한가운데로 길게 고랑이 진 곳

2. 철수네 모:자(母:子)가 똑같이 쓴 빨간색 모자(帽子)가 눈에 확 띈다.

3.

눈		내	린		설	악	산	의		모	습	은		마	치
	한		폭	의		동	양	화		같	았	다	.		

해설 '폭'은 그림, 족자 따위를 세는 단위로, 단위를 나타내는 명사는 띄어 써야 합니다.

4. 정곡
5. 국수

제17회

1단계

공통 서술어 맞히기

1. 멈추다
2. 내밀다
3. 토하다
4. 달콤하다
5. 따갑다

맞는 말 틀린 말 맞히기

1. ① 통털어 × → 통틀어
   ② 돌부리 ○
   ③ 크로바 × → 클로버
   ④ 부르주아 ○
   ⑤ 안스럽다 × → 안쓰럽다

2. ① 두드러기 ○
   ② 설거지 ○
   ③ 알카리 × → 알칼리
   ④ 끝발 × → 끗발
   ⑤ 나무래다 × → 나무라다

3. ① 부리나케 ○
   ② 소싯적 ○
   ③ 세팅 ○
   ④ 넌덜이 × → 넌더리
   ⑤ 쪼달리다 × → 쪼들리다

4. ① 뒷풀이 × → 뒤풀이
   ② 하마트면 × → 하마터면
   ③ 배드민턴 ○
   ④ 눅눅하다 ○
   ⑤ 서울내기 ○

5. ① 치다꺼리 ○
   ② 웅큼 × → 움큼
   ③ 매니저 ○
   ④ 들석이다 × → 들썩이다
   ⑤ 접질리다 ○

숨은 낱말 맞히기

한 글자 문제	① 촉	② 철	③ 창	④ 코	⑤ 싹
두 글자 문제	① 지게	② 포수	③ 부럼	④ 강정	⑤ 향수
세 글자 문제	① 미리내	② 백설기	③ 보신각	④ 적십자	⑤ 표지판

자주 쓰는 표현말 맞히기

1. 나 몰라라 하다
2. 가슴에 멍이 들(든)다
3. 맥을 못 추(춘)다
4. 배꼽이 빠지(진)다
5. 입맛을 다시(신)다
6. 하나를 가르치면 열을 안(알)다
7. 어금니를 악물(악문)다

우리말의 뜻 맞히기

1. 게염 — 부러워하며 시샘하여 탐내는 마음
2. 늦사리 — 제철보다 늦게 농작물을 수확하는 일
3. 말머리아이 — 결혼한 뒤에 곧바로 배서 낳은 아이
4. 고래실 — 바닥이 깊고 물길이 좋아 기름진 논
5. 더펄이 — 성미가 침착하지 못하고 덜렁대는 사람

2단계

가로세로 낱말 잇기

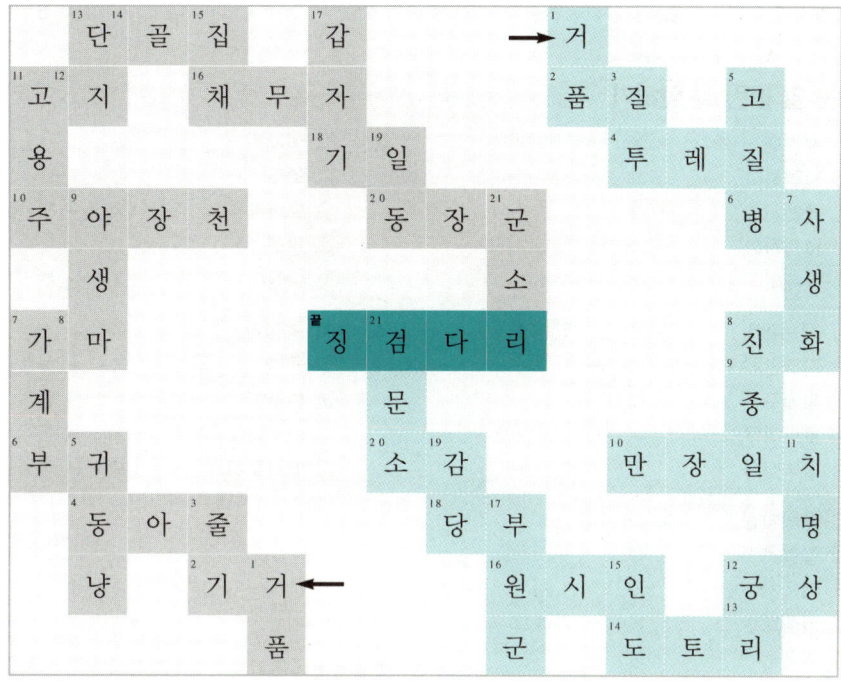

도전! 우리말 달인

1. ② 넉살
   해설 익살: 남을 웃기려고 일부러 하는 말이나 몸짓. / 너스레: 수다스럽게 떠벌려 늘어놓는 말이나 짓.

2. 친구에게 사:과(謝:過)의 뜻으로 사과(沙果) 한 상자를 선물했다.

3.
올	해	에	는		무	슨		일	이		있	어	도		살
을		빼	겠	다	고		마	음	먹	었	다	.			

   해설 '올해'는 한 낱말이므로 붙여 써야 합니다. '마음먹다'도 한 낱말이므로 붙여 써야 합니다.

4. 기별

5. 터울

제18회

1단계

공통 서술어 맞히기

1. 하늘거리다 2. 달래다 3. 걸리다 4. 나누다 5. 매달리다

맞는 말 틀린 말 맞히기

1. ① 사뿐이 × → 사뿐히
   ② 지리하다 × → 지루하다
   ③ 플래시 ○
   ④ 넓쩍하다 × → 넓적하다
   ⑤ 쑤세미 × → 수세미

2. ① 이제껏 ○
   ② 쑥갓 ○
   ③ 모짜르트 × → 모차르트
   ④ 켤레 ○
   ⑤ 뒤짚다 × → 뒤집다

3. ① 진눈개비 × → 진눈깨비
   ② 자그만치 × → 자그마치
   ③ 피에로 ○
   ④ 호도나무 × → 호두나무
   ⑤ 울부짖다 ○

4. ① 족집게 ○
   ② 들녁 × → 들녘
   ③ 튜울립 × → 튤립
   ④ 메꾸다 × → 메우다
   ⑤ 따사로히 × → 따사로이

5. ① 풍비박산 ○
   ② 잘잘못 ○
   ③ 지프차 ○
   ④ 카셋트 × → 카세트
   ⑤ 칠흙 × → 칠흑

숨은 낱말 맞히기

한 글자 문제 ① 키   ② 통   ③ 결   ④ 줄   ⑤ 떡
두 글자 문제 ① 난로 ② 잔치 ③ 전복 ④ 피리 ⑤ 메주
세 글자 문제 ① 동동주 ② 고령토 ③ 목도리 ④ 대보름 ⑤ 기숙사

자주 쓰는 표현말 맞히기

1. 직성이 풀리(풀린)다
2. 귀 빠진 날
3. 무소식이 희소식
4. 돼지 목에 진주 목걸이
5. 누워서 침 뱉기
6. 원님 덕에 나팔 분다
7. 굿이나 보고 떡이나 먹지

우리말의 뜻 맞히기

1. 매시근하다 기운이 없고 나른하다
2. 입찬소리   자기의 지위나 능력을 믿고 지나치게 장담하는 말
3. 짬짜미   남모르게 자기들끼리만 짜고 하는 약속이나 수작
4. 얼렁장사   여러 사람이 밑천을 모아서 하는 장사
5. 울짱   말뚝 따위를 죽 잇따라 박아 만든 울타리

2단계

가로세로 낱말 잇기

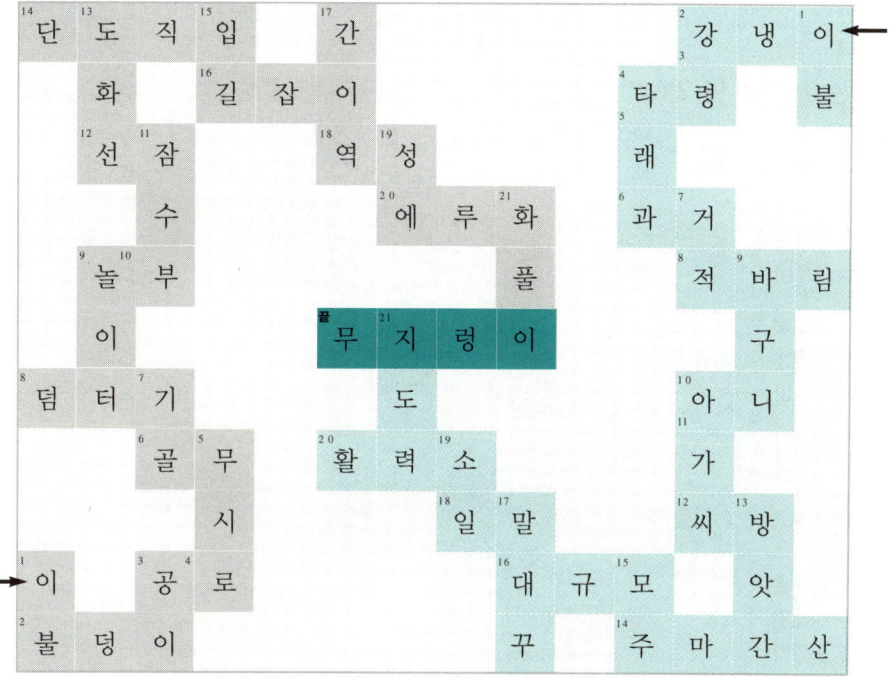

도전! 우리말 달인

1. ② 영문
   해설 결말: 어떤 일이 마무리되는 끝. / 추정: 추측하여 판정함.

2. 누나는 자기(自己)가 직접 만든 흰색 자:기(磁:器)를 깨뜨렸다.

3.
오		일		동	안		밀	린		일	을		하	느	라
	밥		먹	을		시	간	도		없	었	다	.		

   해설 수효를 나타내는 '개년, 개월, 일(간), 시간' 등은 띄어 씁니다.

4. 주접

5. 구실

제19회

1단계

공통 서술어 맞히기

1. 끊기다　　2. 돌아가다　　3. 파고들다　　4. 들추다　　5. 흐리다

맞는 말 틀린 말 맞히기

1. ① 강남콩　×　→ 강낭콩
   ② 땟깔　×　→ 때깔
   ③ 키타　×　→ 기타
   ④ 송두리째　○
   ⑤ 더욱이　○

2. ① 한낱　○
   ② 널판지　×　→ 널빤지
   ③ 플랫폼　○
   ④ 각별이　×　→ 각별히
   ⑤ 밋밋하다　○

3. ① 비로서　×　→ 비로소
   ② 팔베개　○
   ③ 멀티비젼　×　→ 멀티비전
   ④ 담쟁이　○
   ⑤ 기여코　×　→ 기어코

4. ① 설농탕　×　→ 설렁탕
   ② 빨랫줄　○
   ③ 쌀푸대　×　→ 쌀부대
   ④ 로터리　○
   ⑤ 찰라　×　→ 찰나

5. ① 모밀　×　→ 메밀
   ② 행가래　×　→ 헹가래
   ③ 시애틀　○
   ④ 여태것　×　→ 여태껏
   ⑤ 졸립다　×　→ 졸리다

숨은 낱말 맞히기

한 글자 문제	① 뽕	② 짝	③ 꽃	④ 올	⑤ 발
두 글자 문제	① 치마	② 대패	③ 마개	④ 누룩	⑤ 냄비
세 글자 문제	① 오자미	② 기러기	③ 강아지	④ 오작교	⑤ 꼬투리

자주 쓰는 표현말 맞히기

1. 하늘을 지붕 삼다
2. 둘째가라면 서럽다
3. 입이 딱(떡) 벌어지다
4. 뿌리를 뽑다
5. 마음에 없는 소리
6. 찬물을 끼얹다
7. 제집 드나들듯

우리말의 뜻 맞히기

1. 굼슬겁다　　성질이 보기보다 너그럽고 부드럽다
2. 살품　　옷과 가슴 사이에 생기는 빈 틈
3. 언죽번죽　　부끄러워하는 기색이 조금도 없고 비위가 좋아 뻔뻔한 모양
4. 난색　　꺼리거나 어려워하는 기색
5. 기염　　불꽃처럼 대단한 기세

2단계

가로세로 낱말 잇기

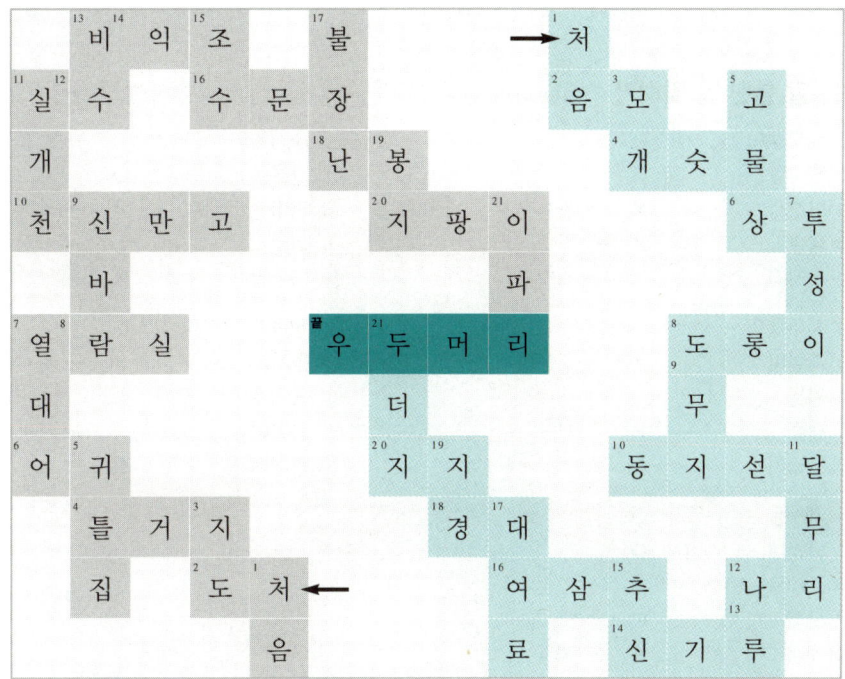

도전! 우리말 달인

1. ① 터럭
   해설 티: 먼지처럼 아주 잔 부스러기. / 나룻: 성숙한 남자의 입 주변이나 턱 또는 뺨에 나는 털.

2. 앞날에 대한 근시안적 사고(思考)가 이번 사:고(事:故)를 일으켰다.

3.
밤	새		옆	집		김		씨	와		얘	기	하	느	라
	시	간		가	는		줄	도		몰	랐	다	.		

   해설 성과 이름에 덧붙는 호칭어, 관직명은 띄어 써야 합니다.

4. 샌님

5. 진솔

제20회

1단계

공통 서술어 맞히기

1. 두툼하다   2. 돌리다   3. 심하다   4. 까다롭다   5. 보내다

맞는 말 틀린 말 맞히기

1. ① 나부랭이 ○
   ② 혼잣말 ○
   ③ 카추사 × → 카투사
   ④ 깡술 × → 강술
   ⑤ 소맷깃 × → 소맷귀

2. ① 소꼽놀이 × → 소꿉놀이
   ② 그을음 ○
   ③ 퍼머 × → 파마
   ④ 살갖 × → 살갗
   ⑤ 넉두리 × → 넋두리

3. ① 시무룩이 ○
   ② 재털이 × → 재떨이
   ③ 커튼 ○
   ④ 덤풀 × → 덤불
   ⑤ 꼬챙이 ○

4. ① 허탕 ○
   ② 돋자리 × → 돗자리
   ③ 콤팩트 ○
   ④ 특별이 × → 특별히
   ⑤ 광대뼈 ○

5. ① 세뱃돈 ○
   ② 요컨대 ○
   ③ 로케트 × → 로켓
   ④ 으레 ○
   ⑤ 햇님 × → 해님

숨은 낱말 맞히기

한 글자 문제   ① 윷   ② 옻   ③ 뜰   ④ 목   ⑤ 널
두 글자 문제   ① 종지   ② 폐백   ③ 전화   ④ 콩팥   ⑤ 황사
세 글자 문제   ① 정수리   ② 짝짜꿍   ③ 저금통   ④ 아이고   ⑤ 고인돌

자주 쓰는 표현말 맞히기

1. 술에 물 탄듯
2. 요람에서 무덤까지
3. 주머니 돈이 쌈짓돈
4. 걱정도 팔자다
5. 강 건너 불구경
6. 바늘방석에 앉은 것 같다
7. 마음은 굴뚝 같다

우리말의 뜻 맞히기

1. 홀앗이살림   식구가 많지 아니한 단출한 살림(단촐×)
2. 만감   솟아오르는 온갖 느낌
3. 꺽짓손   쥐는 힘이 억세어서 호락호락하지 않은 손아귀
4. 알음장   눈치로 은밀히 알려 줌
5. 상고대   나무나 풀에 내려 눈처럼 된 서리

2단계

가로세로 낱말 잇기

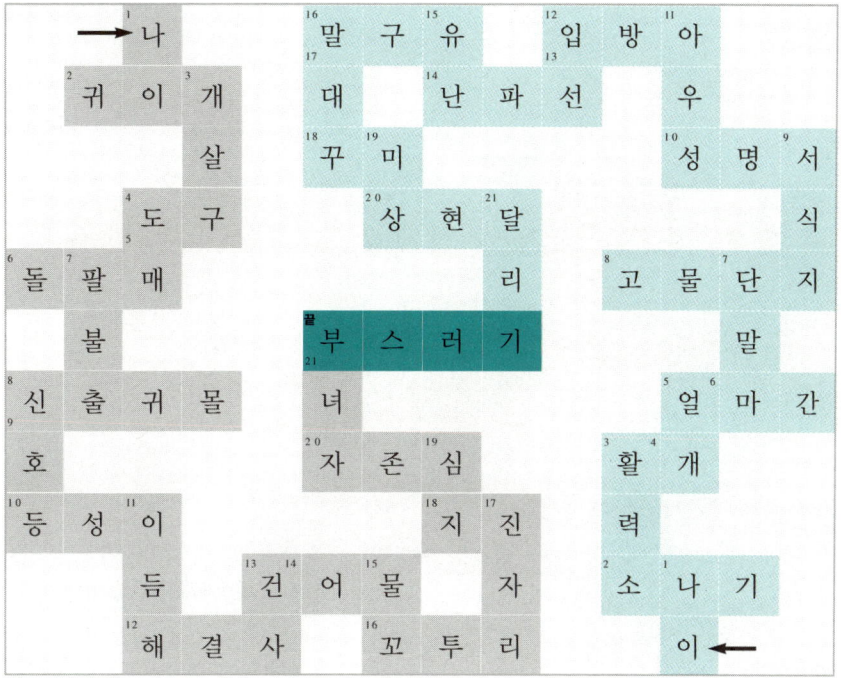

도전! 우리말 달인

1. ② 개비
   해설 개피, 가치는 '개비'의 잘못된 표현.

2. 지난 겨울 최영 장군의 동상(銅像)을 만들다가 동:상(凍:傷)에 걸렸다.

3.
| 호 | 남 | 의 | | 폭 | 설 | | 피 | 해 | 에 | | 누 | 구 | | 할 |
| 것 | | 없 | 이 | | 모 | 두 | | 성 | 금 | 을 | | 보 | 냈 | 다 | . |

4. 상극

5. 살피

부록 ① 한글 맞춤법

한글 맞춤법

문교부 고시 제88-1호(1988. 1. 19.)

제1장 총칙

제2장 자모

제3장 소리에 관한 것

  제1절 된소리
  제2절 구개음화
  제3절 'ㄷ' 소리 받침
  제4절 모음
  제5절 두음 법칙
  제6절 겹쳐 나는 소리

제4장 형태에 관한 것

  제1절 체언과 조사
  제2절 어간과 어미
  제3절 접미사가 붙어서 된 말
  제4절 합성어 및 접두사가 붙은 말
  제5절 준말

제5장 띄어쓰기

  제1절 조사
  제2절 의존 명사, 단위를 나타내는 명사 및 열거하는 말 등
  제3절 보조 용언
  제4절 고유 명사 및 전문 용어

제6장 그 밖의 것

부록 문장 부호

제1장 총칙

제1항 한글 맞춤법은 표준어를 소리대로 적되, 어법에 맞도록 함을 원칙으로 한다.

제2항 문장의 각 단어는 띄어 씀을 원칙으로 한다.

제3항 외래어는 '외래어 표기법'에 따라 적는다.

제2장 자모

제4항 한글 자모의 수는 스물넉 자로 하고, 그 순서와 이름은 다음과 같이 정한다.

ㄱ(기역)	ㄴ(니은)	ㄷ(디귿)	ㄹ(리을)	ㅁ(미음)
ㅂ(비읍)	ㅅ(시옷)	ㅇ(이응)	ㅈ(지읒)	ㅊ(치읓)
ㅋ(키읔)	ㅌ(티읕)	ㅍ(피읖)	ㅎ(히읗)	
ㅏ(아)	ㅑ(야)	ㅓ(어)	ㅕ(여)	ㅗ(오)
ㅛ(요)	ㅜ(우)	ㅠ(유)	ㅡ(으)	ㅣ(이)

〔붙임 1〕 위의 자모로써 적을 수 없는 소리는 두 개 이상의 자모를 어울러서 적되, 그 순서와 이름은 다음과 같이 정한다.

ㄲ(쌍기역)	ㄸ(쌍디귿)	ㅃ(쌍비읍)	ㅆ(쌍시옷)	ㅉ(쌍지읒)
ㅐ(애)	ㅒ(얘)	ㅔ(에)	ㅖ(예)	ㅘ(와)	ㅙ(왜)
ㅚ(외)	ㅝ(워)	ㅞ(웨)	ㅟ(위)	ㅢ(의)

〔붙임 2〕 사전에 올릴 적의 자모 순서는 다음과 같이 정한다.

자음: ㄱ ㄲ ㄴ ㄷ ㄸ ㄹ ㅁ ㅂ ㅃ ㅅ ㅆ ㅇ ㅈ ㅉ ㅊ ㅋ ㅌ ㅍ ㅎ
모음: ㅏ ㅐ ㅑ ㅒ ㅓ ㅔ ㅕ ㅖ ㅗ ㅘ ㅙ ㅚ ㅛ ㅜ ㅝ ㅞ ㅟ ㅠ ㅡ ㅢ ㅣ

제3장 소리에 관한 것

제1절 된소리

제5항 한 단어 안에서 뚜렷한 까닭 없이 나는 된소리는 다음 음절의 첫소리를 된소리로 적는다.

1. 두 모음 사이에서 나는 된소리

소쩍새	어깨	오빠	으뜸	아끼다	기쁘다	깨끗하다
어떠하다	해쓱하다	가끔	거꾸로	부썩	어찌	이따금

2. 'ㄴ, ㄹ, ㅁ, ㅇ' 받침 뒤에서 나는 된소리

산뜻하다	잔뜩	살짝	훨씬	담뿍	움찔	몽땅	엉뚱하다

다만, 'ㄱ, ㅂ' 받침 뒤에서 나는 된소리는, 같은 음절이나 비슷한 음절이 겹쳐 나는 경우가 아니면 된소리로 적지 아니한다.

국수	깍두기	딱지	색시	싹둑(~싹둑)	법석	갑자기	몹시

제2절 구개음화

제6항 'ㄷ, ㅌ' 받침 뒤에 종속적 관계를 가진 '-이(-)'나 '-히-'가 올 적에는, 그 'ㄷ, ㅌ'이 'ㅈ, ㅊ'으로 소리나더라도 'ㄷ, ㅌ'으로 적는다.(ㄱ을 취하고, ㄴ을 버림.)

ㄱ	ㄴ	ㄱ	ㄴ
맏이	마지	핥이다	할치다
해돋이	해도지	걷히다	거치다
굳이	구지	닫히다	다치다
같이	가치	묻히다	무치다
끝이	끄치		

제3절 'ㄷ' 소리 받침

제7항 'ㄷ' 소리로 나는 받침 중에서 'ㄷ'으로 적을 근거가 없는 것은 'ㅅ'으로 적는다.

| 덧저고리 | 돗자리 | 엇셈 | 웃어른 | 핫옷 | 무릇 | 사뭇 |
| 얼핏 | 자칫하면 | 뭇〔衆〕 | 옛 | 첫 | 헛 | |

제4절 모음

제8항 '계, 례, 몌, 폐, 혜'의 'ㅖ'는 'ㅔ'로 소리나는 경우가 있더라도 'ㅖ'로 적는다.(ㄱ을 취하고, ㄴ을 버림.)

ㄱ	ㄴ	ㄱ	ㄴ
계수(桂樹)	게수	혜택(惠澤)	헤택
사례(謝禮)	사레	계집	게집
연몌(連袂)	연메	핑계	핑게
폐품(廢品)	페품	계시다	게시다

다만, 다음 말은 본음대로 적는다.
    게송(偈頌)　　　　　게시판(揭示板)　　　　　휴게실(休憩室)

제9항 '의'나, 자음을 첫소리로 가지고 있는 음절의 'ㅢ'는 'ㅣ'로 소리나는 경우가 있더라도 'ㅢ'로 적는다.(ㄱ을 취하고, ㄴ을 버림.)

ㄱ	ㄴ	ㄱ	ㄴ
의의(意義)	의이	닁큼	닝큼
본의(本義)	본이	띄어쓰기	띠어쓰기
무늬〔紋〕	무니	씌어	씨어
보늬	보니	틔어	티어
오늬	오니	희망(希望)	히망
하늬바람	하니바람	희다	히다
늴리리	닐리리	유희(遊戱)	유히

제5절 두음 법칙

제10항 한자음 '녀, 뇨, 뉴, 니'가 단어 첫머리에 올 적에는, 두음 법칙에 따라 '여, 요, 유, 이'로 적는다.(ㄱ을 취하고, ㄴ을 버림.)

ㄱ	ㄴ	ㄱ	ㄴ
여자(女子)	녀자	유대(紐帶)	뉴대
연세(年歲)	년세	이토(泥土)	니토
요소(尿素)	뇨소	익명(匿名)	닉명

다만, 다음과 같은 의존 명사에서는 '냐, 녀' 음을 인정한다.
  냥(兩)   냥쭝(兩-)   년(年)(몇 년)

[붙임 1] 단어의 첫머리 이외의 경우에는 본음대로 적는다.
  남녀(男女)   당뇨(糖尿)   결뉴(結紐)   은닉(隱匿)

[붙임 2] 접두사처럼 쓰이는 한자가 붙어서 된 말이나 합성어에서, 뒷말의 첫소리가 'ㄴ' 소리로 나더라도 두음 법칙에 따라 적는다.
  신여성(新女性)   공염불(空念佛)   남존여비(男尊女卑)

[붙임 3] 둘 이상의 단어로 이루어진 고유 명사를 붙여 쓰는 경우에도 [붙임 2]에 준하여 적는다.
  한국여자대학   대한요소비료회사

제11항 한자음 '랴, 려, 례, 료, 류, 리'가 단어의 첫머리에 올 적에는, 두음 법칙에 따라 '야, 여, 예, 요, 유, 이'로 적는다.(ㄱ을 취하고, ㄴ을 버림.)

ㄱ	ㄴ	ㄱ	ㄴ
양심(良心)	량심	용궁(龍宮)	룡궁
역사(歷史)	력사	유행(流行)	류행
예의(禮儀)	례의	이발(理髮)	리발

다만, 다음과 같은 의존 명사는 본음대로 적는다.
  리(里): 몇 리냐?
  리(理): 그럴 리가 없다.

[붙임 1] 단어의 첫머리 이외의 경우에는 본음대로 적는다.
  개량(改良)   선량(善良)   수력(水力)   협력(協力)
  사례(謝禮)   혼례(婚禮)   와룡(臥龍)   쌍룡(雙龍)
  하류(下流)   급류(急流)   도리(道理)   진리(眞理)

다만, 모음이나 'ㄴ' 받침 뒤에 이어지는 '렬, 률'은 '열, 율'로 적는다.(ㄱ을 취하고, ㄴ을 버림.)

ㄱ	ㄴ	ㄱ	ㄴ
나열(羅列)	나렬	분열(分裂)	분렬
치열(齒列)	치렬	선열(先烈)	선렬
비열(卑劣)	비렬	진열(陳列)	진렬

규율(規律)	규률	선율(旋律)	선률
비율(比率)	비률	전율(戰慄)	전률
실패율(失敗率)	실패률	백분율(百分率)	백분률

[붙임 2] 외자로 된 이름을 성에 붙여 쓸 경우에도 본음대로 적을 수 있다.
    신립(申砬)   최린(崔麟)   채륜(蔡倫)   하륜(河崙)

[붙임 3] 준말에서 본음으로 소리나는 것은 본음대로 적는다.
    국련(국제연합)   대한교련(대한교육연합회)

[붙임 4] 접두사처럼 쓰이는 한자가 붙어서 된 말이나 합성어에서, 뒷말의 첫소리가 'ㄴ' 또는 'ㄹ' 소리로 나더라도 두음 법칙에 따라 적는다.
    역이용(逆利用)   연이율(年利率)   열역학(熱力學)   해외여행(海外旅行)

[붙임 5] 둘 이상의 단어로 이루어진 고유 명사를 붙여 쓰는 경우나 십진법에 따라 쓰는 수(數)도 [붙임 4]에 준하여 적는다.
    서울여관   신흥이발관   육천육백육십육(六千六百六十六)

제12항 한자음 '라, 래, 로, 뢰, 루, 르'가 단어의 첫머리에 올 적에는, 두음 법칙에 따라 '나, 내, 노, 뇌, 누, 느'로 적는다.(ㄱ을 취하고, ㄴ을 버림.)

ㄱ	ㄴ	ㄱ	ㄴ
낙원(樂園)	락원	뇌성(雷聲)	뢰성
내일(來日)	래일	누각(樓閣)	루각
노인(老人)	로인	능묘(陵墓)	릉묘

[붙임 1] 단어의 첫머리 이외의 경우에는 본음대로 적는다.
    쾌락(快樂)   극락(極樂)   거래(去來)   왕래(往來)
    부로(父老)   연로(年老)   지뢰(地雷)   낙뢰(落雷)
    고루(高樓)   광한루(廣寒樓)   동구릉(東九陵)   가정란(家庭欄)

[붙임 2] 접두사처럼 쓰이는 한자가 붙어서 된 단어는 뒷말을 두음 법칙에 따라 적는다.
    내내월(來來月)   상노인(上老人)   중노동(重勞動)   비논리적(非論理的)

제6절 겹쳐 나는 소리

제13항 한 단어 안에서 같은 음절이나 비슷한 음절이 겹쳐 나는 부분은 같은 글자로 적는다.(ㄱ을 취하고, ㄴ을 버림.)

ㄱ	ㄴ	ㄱ	ㄴ
딱딱	딱닥	꼿꼿하다	꼿곳하다
쌕쌕	쌕색	놀놀하다	놀롤하다
씩씩	씩식	눅눅하다	눙눅하다
똑딱똑딱	똑닥똑닥	밋밋하다	민밋하다
쓱싹쓱싹	쓱삭쓱삭	싹싹하다	싹삭하다

연연불망(戀戀不忘)	연련불망	씁쌀하다	씁살하다
유유상종(類類相從)	유류상종	씁쓸하다	씁슬하다
누누이(屢屢-)	누루이	짭짤하다	짭잘하다

제4장 형태에 관한 것

제1절 체언과 조사

제14항 체언은 조사와 구별하여 적는다.

떡이	떡을	떡에	떡도	떡만
손이	손을	손에	손도	손만
팔이	팔을	팔에	팔도	팔만
밤이	밤을	밤에	밤도	밤만
집이	집을	집에	집도	집만
옷이	옷을	옷에	옷도	옷만
콩이	콩을	콩에	콩도	콩만
낮이	낮을	낮에	낮도	낮만
꽃이	꽃을	꽃에	꽃도	꽃만
밭이	밭을	밭에	밭도	밭만
앞이	앞을	앞에	앞도	앞만
밖이	밖을	밖에	밖도	밖만
넋이	넋을	넋에	넋도	넋만
흙이	흙을	흙에	흙도	흙만
삶이	삶을	삶에	삶도	삶만
여덟이	여덟을	여덟에	여덟도	여덟만
곬이	곬을	곬에	곬도	곬만
값이	값을	값에	값도	값만

제2절 어간과 어미

제15항 용언의 어간과 어미는 구별하여 적는다.

먹다	먹고	먹어	먹으니
신다	신고	신어	신으니
믿다	믿고	믿어	믿으니
울다	울고	울어	(우니)
넘다	넘고	넘어	넘으니
입다	입고	입어	입으니
웃다	웃고	웃어	웃으니
찾다	찾고	찾아	찾으니
좇다	좇고	좇아	좇으니
같다	같고	같아	같으니

높다	높고	높아	높으니
좋다	좋고	좋아	좋으니
깎다	깎고	깎아	깎으니
앉다	앉고	앉아	앉으니
많다	많고	많아	많으니
늙다	늙고	늙어	늙으니
젊다	젊고	젊어	젊으니
넓다	넓고	넓어	넓으니
훑다	훑고	훑어	훑으니
읊다	읊고	읊어	읊으니
옳다	옳고	옳아	옳으니
없다	없고	없어	없으니
있다	있고	있어	있으니

[붙임 1] 두 개의 용언이 어울려 한 개의 용언이 될 적에, 앞말의 본뜻이 유지되고 있는 것은 그 원형을 밝히어 적고, 그 본뜻에서 멀어진 것은 밝히어 적지 아니한다.

(1) 앞말의 본뜻이 유지되고 있는 것

넘어지다	늘어나다	늘어지다	돌아가다	되짚어가다
들어가다	떨어지다	벌어지다	엎어지다	접어들다
틀어지다	흩어지다			

(2) 본뜻에서 멀어진 것

드러나다	사라지다	쓰러지다

[붙임 2] 종결형에서 사용되는 어미 '-오'는 '요'로 소리나는 경우가 있더라도 그 원형을 밝혀 '오'로 적는다.(ㄱ을 취하고, ㄴ을 버림.)

ㄱ	ㄴ
이것은 책이오.	이것은 책이요.
이리로 오시오.	이리로 오시요.
이것은 책이 아니오.	이것은 책이 아니요.

[붙임 3] 연결형에서 사용되는 '이요'는 '이요'로 적는다.(ㄱ을 취하고, ㄴ을 버림.)

ㄱ	ㄴ
이것은 책이요, 저것은 붓이요, 또 저것은 먹이다.	이것은 책이오, 저것은 붓이오, 또 저것은 먹이다.

제16항 어간의 끝 음절 모음이 'ㅏ, ㅗ'일 때에는 어미를 '-아'로 적고, 그 밖의 모음일 때에는 '-어'로 적는다.

1. '-아'로 적는 경우

나아	나아도	나아서
막아	막아도	막아서
얇아	얇아도	얇아서

돌아	돌아도	돌아서
보아	보아도	보아서

2. '-어'로 적는 경우

개어	개어도	개어서
겪어	겪어도	겪어서
되어	되어도	되어서
베어	베어도	베어서
쉬어	쉬어도	쉬어서
저어	저어도	저어서
주어	주어도	주어서
피어	피어도	피어서
희어	희어도	희어서

제17항 어미 뒤에 덧붙는 조사 '-요'는 '-요'로 적는다.

읽어	읽어요
참으리	참으리요
좋지	좋지요

제18항 다음과 같은 용언들은 어미가 바뀔 경우, 그 어간이나 어미가 원칙에 벗어나면 벗어나는 대로 적는다.

1. 어간의 끝 'ㄹ'이 줄어질 적

갈다:	가니	간	갑니다	가시다	가오
놀다:	노니	논	놉니다	노시다	노오
불다:	부니	분	붑니다	부시다	부오
둥글다:	둥그니	둥근	둥굽니다	둥그시다	둥그오
어질다:	어지니	어진	어집니다	어지시다	어지오

〔붙임〕 다음과 같은 말에서도 'ㄹ'이 준 대로 적는다.

마지못하다	마지않다	(하)다마다	(하)자마자
(하)지 마라	(하)지 마(아)		

2. 어간의 끝 'ㅅ'이 줄어질 적

긋다:	그어	그으니	그었다
낫다:	나아	나으니	나았다
잇다:	이어	이으니	이었다
짓다:	지어	지으니	지었다

3. 어간의 끝 'ㅎ'이 줄어질 적

그렇다:	그러니	그럴	그러면	그러오
까맣다:	까마니	까말	까마면	까마오
동그랗다:	동그라니	동그랄	동그라면	동그라오

퍼렇다:	퍼러니	퍼럴	퍼러면	퍼러오
하얗다:	하야니	하얄	하야면	하야오

4. 어간의 끝 'ㅜ, ㅡ'가 줄어질 적

푸다:	퍼	펐다		뜨다:	떠	떴다
끄다:	꺼	껐다		크다:	커	컸다
담그다:	담가	담갔다		고프다:	고파	고팠다
따르다:	따라	따랐다		바쁘다:	바빠	바빴다

5. 어간의 끝 'ㄷ'이 'ㄹ'로 바뀔 적

걷다[步]:	걸어	걸으니	걸었다
듣다[聽]:	들어	들으니	들었다
묻다[問]:	물어	물으니	물었다
싣다[載]:	실어	실으니	실었다

6. 어간의 끝 'ㅂ'이 'ㅜ'로 바뀔 적

깁다:	기워	기우니	기웠다
굽다[炙]:	구워	구우니	구웠다
가깝다:	가까워	가까우니	가까웠다
괴롭다:	괴로워	괴로우니	괴로웠다
맵다:	매워	매우니	매웠다
무겁다:	무거워	무거우니	무거웠다
밉다:	미워	미우니	미웠다
쉽다:	쉬워	쉬우니	쉬웠다

다만, '돕-, 곱-'과 같은 단음절 어간에 어미 '-아'가 결합되어 '와'로 소리나는 것은 '-와'로 적는다.

돕다[助]:	도와	도와서	도와도	도왔다
곱다[麗]:	고와	고와서	고와도	고왔다

7. '하다'의 활용에서 어미 '-아'가 '-여'로 바뀔 적

하다:	하여	하여서	하여도	하여라	하였다

8. 어간의 끝 음절 '르' 뒤에 오는 어미 '-어'가 '-러'로 바뀔 적

이르다[至]:	이르러	이르렀다		노르다:	노르러	노르렀다
누르다:	누르러	누르렀다		푸르다:	푸르러	푸르렀다

9. 어간의 끝 음절 '르'의 'ㅡ'가 줄고, 그 뒤에 오는 어미 '-아/-어'가 '-라/-러'로 바뀔 적

가르다:	갈라	갈랐다		부르다:	불러	불렀다
거르다:	걸러	걸렀다		오르다:	올라	올랐다
구르다:	굴러	굴렀다		이르다:	일러	일렀다
벼르다:	별러	별렀다		지르다:	질러	질렀다

제3절 접미사가 붙어서 된 말

제19항 어간에 '-이'나 '-음/-ㅁ'이 붙어서 명사로 된 것과 '-이'나 '-히'가 붙어서 부사로 된 것은 그 어간의 원형을 밝히어 적는다.

1. '-이'가 붙어서 명사로 된 것

   | 길이 | 깊이 | 높이 | 다듬이 | 땀받이 | 달맞이 |
   | 먹이 | 미닫이 | 벌이 | 벼훑이 | 살림살이 | 쇠붙이 |

2. '-음/-ㅁ'이 붙어서 명사로 된 것

   | 걸음 | 묶음 | 믿음 | 얼음 | 엮음 | 울음 |
   | 웃음 | 졸음 | 죽음 | 앎 | 만듦 | |

3. '-이'가 붙어서 부사로 된 것

   | 같이 | 굳이 | 길이 | 높이 | 많이 | 실없이 |
   | 좋이 | 짓궂이 | | | | |

4. '-히'가 붙어서 부사로 된 것

   밝히   익히   작히

다만, 어간에 '-이'나 '-음'이 붙어서 명사로 바뀐 것이라도 그 어간의 뜻과 멀어진 것은 원형을 밝히어 적지 아니한다.

| 굽도리 | 다리[髢] | 목거리(목병) | 무녀리 |
| 코끼리 | 거름(비료) | 고름[膿] | 노름(도박) |

[붙임] 어간에 '-이'나 '-음' 이외의 모음으로 시작된 접미사가 붙어서 다른 품사로 바뀐 것은 그 어간의 원형을 밝히어 적지 아니한다.

(1) 명사로 바뀐 것

귀머거리	까마귀	너머	뜨더귀	마감
마개	마중	무덤	비렁뱅이	쓰레기
올가미	주검			

(2) 부사로 바뀐 것

| 거뭇거뭇 | 너무 | 도로 | 뜨덤뜨덤 | 바투 |
| 불긋불긋 | 비로소 | 오긋오긋 | 자주 | 차마 |

(3) 조사로 바뀌어 뜻이 달라진 것

   나마   부터   조차

제20항 명사 뒤에 '-이'가 붙어서 된 말은 그 명사의 원형을 밝히어 적는다.

1. 부사로 된 것

   | 곳곳이 | 낱낱이 | 몫몫이 | 샅샅이 | 앞앞이 | 집집이 |

2. 명사로 된 것
  곰배팔이   바둑이   삼발이   애꾸눈이   육손이   절뚝발이/절름발이

[붙임] '-이' 이외의 모음으로 시작된 접미사가 붙어서 된 말은 그 명사의 원형을 밝히어 적지 아니한다.
  꼬락서니   끄트머리   모가치   바가지   바깥
  사타구니   싸라기   이파리   지붕   지푸라기   짜개

제21항 명사나 혹은 용언의 어간 뒤에 자음으로 시작된 접미사가 붙어서 된 말은 그 명사나 어간의 원형을 밝히어 적는다.

1. 명사 뒤에 자음으로 시작된 접미사가 붙어서 된 것
  값지다   홑지다   넋두리   빛깔   옆댕이   잎사귀

2. 어간 뒤에 자음으로 시작된 접미사가 붙어서 된 것
  낚시   늙정이   덮개   뜯게질   갉작갉작하다
  갉작거리다   뜯적거리다   뜯적뜯적하다   굵다랗다   굵직하다
  깊숙하다   넓적하다   높다랗다   늙수그레하다   얽죽얽죽하다

다만, 다음과 같은 말은 소리대로 적는다.

(1) 겹받침의 끝소리가 드러나지 아니하는 것
  할짝거리다   널따랗다   널찍하다   말끔하다
  말쑥하다   말짱하다   실쭉하다   실큼하다
  얄따랗다   얄팍하다   짤따랗다   짤막하다
  실컷

(2) 어원이 분명하지 아니하거나 본뜻에서 멀어진 것
  넙치   올무   골막하다   납작하다

제22항 용언의 어간에 다음과 같은 접미사들이 붙어서 이루어진 말들은 그 어간을 밝히어 적는다.

1. '-기-, -리-, -이-, -히-, -구-, -우-, -추-, -으키-, -이키-, -애-'가 붙는 것
  맡기다   옮기다   웃기다   쫓기다   뚫리다
  울리다   낚이다   쌓이다   핥이다   굳히다
  굽히다   넓히다   앉히다   얽히다   잡히다
  돋구다   솟구다   돋우다   갖추다   곧추다
  맞추다   일으키다   돌이키다   없애다

다만, '-이-, -히-, -우-'가 붙어서 된 말이라도 본뜻에서 멀어진 것은 소리대로 적는다.
  도리다(칼로 ~)   드리다(용돈을 ~)   고치다   바치다(세금을 ~)
  부치다(편지를 ~)   거두다   미루다   이루다

2. '-치-, -뜨리-, -트리-'가 붙는 것
  놓치다   덮치다   떠받치다   받치다   밭치다
  부딪치다   뻗치다   엎치다   부딪뜨리다/부딪트리다
  쏟뜨리다/쏟트리다   젖뜨리다/젖트리다   찢뜨리다/찢트리다   흩뜨리다/흩트리다

〔붙임〕 '-업-, -읍-, -브-'가 붙어서 된 말은 소리대로 적는다.
미덥다   우습다   미쁘다

제23항 '-하다'나 '-거리다'가 붙는 어근에 '-이'가 붙어서 명사가 된 것은 그 원형을 밝히어 적는다.(ㄱ을 취하고, ㄴ을 버림.)

ㄱ	ㄴ	ㄱ	ㄴ
깔쭉이	깔쭈기	살살이	살사리
꿀꿀이	꿀꾸리	쌕쌕이	쌕쌔기
눈깜짝이	눈깜짜기	오뚝이	오뚜기
더펄이	더퍼리	코납작이	코납자기
배불뚝이	배불뚜기	푸석이	푸서기
삐죽이	삐주기	홀쭉이	홀쭈기

〔붙임〕 '-하다'나 '-거리다'가 붙을 수 없는 어근에 '-이'나 또는 다른 모음으로 시작되는 접미사가 붙어서 명사가 된 것은 그 원형을 밝히어 적지 아니한다.

개구리	귀뚜라미	기러기	깍두기	꽹과리
날라리	누더기	동그라미	두드러기	딱따구리
매미	부스러기	뻐꾸기	얼루기	칼싹두기

제24항 '-거리다'가 붙을 수 있는 시늉말 어근에 '-이다'가 붙어서 된 용언은 그 어근을 밝히어 적는다.(ㄱ을 취하고, ㄴ을 버림.)

ㄱ	ㄴ	ㄱ	ㄴ
깜짝이다	깜짜기다	속삭이다	속사기다
꾸벅이다	꾸버기다	숙덕이다	숙너기나
끄덕이다	끄더기다	울먹이다	울머기다
뒤척이다	뒤처기다	움직이다	움지기다
들먹이다	들머기다	지껄이다	지꺼리다
망설이다	망서리다	퍼덕이다	퍼더기다
번득이다	번드기다	허덕이다	허더기다
번쩍이다	번쩌기다	헐떡이다	헐떠기다

제25항 '-하다'가 붙는 어근에 '-히'나 '-이'가 붙어서 부사가 되거나, 부사에 '-이'가 붙어서 뜻을 더하는 경우에는 그 어근이나 부사의 원형을 밝히어 적는다.

1. '-하다'가 붙는 어근에 '-히'나 '-이'가 붙는 경우
   급히   꾸준히   도저히   딱히   어렴풋이   깨끗이

〔붙임〕 '-하다'가 붙지 않는 경우에는 소리대로 적는다.
   갑자기   반드시(꼭)   슬며시

2. 부사에 '-이'가 붙어서 역시 부사가 되는 경우
   곰곰이   더욱이   생긋이   오뚝이   일찍이   해죽이

제26항 '-하다'나 '-없다'가 붙어서 된 용언은 그 '-하다'나 '-없다'를 밝히어 적는다.

1. '-하다'가 붙어서 용언이 된 것

딱하다	숱하다	착하다	턱턱하다	푹하다

2. '-없다'가 붙어서 용언이 된 것

부질없다	상없다	시름없다	열없다	하염없다

제4절 합성어 및 접두사가 붙은 말

제27항 둘 이상의 단어가 어울리거나 접두사가 붙어서 이루어진 말은 각각 그 원형을 밝히어 적는다.

국말이	꺾꽂이	꽃잎	끝장	물난리
밑천	부엌일	싫증	옷안	웃옷
젖몸살	첫아들	칼날	팥알	헛웃음
홀아비	홑몸	흙내		
값없다	겉늙다	굶주리다	낮잡다	맞먹다
받내다	벋놓다	빗나가다	빛나다	새파랗다
샛노랗다	시꺼멓다	싯누렇다	엇나가다	엎누르다
엿듣다	옻오르다	짓이기다	헛되다	

[붙임 1] 어원은 분명하나 소리만 특이하게 변한 것은 변한 대로 적는다.

할아버지	할아범

[붙임 2] 어원이 분명하지 아니한 것은 원형을 밝히어 적지 아니한다.

골병	골탕	끌탕	며칠	아재비
오라비	업신여기다	부리나케		

[붙임 3] '이[齒, 虱]'가 합성어나 이에 준하는 말에서 '니' 또는 '리'로 소리날 때에는 '니'로 적는다.

간니	덧니	사랑니	송곳니	앞니
어금니	윗니	젖니	톱니	틀니
가랑니	머릿니			

제28항 끝소리가 'ㄹ'인 말과 딴 말이 어울릴 적에 'ㄹ' 소리가 나지 아니하는 것은 아니 나는 대로 적는다.

다달이(달-달-이)	따님(딸-님)	마되(말-되)
마소(말-소)	무자위(물-자위)	바느질(바늘-질)
부나비(불-나비)	부삽(불-삽)	부손(불-손)
소나무(솔-나무)	싸전(쌀-전)	여닫이(열-닫이)
우짖다(울-짖다)	화살(활-살)	

제29항 끝소리가 'ㄹ'인 말과 딴 말이 어울릴 적에 'ㄹ' 소리가 'ㄷ' 소리로 나는 것은 'ㄷ'으로 적는다.

반짇고리(바느질~)	사흗날(사흘~)	삼짇날(삼질~)
섣달(설~)	숟가락(술~)	이튿날(이틀~)
잗주름(잘~)	푿소(풀~)	섣부르다(설~)
잗다듬다(잘~)	잗다랗다(잘~)	

제30항 사이시옷은 다음과 같은 경우에 받치어 적는다.

1. 순 우리말로 된 합성어로서 앞말이 모음으로 끝난 경우

   (1) 뒷말의 첫소리가 된소리로 나는 것

고랫재	귓밥	나룻배	나뭇가지	냇가
댓가지	뒷갈망	맷돌	머릿기름	모깃불
못자리	바닷가	뱃길	볏가리	부싯돌
선짓국	쇳조각	아랫집	우렁잇속	잇자국
잿더미	조갯살	찻집	쳇바퀴	킷값
핏대	햇볕	혓바늘		

   (2) 뒷말의 첫소리 'ㄴ, ㅁ' 앞에서 'ㄴ' 소리가 덧나는 것

   | 멧나물 | 아랫니 | 텃마당 | 아랫마을 | 뒷머리 |
   | 잇몸 | 깻묵 | 냇물 | 빗물 | |

   (3) 뒷말의 첫소리 모음 앞에서 'ㄴㄴ' 소리가 덧나는 것

   | 도리깻열 | 뒷윷 | 두렛일 | 뒷일 | 뒷입맛 |
   | 베갯잇 | 욧잇 | 깻잎 | 나뭇잎 | 댓잎 |

2. 순 우리말과 한자어로 된 합성어로서 앞말이 모음으로 끝난 경우

   (1) 뒷말의 첫소리가 된소리로 나는 것

귓병	머릿방	뱃병	봇둑	사잣밥
샛강	아랫방	자릿세	전셋집	찻잔
찻종	촛국	콧병	탯줄	텃세
핏기	햇수	횟가루	횟배	

   (2) 뒷말의 첫소리 'ㄴ, ㅁ' 앞에서 'ㄴ' 소리가 덧나는 것

   | 곗날 | 제삿날 | 훗날 | 툇마루 | 양칫물 |

   (3) 뒷말의 첫소리 모음 앞에서 'ㄴㄴ' 소리가 덧나는 것

   | 가욋일 | 사삿일 | 예삿일 | 훗일 | |

3. 두 음절로 된 다음 한자어

   | 곳간(庫間) | 셋방(貰房) | 숫자(數字) | 찻간(車間) | 툇간(退間) | 횟수(回數) |

제31항 두 말이 어울릴 적에 'ㅂ' 소리나 'ㅎ' 소리가 덧나는 것은 소리대로 적는다.

1. 'ㅂ' 소리가 덧나는 것

   | 댑싸리(대ㅂ싸리) | 멥쌀(메ㅂ쌀) | 볍씨(벼ㅂ씨) | 입때(이ㅂ때) |
   | 입쌀(이ㅂ쌀) | 접때(저ㅂ때) | 좁쌀(조ㅂ쌀) | 햅쌀(해ㅂ쌀) |

2. 'ㅎ' 소리가 덧나는 것

   | 머리카락(머리ㅎ가락) | 살코기(살ㅎ고기) | 수캐(수ㅎ개) | 수컷(수ㅎ것) | 수탉(수ㅎ닭) |
   | 안팎(안ㅎ밖) | 암캐(암ㅎ개) | 암컷(암ㅎ것) | 암탉(암ㅎ닭) | |

제5절 준말

제32항 단어의 끝모음이 줄어지고 자음만 남은 것은 그 앞의 음절에 받침으로 적는다.

본말	준말	본말	준말
기러기야	기럭아	가지고, 가지지	갖고, 갖지
어제그저께	엊그저께	디디고, 디디지	딛고, 딛지
어제저녁	엊저녁		

제33항 체언과 조사가 어울려 줄어지는 경우에는 준 대로 적는다.

본말	준말	본말	준말
그것은	그건	너는	넌
그것이	그게	너를	널
그것으로	그걸로	무엇을	뭣을/무얼/뭘
나는	난	무엇이	뭣이/무에
나를	날		

제34항 모음 'ㅏ, ㅓ'로 끝난 어간에 '-아/-어, -았-/-었-'이 어울릴 적에는 준 대로 적는다.

본말	준말	본말	준말
가아	가	가았다	갔다
나아	나	나았다	났다
타아	타	타았다	탔다
서어	서	서었다	섰다
켜어	켜	켜었다	켰다
펴어	펴	펴었다	폈다

〔붙임 1〕 'ㅐ, ㅔ' 뒤에 '-어, -었-'이 어울려 줄 적에는 준 대로 적는다.

본말	준말	본말	준말
개어	개	개었다	갰다
내어	내	내었다	냈다
베어	베	베었다	벴다
세어	세	세었다	셌다

〔붙임 2〕 '하여'가 한 음절로 줄어서 '해'로 될 적에는 준 대로 적는다.

본말	준말	본말	준말
하여	해	하였다	했다
더하여	더해	더하였다	더했다
흔하여	흔해	흔하였다	흔했다

제35항 모음 'ㅗ, ㅜ'로 끝난 어간에 '-아/-어, -았-/-었-'이 어울려 'ㅘ/ㅝ, ㅘㅆ/ㅝㅆ'으로 될 적에는 준 대로 적는다.

본말	준말	본말	준말
꼬아	꽈	꼬았다	꽜다
보아	봐	보았다	봤다
쏘아	쏴	쏘았다	쐈다
두어	둬	두었다	뒀다
쑤어	쒀	쑤었다	쒔다
주어	줘	주었다	줬다

[붙임 1] '놓아'가 '놔'로 줄 적에는 준 대로 적는다.
[붙임 2] 'ㅚ' 뒤에 '-어, -었-'이 어울려 'ㅙ, ㅙㅆ'으로 될 적에도 준 대로 적는다.

본말	준말	본말	준말
괴어	괘	괴었다	괬다
되어	돼	되었다	됐다
뵈어	봬	뵈었다	뵀다
쇠어	쇄	쇠었다	쇘다
쐬어	쐐	쐬었다	쐤다

제36항 'ㅣ' 뒤에 '-어'가 와서 'ㅕ'로 줄 적에는 준 대로 적는다.

본말	준말	본말	준말
가지어	가져	가지었다	가졌다
견디어	견뎌	견디었다	견뎠다
다니어	다녀	다니었다	다녔다
막히어	막혀	막히었다	막혔다
버티어	버텨	버티었다	버텼다
치이어	치여	치이었다	치였다

제37항 'ㅏ, ㅕ, ㅗ, ㅜ, ㅡ'로 끝난 어간에 '-이-'가 와서 각각 'ㅐ, ㅖ, ㅚ, ㅟ, ㅢ'로 줄 적에는 준 대로 적는다.

본말	준말	본말	준말
싸이다	쌔다	누이다	뉘다
펴이다	폐다	뜨이다	띄다
보이다	뵈다	쓰이다	씌다

제38항 'ㅏ, ㅗ, ㅜ, ㅡ' 뒤에 '-이어'가 어울려 줄어질 적에는 준 대로 적는다.

본말	준말		본말	준말	
싸이어	쌔어	싸여	뜨이어	띄어	
보이어	뵈어	보여	쓰이어	씌어	쓰여
쏘이어	쐬어	쏘여	트이어	틔어	트여
누이어	뉘어	누여			

제39항 어미 '-지' 뒤에 '않-'이 어울려 '-잖-'이 될 적과 '-하지' 뒤에 '않-'이 어울려 '-찮-'이 될 적에는 준 대로 적는다.

본말	준말	본말	준말
그렇지 않은	그렇잖은	만만하지 않다	만만찮다
적지 않은	적잖은	변변하지 않다	변변찮다

제40항 어간의 끝 음절 '하'의 'ㅏ'가 줄고 'ㅎ'이 다음 음절의 첫소리와 어울려 거센소리로 될 적에는 거센소리로 적는다.

본말	준말	본말	준말
간편하게	간편케	다정하다	다정타
연구하도록	연구토록	정결하다	정결타
가하다	가타	흔하다	흔타

〔붙임 1〕 'ㅎ'이 어간의 끝소리로 굳어진 것은 받침으로 적는다.

않다	않고	않지	않든지
그렇다	그렇고	그렇지	그렇든지
아무렇다	아무렇고	아무렇지	아무렇든지
어떻다	어떻고	어떻지	어떻든지
이렇다	이렇고	이렇지	이렇든지
저렇다	저렇고	저렇지	저렇든지

〔붙임 2〕 어간의 끝 음절 '하'가 아주 줄 적에는 준 대로 적는다.

본말	준말	본말	준말
거북하지	거북지	넉넉하지 않다	넉넉지 않다
생각하건대	생각건대	못하지 않다	못지않다
생각하다 못해	생각다 못해	섭섭하지 않다	섭섭지 않다
깨끗하지 않다	깨끗지 않다	익숙하지 않다	익숙지 않다

〔붙임 3〕 다음과 같은 부사는 소리대로 적는다.

| 결단코 | 결코 | 기필코 | 무심코 | 아무튼 | 요컨대 |
| 정녕코 | 필연코 | 하마터면 | 하여튼 | 한사코 | |

제5장 띄어쓰기

제1절 조사

제41항 조사는 그 앞말에 붙여 쓴다.

꽃이	꽃마저	꽃밖에	꽃에서부터	꽃으로만
꽃이나마	꽃이다	꽃입니다	꽃처럼	어디까지나
거기도	멀리는	웃고만		

제2절 의존 명사, 단위를 나타내는 명사 및 열거하는 말 등

제42항 의존 명사는 띄어 쓴다.

아는 **것**이 힘이다. 나도 할 **수** 있다.
먹는 **만큼** 먹어라. 아는 **이**를 만났다.
네가 뜻한 **바**를 알겠다. 그가 떠난 **지**가 오래다.

제43항 단위를 나타내는 명사는 띄어 쓴다.

한 **개**	차 한 **대**	금 서 **돈**	소 한 **마리**
옷 한 **벌**	열 **살**	조기 한 **손**	연필 한 **자루**
버선 한 **죽**	집 한 **채**	신 두 **켤레**	북어 한 **쾌**

다만, 순서를 나타내는 경우나 숫자와 어울리어 쓰이는 경우에는 붙여 쓸 수 있다.

두**시** 삼십**분** 오**초**	제일**과**	삼**학년**	육**층**
1446년 10월 9일	2**대대**	16**동** 502**호**	제1**실습실**
80**원**	10**개**	7**미터**	

제44항 수를 적을 적에는 '만(萬)' 단위로 띄어 쓴다.

십이억 삼천사백오십육만 칠천팔백구십팔   12억 3456만 7898

제45항 두 말을 이어 주거나 열거할 적에 쓰이는 다음의 말들은 띄어 쓴다.

| 국장 **겸** 과장 | 열 **내지** 스물 | 청군 **대** 백군 | 책상, 걸상 **등**이 있다 |
| 이사장 **및** 이사들 | 사과, 배, 귤 **등등** | 사과, 배 **등속** | 부산, 광주 **등지** |

제46항 단음절로 된 단어가 연이어 나타날 적에는 붙여 쓸 수 있다.

좀더 큰것   이말 저말   한잎 두잎

제3절 보조 용언

제47항 보조 용언은 띄어 씀을 원칙으로 하되, 경우에 따라 붙여 씀도 허용한다.(ㄱ을 원칙으로 하고, ㄴ을 허용함.)

ㄱ	ㄴ
불이 꺼져 **간다**.	불이 꺼져**간다**.
내 힘으로 막아 **낸다**.	내 힘으로 막아**낸다**.
어머니를 도와 **드린다**[1].	어머니를 도와**드린다**.
그릇을 깨뜨려 **버렸다**.	그릇을 깨뜨려**버렸다**.
비가 올 **듯하다**.	비가 올**듯하다**.
그 일은 할 **만하다**.	그 일은 할**만하다**.
일이 될 **법하다**.	일이 될**법하다**.
비가 올 **성싶다**.	비가 올**성싶다**.
잘 아는 **척한다**.	잘 아는**척한다**.

1) '도와 드리다'는 "표준국어대사전"에 따르면 '도와드리다'로 붙여서 써야 한다. 이는 '도와주다'를 한 단어로 처리한 것에 맞추어 동일하게 처리하고자 함이다.

다만, 앞말에 조사가 붙거나 앞말이 합성 동사인 경우, 그리고 중간에 조사가 들어갈 적에는 그 뒤에 오는 보조 용언은 띄어 쓴다.

잘도 놀아만 **나는구나**! 책을 읽어도 **보고**…….
네가 덤벼들어 **보아라**. 강물에 떠내려가 **버렸다**.
그가 올 듯도 **하다**. 잘난 체를 **한다**.

제4절 고유 명사 및 전문 용어

제48항 성과 이름, 성과 호 등은 붙여 쓰고, 이에 덧붙는 호칭어, 관직명 등은 띄어 쓴다.
김양수(金良洙) 서화담(徐花潭) 채영신 씨
최치원 선생 박동식 박사 충무공 이순신 장군

다만, 성과 이름, 성과 호를 분명히 구분할 필요가 있을 경우에는 띄어 쓸 수 있다.
남궁억/남궁 억   독고준/독고 준   황보지봉(皇甫芝峰)/황보 지봉

제49항 성명 이외의 고유 명사는 단어별로 띄어 씀을 원칙으로 하되, 단위별로 띄어 쓸 수 있다.(ㄱ을 원칙으로 하고, ㄴ을 허용함.)

ㄱ	ㄴ
대한 중학교	대한중학교
한국 대학교 사범 대학	한국대학교 사범대학

제50항 전문 용어는 단어별로 띄어 씀을 원칙으로 하되, 붙여 쓸 수 있다.(ㄱ을 원칙으로 하고, ㄴ을 허용함.)

ㄱ	ㄴ
만성 골수성 백혈병	만성골수성백혈병
중거리 탄도 유도탄	중거리탄도유도탄

제6장 그 밖의 것

제51항 부사의 끝 음절이 분명히 '이'로만 나는 것은 '-이'로 적고, '히'로만 나거나 '이'나 '히'로 나는 것은 '-히'로 적는다.

1. '이'로만 나는 것

가붓이	깨끗이	나붓이	느긋이	둥긋이
따뜻이	반듯이	버젓이	산뜻이	의젓이
가까이	고이	날카로이	대수로이	번거로이
많이	적이	헛되이	겹겹이	번번이
일일이	집집이	틈틈이		

2. '히'로만 나는 것

| 극히 | 급히 | 딱히 | 속히 | 작히 |
| 족히 | 특히 | 엄격히 | 정확히 | |

3. '이, 히'로 나는 것

솔직히	가만히	간편히	나른히	무단히
각별히	소홀히	쓸쓸히	정결히	과감히
꼼꼼히	심히	열심히	급급히	답답히
섭섭히	공평히	능히	당당히	분명히
상당히	조용히	간소히	고요히	도저히

제52항 한자어에서 본음으로도 나고 속음으로도 나는 것은 각각 그 소리에 따라 적는다.

본음으로 나는 것	속음으로 나는 것
승낙(承諾)	수락(受諾), 쾌락(快諾), 허락(許諾)
만난(萬難)	곤란(困難), 논란(論難)
안녕(安寧)	의령(宜寧), 회령(會寧)
분노(忿怒)	대로(大怒), 희로애락(喜怒哀樂)
토론(討論)	의논(議論)
오륙십(五六十)	오뉴월, 유월(六月)
목재(木材)	모과(木瓜)
십일(十日)	시방정토(十方淨土), 시왕(十王), 시월(十月)
팔일(八日)	초파일(初八日)

제53항 다음과 같은 어미는 예사소리로 적는다.(ㄱ을 취하고, ㄴ을 버림.)

ㄱ	ㄴ	ㄱ	ㄴ
-(으)ㄹ거나	-(으)ㄹ꺼나	-(으)ㄹ지니라	-(으)ㄹ찌니라
-(으)ㄹ걸	-(으)ㄹ껄	-(으)ㄹ지라도	-(으)ㄹ찌라도
-(으)ㄹ게	-(으)ㄹ께	-(으)ㄹ지어다	-(으)ㄹ찌어다
-(으)ㄹ세	-(으)ㄹ쎄	-(으)ㄹ지언정	-(으)ㄹ찌언정
-(으)ㄹ세라	-(으)ㄹ쎄라	-(으)ㄹ진대	-(으)ㄹ찐대
-(으)ㄹ수록	-(으)ㄹ쑤록	-(으)ㄹ진저	-(으)ㄹ찐저
-(으)ㄹ시	-(으)ㄹ씨	-올시다	-올씨다
-(으)ㄹ지	-(으)ㄹ찌		

다만, 의문을 나타내는 다음 어미들은 된소리로 적는다.

-(으)ㄹ까?   -(으)ㄹ꼬?   -(스)ㅂ니까?
-(으)리까?   -(으)ㄹ쏘냐?

제54항 다음과 같은 접미사는 된소리로 적는다.(ㄱ을 취하고, ㄴ을 버림.)

ㄱ	ㄴ	ㄱ	ㄴ
심부름꾼	심부름군	귀때기	귓대기
익살꾼	익살군	볼때기	볼대기
일꾼	일군	판자때기	판잣대기
장꾼	장군	뒤꿈치	뒷굼치
장난꾼	장난군	팔꿈치	팔굼치
지게꾼	지겟군	이마빼기	이맛배기
때깔	땟갈	코빼기	콧배기

빛깔	빛갈	객쩍다	객적다
성깔	성갈	겸연쩍다	겸연적다

제55항 두 가지로 구별하여 적던 다음 말들은 한 가지로 적는다.(ㄱ을 취하고, ㄴ을 버림.)

ㄱ	ㄴ
맞추다(입을 맞춘다. 양복을 맞춘다.)	마추다
뻗치다(다리를 뻗친다. 멀리 뻗친다.)	뻐치다

제56항 '-더라, -던'과 '-든지'는 다음과 같이 적는다.

1. 지난 일을 나타내는 어미는 '-더라, -던'으로 적는다.(ㄱ을 취하고, ㄴ을 버림.)

ㄱ	ㄴ
지난 겨울은 몹시 춥더라.	지난 겨울은 몹시 춥드라.
깊던 물이 얕아졌다.	깊든 물이 얕아졌다.
그렇게 좋던가?	그렇게 좋든가?
그 사람 말 잘하던데!	그 사람 말 잘하든데!
얼마나 놀랐던지 몰라.	얼마나 놀랐든지 몰라.

2. 물건이나 일의 내용을 가리지 아니하는 뜻을 나타내는 조사와 어미는 '(-)든지'로 적는다.(ㄱ을 취하고, ㄴ을 버림.)

ㄱ	ㄴ
배든지 사과든지 마음대로 먹어라.	배던지 사과던지 마음대로 먹어라.
가든지 오든지 마음대로 해라.	가던지 오던지 마음대로 해라.

제57항 다음 말들은 각각 구별하여 적는다.

가름	둘로 가름
갈음	새 책상으로 갈음하였다.
거름	풀을 썩인 거름
걸음	빠른 걸음
거치다	영월을 거쳐 왔다.
걷히다	외상값이 잘 걷힌다.
걷잡다	걷잡을 수 없는 상태
겉잡다	겉잡아서 이틀 걸릴 일
그러므로(그러니까)	그는 부지런하다. 그러므로 잘 산다.
그럼으로(써)(그렇게 하는 것으로)	그는 열심히 공부한다. 그럼으로(써) 은혜에 보답한다.
노름	노름판이 벌어졌다.
놀음(놀이)	즐거운 놀음

느리다	진도가 너무 느리다.
늘이다	고무줄을 늘인다.
늘리다	수출량을 더 늘린다.
다리다	옷을 다린다.
달이다	약을 달인다.
다치다	부주의로 손을 다쳤다.
닫히다	문이 저절로 닫혔다.
닫치다	문을 힘껏 닫쳤다.
마치다	벌써 일을 마쳤다.
맞히다	여러 문제를 더 맞혔다.
목거리	목거리가 덧났다.
목걸이	금 목걸이, 은 목걸이
바치다	나라를 위해 목숨을 바쳤다.
받치다	우산을 받치고 간다. / 책받침을 받친다.
받히다	쇠뿔에 받혔다.
밭치다	술을 체에 밭친다.
반드시	약속은 반드시 지켜라.
반듯이	고개를 반듯이 들어라.
부딪치다	차와 차가 마주 부딪쳤다.
부딪히다	마차가 화물차에 부딪혔다.
부치다	힘이 부치는 일이다. 편지를 부친다. 논밭을 부친다. 빈대떡을 부친다. 식목일에 부치는 글 회의에 부치는 안건 인쇄에 부치는 원고 삼촌 집에 숙식을 부친다.
붙이다	우표를 붙인다. 책상을 벽에 붙였다. 흥정을 붙인다. 불을 붙인다. 감시원을 붙인다. 조건을 붙인다. 취미를 붙인다. 별명을 붙인다.

시키다	일을 시킨다.
식히다	끓인 물을 식힌다.
아름	세 아름 되는 둘레
알음	전부터 알음이 있는 사이
앎	앎이 힘이다.
안치다	밥을 안친다.
앉히다	윗자리에 앉힌다.
어름	두 물건의 어름에서 일어난 현상
얼음	얼음이 얼었다.
이따가	이따가 오너라.
있다가	돈은 있다가도 없다.
저리다	다친 다리가 저린다.
절이다	김장 배추를 절인다.
조리다	생선을 조린다. 통조림, 병조림
졸이다	마음을 졸인다.
주리다	여러 날을 주렸다.
줄이다	비용을 줄인다.
하노라고	하노라고 한 것이 이 모양이다.
하느라고	공부하느라고 밤을 새웠다.
-느니보다(어미)	나를 찾아오느니보다 집에 있거라.
-는 이보다(의존 명사)	오는 이가 가는 이보다 많다.
-(으)리만큼(어미)	나를 미워하리만큼 그에게 잘못한 일이 없다.
-(으)ㄹ 이만큼(의존 명사)	찬성할 이도 반대할 이만큼이나 많을 것이다.
-(으)러(목적)	공부하러 간다.
-(으)려(의도)	서울 가려 한다.
-(으)로서(자격)	사람으로서 그럴 수는 없다.
-(으)로써(수단)	닭으로써 꿩을 대신했다.
-(으)므로(어미)	그가 나를 믿으므로 나도 그를 믿는다.
(-ㅁ, -음)으로(써)(조사)	그는 믿음으로(써) 산 보람을 느꼈다.

부록

문장 부호

문장 부호의 이름과 그 사용법은 다음과 같이 정한다.

Ⅰ. 마침표〔終止符〕

1. 온점(.), 고리점(。)
가로쓰기에는 온점, 세로쓰기에는 고리점을 쓴다.

(1) 서술, 명령, 청유 등을 나타내는 문장의 끝에 쓴다.
　　젊은이는 나라의 기둥이다.
　　황금 보기를 돌같이 하라.
　　집으로 돌아가자.

다만, 표제어나 표어에는 쓰지 않는다.
　　압록강은 흐른다(표제어)
　　꺼진 불도 다시 보자(표어)

(2) 아라비아 숫자만으로 연월일을 표시할 적에 쓴다.
　　1919. 3. 1.(1919년 3월 1일)

(3) 표시 문자 다음에 쓴다.
　　1. 마침표　　ㄱ. 물음표　　가. 인명

(4) 준말을 나타내는 데 쓴다.
　　서. 1987. 3. 5.(서기)

2. 물음표(?)
의심이나 물음을 나타낸다.

(1) 직접 질문할 때에 쓴다.
　　이제 가면 언제 돌아오니?
　　이름이 뭐지?

(2) 반어나 수사 의문(修辭疑問)을 나타낼 때 쓴다.
　　제가 감히 거역할 리가 있습니까?
　　이게 은혜에 대한 보답이냐?
　　남북 통일이 되면 얼마나 좋을까?

(3) 특정한 어구 또는 그 내용에 대하여 의심이나 빈정거림, 비웃음 등을 표시할 때, 또는 적절한 말을 쓰기 어려운 경우에 소괄호 안에 쓴다.
　　그것 참 훌륭한(?) 태도야.
　　우리 집 고양이가 가출(?)을 했어요.

〔붙임1〕 한 문장에서 몇 개의 선택적인 물음이 겹쳤을 때에는 맨 끝의 물음에만 쓰지만, 각각 독립된 물음인 경우에는 물음마다 쓴다.

너는 한국인이냐, 중국인이냐?
너는 언제 왔니? 어디서 왔니? 무엇하러?

〔붙임2〕 의문형 어미로 끝나는 문장이라도 의문의 정도가 약할 때에는 물음표 대신 온점(또는 고리점)을 쓸 수도 있다.

이 일을 도대체 어쩐단 말이냐.
아무도 그 일에 찬성하지 않을 거야. 혹 미친 사람이면 모를까.

3. 느낌표(!)

감탄이나 놀람, 부르짖음, 명령 등 강한 느낌을 나타낸다.

(1) 느낌을 힘차게 나타내기 위해 감탄사나 감탄형 종결 어미 다음에 쓴다.

앗!
아, 달이 밝구나!

(2) 강한 명령문 또는 청유문에 쓴다.

지금 즉시 대답해!
부디 몸조심하도록!

(3) 감정을 넣어 다른 사람을 부르거나 대답할 적에 쓴다.

춘향아!
예, 도련님!

(4) 물음의 말로써 놀람이나 항의의 뜻을 나타내는 경우에 쓴다.

이게 누구야!
내가 왜 나빠!

〔붙임〕 감탄형 어미로 끝나는 문장이라도 감탄의 정도가 약할 때에는 느낌표 대신 온점(또는 고리점)을 쓸 수도 있다.

개구리가 나온 것을 보니, 봄이 오긴 왔나.

Ⅱ. 쉼표〔休止符〕

1. 반점(,), 모점(、)

가로쓰기에는 반점, 세로쓰기에는 모점을 쓴다.
문장 안에서 짧은 휴지를 나타낸다.

(1) 같은 자격의 어구가 열거될 때에 쓴다.

근면, 검소, 협동은 우리 겨레의 미덕이다.
충청도의 계룡산, 전라도의 내장산, 강원도의 설악산은 모두 국립 공원이다.

다만, 조사로 연결될 적에는 쓰지 않는다.

매화와 난초와 국화와 대나무를 사군자라고 한다.

(2) 짝을 지어 구별할 필요가 있을 때에 쓴다.
닭과 지네, 개와 고양이는 상극이다.

(3) 바로 다음의 말을 꾸미지 않을 때에 쓴다.
슬픈 사연을 간직한, 경주 불국사의 무영탑
성질 급한, 철수의 누이동생이 화를 내었다.

(4) 대등하거나 종속적인 절이 이어질 때에 절 사이에 쓴다.
콩 심으면 콩 나고, 팥 심으면 팥 난다.
흰 눈이 내리니, 경치가 더욱 아름답다.

(5) 부르는 말이나 대답하는 말 뒤에 쓴다.
애야, 이리 오너라.
예, 지금 가겠습니다.

(6) 제시어 다음에 쓴다.
빵, 빵이 인생의 전부이더냐?
용기, 이것이야말로 무엇과도 바꿀 수 없는 젊은이의 자산이다.

(7) 도치된 문장에 쓴다.
이리 오세요, 어머님.
다시 보자, 한강수야.

(8) 가벼운 감탄을 나타내는 말 뒤에 쓴다.
아, 깜빡 잊었구나.

(9) 문장 첫머리의 접속이나 연결을 나타내는 말 다음에 쓴다.
첫째, 몸이 튼튼해야 된다.
아무튼, 나는 집에 돌아가겠다.

다만, 일반적으로 쓰이는 접속어(그러나, 그러므로, 그리고, 그런데 등) 뒤에는 쓰지 않음을 원칙으로 한다.
그러나 너는 실망할 필요가 없다.

(10) 문장 중간에 끼어든 구절 앞뒤에 쓴다.
나는, 솔직히 말하면, 그 말이 별로 탐탁하지 않소.
철수는 미소를 띠고, 속으로는 화가 치밀었지만, 그들을 맞았다.

(11) 되풀이를 피하기 위하여 한 부분을 줄일 때에 쓴다.
여름에는 바다에서, 겨울에는 산에서 휴가를 즐겼다.

(12) 문맥상 끊어 읽어야 할 곳에 쓴다.
갑돌이가 울면서, 떠나는 갑순이를 배웅했다.
갑돌이가, 울면서 떠나는 갑순이를 배웅했다.
철수가, 내가 제일 좋아하는 친구이다.
남을 괴롭히는 사람들은, 만약 그들이 다른 사람에게 괴롭힘을 당해 본다면, 남을 괴롭히는 일이 얼마나 나쁜 일인지 깨달을 것이다.

(13) 숫자를 나열할 때에 쓴다.
   1, 2, 3, 4

(14) 수의 폭이나 개략의 수를 나타낼 때에 쓴다.
   5, 6세기   6, 7개

(15) 수의 자릿점을 나타낼 때에 쓴다.
   14,314

2. 가운뎃점(·)
열거된 여러 단위가 대등하거나 밀접한 관계임을 나타낸다.

(1) 쉼표로 열거된 어구가 다시 여러 단위로 나누어질 때에 쓴다.
   철수·영이, 영수·순이가 서로 짝이 되어 윷놀이를 하였다.
   공주·논산, 천안·아산·천원 등 각 지역구에서 2명씩 국회 의원을 뽑는다.
   시장에 가서 사과·배·복숭아, 고추·마늘·파, 조기·명태·고등어를 샀다.

(2) 특정한 의미를 가지는 날을 나타내는 숫자에 쓴다.
   3·1 운동   8·15 광복

(3) 같은 계열의 단어 사이에 쓴다.
   경북 방언의 조사·연구
   충북·충남 두 도를 합하여 충청도라고 한다.
   동사·형용사를 합하여 용언이라고 한다.

3. 쌍점(:)

(1) 내포되는 종류를 들 적에 쓴다.
   문장 부호 : 마침표, 쉼표, 따옴표, 묶음표 등
   문방사우 : 붓, 먹, 벼루, 종이

(2) 소표제 뒤에 간단한 설명이 붙을 때에 쓴다.
   일시 : 1984년 10월 15일 10시
   마침표 : 문장이 끝남을 나타낸다.

(3) 저자명 다음에 저서명을 적을 때에 쓴다.
   정약용 : 목민심서, 경세유표
   주시경 : 국어 문법, 서울 박문 서관, 1910.

(4) 시(時)와 분(分), 장(章)과 절(節) 따위를 구별할 때나, 둘 이상을 대비할 때에 쓴다.
   오전 10:20 (오전 10시 20분)
   요한 3:16 (요한 복음 3장 16절)
   대비 65:60 (65대 60)

4. 빗금(/)

(1) 대응, 대립되거나 대등한 것을 함께 보이는 단어와 구, 절 사이에 쓴다.
    남궁만/남궁 만   백이십오 원/125원
    착한 사람/악한 사람   맞닥뜨리다/맞닥트리다

(2) 분수를 나타낼 때에 쓰기도 한다.
    3/4 분기   3/20

Ⅲ. 따옴표〔引用符〕

1. 큰따옴표(" "), 겹낫표(『 』)
가로쓰기에는 큰따옴표, 세로쓰기에는 겹낫표를 쓴다.
대화, 인용, 특별 어구 따위를 나타낸다.

(1) 글 가운데서 직접 대화를 표시할 때에 쓴다.
    "전기가 없었을 때는 어떻게 책을 보았을까?"
    "그야 등잔불을 켜고 보았겠지."

(2) 남의 말을 인용할 경우에 쓴다.
    예로부터 "민심은 천심이다."라고 하였다.
    "사람은 사회적 동물이다."라고 말한 학자가 있다.

2. 작은따옴표(' '), 낫표(「 」)
가로쓰기에는 작은따옴표, 세로쓰기에는 낫표를 쓴다.

(1) 따온 말 가운데 다시 따온 말이 들어 있을 때에 쓴다.
    "여러분! 침착해야 합니다. '하늘이 무너져도 솟아날 구멍이 있다.' 고 합니다."

(2) 마음 속으로 한 말을 적을 때에 쓴다.
    '만약 내가 이런 모습으로 돌아간다면, 모두들 깜짝 놀라겠지.'

〔붙임〕 문장에서 중요한 부분을 두드러지게 하기 위해 드러냄표 대신에 쓰기도 한다.
    지금 필요한 것은 '지식'이 아니라 '실천' 입니다.
    '배부른 돼지' 보다는 '배고픈 소크라테스' 가 되겠다.

Ⅳ. 묶음표〔括弧符〕

1. 소괄호(( ))

(1) 원어, 연대, 주석, 설명 등을 넣을 적에 쓴다.
    커피(coffee)는 기호 식품이다.
    3·1 운동(1919) 당시 나는 중학생이었다.
    '무정(無情)' 은 춘원(6·25 때 납북)의 작품이다.
    니체(독일의 철학자)는 이렇게 말했다.

(2) 특히 기호 또는 기호적인 구실을 하는 문자, 단어, 구에 쓴다.
    (1) 주어   (ㄱ) 명사   (라) 소리에 관한 것

(3) 빈 자리임을 나타낼 적에 쓴다.
    우리 나라의 수도는 (　　)이다.

2. 중괄호({ })

여러 단위를 동등하게 묶어서 보일 때에 쓴다.

주격 조사　{ 가 / 이 }　　　　　국가의 3요소　{ 국토 / 국민 / 주민 }

3. 대괄호(〔 〕)

(1) 묶음표 안의 말이 바깥 말과 음이 다를 때에 쓴다.
    나이〔年歲〕   낱말〔單語〕   手足〔손발〕

(2) 묶음표 안에 또 묶음표가 있을 때에 쓴다.
    명령에 있어서의 불확실〔단호(斷乎)하지 못함〕은 복종에 있어서의 불확실〔모호(模糊)함〕을 낳는다.

V. 이음표〔連結符〕

1. 줄표 (─)

이미 말한 내용을 다른 말로 부연하거나 보충함을 나타낸다.

(1) 문장 중간에 앞의 내용에 대해 부연하는 말이 끼어들 때 쓴다.
    그 신동은 네 살에 ─ 보통 아이 같으면 천자문도 모를 나이에 ─ 벌써 시를 지었다.

(2) 앞의 말을 정정 또는 변명하는 말이 이어질 때 쓴다.
    어머님께 말했다가 ─ 아니, 말씀드렸다가 ─ 꾸중만 들었다.
    이건 내 것이니까 ─ 아니, 내가 처음 발견한 것이니까 ─ 절대로 양보할 수가 없다.

2. 붙임표 (-)

(1) 사전, 논문 등에서 합성어를 나타낼 적에, 또는 접사나 어미임을 나타낼 적에 쓴다.
    겨울-나그네   불-구경   손-발
    휘-날리다   슬기-롭다   -(으)ㄹ걸

(2) 외래어와 고유어 또는 한자어가 결합되는 경우에 쓴다.
    나일론-실   다-장조   빛-에너지   염화-칼륨

3. 물결표 (~)

(1) '내지' 라는 뜻에 쓴다.
    9월 15일~9월 25일

(2) 어떤 말의 앞이나 뒤에 들어갈 말 대신 쓴다.
    새마을: ~ 운동, ~ 노래
    -가(家): 음악~, 미술~

Ⅵ. 드러냄표〔顯在符〕

1. 드러냄표(˚, ˙)

˙이나 ˚을 가로쓰기에는 글자 위에, 세로쓰기에는 글자 오른쪽에 쓴다.
문장 내용 중에서 주의가 미쳐야 할 곳이나 중요한 부분을 특별히 드러내 보일 때 쓴다.

한글의 본 이름은 훈민정음이다.

중요한 것은 왜 사느냐가 아니라 어떻게 사느냐 하는 문제이다.

〔붙임〕 가로쓰기에서는 밑줄(＿＿ , ～～)을 치기도 한다.
다음 보기에서 명사가 <u>아닌</u> 것은?

Ⅶ. 안드러냄표〔潛在符〕

1. 숨김표(××, ○○)

알면서도 고의로 드러내지 않음을 나타낸다.

(1) 금기어나 공공연히 쓰기 어려운 비속어의 경우, 그 글자의 수효만큼 쓴다.

배운 사람 입에서 어찌 ○○○란 말이 나올 수 있느냐?
그 말을 듣는 순간 ×××란 말이 목구멍까지 치밀었다.

(2) 비밀을 유지할 사항일 경우, 그 글자의 수효만큼 쓴다.

육군 ○○부대 ○○○명이 작전에 참가하였다.
그 모임의 참석자는 김×× 씨, 정×× 씨 등 5 명이었다.

2. 빠짐표(□)

글자의 자리를 비워 둠을 나타낸다.

(1) 옛 비문이나 서적 등에서 글자가 분명하지 않을 때에 그 글자의 수효만큼 쓴다.

大師爲法主 □□賴之大 □薦 (옛 비문)

(2) 글자가 들어가야 할 자리를 나타낼 때 쓴다.

훈민정음의 초성 중에서 아음(牙音)은 □□□의 석 자다.

3. 줄임표(……)

(1) 할 말을 줄였을 때에 쓴다.

"어디 나하고 한번……."
하고 철수가 나섰다.

(2) 말이 없음을 나타낼 때에 쓴다.

"빨리 말해!"
"……."

부록 2
표준어 규정

표준어 규정

문교부 고시 제88-2호(1988. 1. 19.)

제1부 표준어 사정 원칙

제1장 총칙

제2장 발음 변화에 따른 표준어 규정

제1절 자음
제2절 모음
제3절 준말
제4절 단수 표준어
제5절 복수 표준어

제3장 어휘 선택의 변화에 따른 표준어 규정

제1절 고어
제2절 한자어
제3절 방언
제4절 단수 표준어
제5절 복수 표준어

제2부 표준 발음법

제1장 총칙

제2장 자음과 모음

제3장 음의 길이

제4장 받침의 발음

제5장 음의 동화

제6장 경음화

제7장 음의 첨가

제1부 표준어 사정 원칙

제1장 총칙

제1항 표준어는 교양 있는 사람들이 두루 쓰는 현대 서울말로 정함을 원칙으로 한다.

제2장 외래어는 따로 사정한다.

제2장 발음 변화에 따른 표준어 규정

제1절 자음

제3항 다음 단어들은 거센소리를 가진 형태를 표준어로 삼는다.(ㄱ을 표준어로 삼고, ㄴ을 버림.)

ㄱ	ㄴ	비고
끄나풀	끄나불	
나팔-꽃	나발-꽃	
녘	녁	동~, 들~, 새벽~, 동 들 ~.
부엌	부억	
살-쾡이	삵-괭이	
칸	간	1. ~막이, 빈 ~, 방 한 ~. 2. '초가 삼간, 윗간'의 경우에는 '간'임.
털어-먹다	떨어-먹다	재물을 다 없애다.

제4항 다음 단어들은 거센소리로 나지 않는 형태를 표준어로 삼는다.(ㄱ을 표준어로 삼고, ㄴ을 버림.)

ㄱ	ㄴ	비고
가을-갈이	가을-카리	
거시기	거시키	
분침	푼침	

제5항 어원에서 멀어진 형태로 굳어져서 널리 쓰이는 것은, 그것을 표준어로 삼는다.(ㄱ을 표준어로 삼고, ㄴ을 버림.)

ㄱ	ㄴ	비고
강낭-콩	강남-콩	
고삿	고샅	겉~, 속~.
사글-세	삭월-세	'월세'는 표준어임.
울력-성당	위력-성당	떼를 지어서 으르고 협박하는 일.

다만, 어원적으로 원형에 더 가까운 형태가 아직 쓰이고 있는 경우에는, 그것을 표준어로 삼는다.(ㄱ을 표준어로 삼고, ㄴ을 버림.)

ㄱ	ㄴ	비고
갈비	가리	~구이, ~찜, 갈빗-대.
갓모	갈모	1. 사기 만드는 물레 밑고리. 2. '갈모'는 갓 위에 쓰는, 유지로 만든 우비.
굴-젓	구-젓	
말-곁	말-겻	
물-수란	물-수랄	
밀-뜨리다	미-뜨리다	
적-이	저으기	적이-나, 적이나-하면.
휴지	수지	

제6항 다음 단어들은 의미를 구별함이 없이, 한 가지 형태만을 표준어로 삼는다.(ㄱ을 표준어로 삼고, ㄴ을 버림.)

ㄱ	ㄴ	비고
돌	돐	생일, 주기.
둘-째	두-째	'제2, 두 개째'의 뜻.
셋-째	세-째	'제3, 세 개째'의 뜻.
넷-째	네-째	'제4, 네 개째'의 뜻.
빌리다	빌다	1. 빌려 주다, 빌려 오다. 2. '용서를 빌다'는 '빌다'임.

다만, '둘째'는 십 단위 이상의 서수사에 쓰일 때에 '두째'로 한다.

ㄱ	ㄴ	비고
열두-째		열두 개째의 뜻은 '열둘째'로.
스물두-째		스물두 개째의 뜻은 '스물둘째'로.

제7항 수컷을 이르는 접두사는 '수-'로 통일한다.(ㄱ을 표준어로 삼고, ㄴ을 버림.)

ㄱ	ㄴ	비고
수-꿩	수-퀑/숫-꿩	'장끼'도 표준어임.
수-나사	숫-나사	
수-놈	숫-놈	
수-사돈	숫-사돈	
수-소	숫-소	'황소'도 표준어임.
수-은행나무	숫-은행나무	

다만 1. 다음 단어에서는 접두사 다음에서 나는 거센소리를 인정한다. 접두사 '암-'이 결합되는 경우에도 이에 준한다.(ㄱ을 표준어로 삼고, ㄴ을 버림.)

ㄱ	ㄴ	비고
수-캉아지	숫-강아지	
수-캐	숫-개	
수-컷	숫-것	
수-키와	숫-기와	
수-탉	숫-닭	
수-탕나귀	숫-당나귀	
수-톨쩌귀	숫-돌쩌귀	
수-퇘지	숫-돼지	
수-평아리	숫-병아리	

다만 2. 다음 단어의 접두사는 '숫-'으로 한다.(ㄱ을 표준어로 삼고, ㄴ을 버림.)

ㄱ	ㄴ	비고
숫-양	수-양	
숫-염소	수-염소	
숫-쥐	수-쥐	

제2절 모음

제8항 양성 모음이 음성 모음으로 바뀌어 굳어진 다음 단어는 음성 모음 형태를 표준어로 삼는다.(ㄱ을 표준어로 삼고, ㄴ을 버림.)

ㄱ	ㄴ	비고
깡충-깡충	깡총-깡총	큰말은 '껑충껑충'임.
-둥이	-동이	← 童-이. 귀-, 막-, 선-, 쌍-, 검-, 바람-, 흰-.
발가숭이	발가송이	센말은 '빨가숭이', 큰말은 '벌거숭이, 뻘거숭이'임.
보퉁이	보통이	
봉죽	봉족	← 奉足. ~꾼, ~들다.
뻗정-다리	뻗장-다리	
아서, 아서라	앗아, 앗아라	하지 말라고 금지하는 말.
오뚝-이	오똑-이	부사도 '오뚝-이'임.
주추	주초	← 柱礎. 주춧-돌.

다만, 어원 의식이 강하게 작용하는 다음 단어에서는 양성 모음 형태를 그대로 표준어로 삼는다.(ㄱ을 표준어로 삼고, ㄴ을 버림.)

ㄱ	ㄴ	비고
부조(扶助)	부주	~금, 부좃-술.
사돈(査頓)	사둔	밭~, 안~.
삼촌(三寸)	삼춘	시~, 외~, 처~.

제9항 'ㅣ' 역행 동화 현상에 의한 발음은 원칙적으로 표준 발음으로 인정하지 아니하되, 다만 다음 단어들은 그러한 동화가 적용된 형태를 표준어로 삼는다.(ㄱ을 표준어로 삼고, ㄴ을 버림.)

ㄱ	ㄴ	비고
-내기	-나기	서울-, 시골-, 신출-, 풋-.
냄비	남비	
동댕이-치다	동당이-치다	

[붙임 1] 다음 단어는 'ㅣ' 역행 동화가 일어나지 아니한 형태를 표준어로 삼는다.(ㄱ을 표준어로 삼고, ㄴ을 버림.)

ㄱ	ㄴ	비고
아지랑이	아지랭이	

[붙임 2] 기술자에게는 '-장이', 그 외에는 '-쟁이'가 붙는 형태를 표준어로 삼는다.(ㄱ을 표준어로 삼고, ㄴ을 버림.)

ㄱ	ㄴ	비고
미장이	미장이	
유기장이	유기쟁이	
멋쟁이	멋장이	
소금쟁이	소금장이	
담쟁이-덩굴	담장이-덩굴	
골목쟁이	골목장이	
발목쟁이	발목장이	

제10항 다음 단어는 모음이 단순화한 형태를 표준어로 삼는다.(ㄱ을 표준어로 삼고, ㄴ을 버림.)

ㄱ	ㄴ	비고
괴팍-하다	괴퍅-하다/괴팩-하다	
-구먼	-구면	
미루-나무	미류-나무	←美柳~.
미륵	미력	←彌勒. ~보살, ~불, 돌~.
여느	여늬	
온-달	왼-달	만 한 달.

으레	으례	
케케-묵다	켸켸-묵다	
허우대	허위대	
허우적-허우적	허위적-허위적	허우적-거리다.

제11항 다음 단어에서는 모음의 발음 변화를 인정하여, 발음이 바뀌어 굳어진 형태를 표준어로 삼는다.(ㄱ을 표준어로 삼고, ㄴ을 버림.)

ㄱ	ㄴ	비고
-구려	-구료	
깍쟁이	깍정이	1. 서울 ~, 알~, 찰~. 2. 도토리, 상수리 등의 받침은 '깍정이'임.
나무라다	나무래다	
미수	미시	미숫-가루.
바라다	바래다	'바램[所望]'은 비표준어임.
상추	상치	~쌈.
시러베-아들	실업의-아들	
주책	주착	← 主着. ~망나니, ~없다.
지루-하다	지리-하다	← 支離.
튀기	트기	
허드레	허드래	허드렛-물, 허드렛-일.
호루라기	호루루기	

제12항 '웃-' 및 '윗-'은 명사 '위'에 맞추어 '윗-'으로 통일한다.(ㄱ을 표준어로 삼고, ㄴ을 버림.)

ㄱ	ㄴ	비고
윗-넓이	웃-넓이	
윗-눈썹	웃-눈썹	
윗-니	웃-니	
윗-당줄	웃-당줄	
윗-덧줄	웃-덧줄	
윗-도리	웃-도리	
윗-동아리	웃-동아리	준말은 '윗동'임.
윗-막이	웃-막이	
윗-머리	웃-머리	
윗-목	웃-목	
윗-몸	웃-몸	~ 운동.
윗-바람	웃-바람	
윗-배	웃-배	
윗-벌	웃-벌	
윗-변	웃-변	수학 용어.

ㄱ	ㄴ	비고
윗-사랑	웃-사랑	
윗-세장	웃-세장	
윗-수염	웃-수염	
윗-입술	웃-입술	
윗-잇몸	웃-잇몸	
윗-자리	웃-자리	
윗-중방	웃-중방	

다만 1. 된소리나 거센소리 앞에서는 '위-'로 한다.(ㄱ을 표준어로 삼고, ㄴ을 버림.)

ㄱ	ㄴ	비고
위-짝	웃-짝	
위-쪽	웃-쪽	
위-채	웃-채	
위-층	웃-층	
위-치마	웃-치마	
위-턱	웃-턱	~ 구름〔上層雲〕.
위-팔	웃-팔	

다만 2. '아래, 위'의 대립이 없는 단어는 '웃-'으로 발음되는 형태를 표준어로 삼는다.(ㄱ을 표준어로 삼고, ㄴ을 버림.)

ㄱ	ㄴ	비고
웃-국	윗-국	
웃-기	윗-기	
웃-돈	윗-돈	
웃-비	윗-비	~ 걷다.
웃-어른	윗-어른	
웃-옷	윗-옷	

제13항 한자 '구(句)'가 붙어서 이루어진 단어는 '귀'로 읽는 것을 인정하지 아니하고, '구'로 통일한다.(ㄱ을 표준어로 삼고, ㄴ을 버림.)

ㄱ	ㄴ	비고
구법(句法)	귀법	
구절(句節)	귀절	
구점(句點)	귀점	
결구(結句)	결귀	
경구(警句)	경귀	
경인구(警人句)	경인귀	

ㄱ	ㄴ	비고
난구(難句)	난귀	
단구(短句)	단귀	
단명구(短命句)	단명귀	~법(對句法).
대구(對句)	대귀	
문구(文句)	문귀	~어(成句語).
성구(成句)	성귀	
시구(詩句)	시귀	
어구(語句)	어귀	
연구(聯句)	연귀	
인용구(引用句)	인용귀	
절구(絶句)	절귀	

다만, 다음 단어는 '귀'로 발음되는 형태를 표준어로 삼는다.(ㄱ을 표준어로 삼고, ㄴ을 버림.)

ㄱ	ㄴ	비고
귀-글	구-글	
글-귀	글-구	

제3절 준말

제14항 준말이 널리 쓰이고 본말이 잘 쓰이지 않는 경우에는, 준말만을 표준어로 삼는다.(ㄱ을 표준어로 삼고, ㄴ을 버림.)

ㄱ	ㄴ	비고
귀찮다	귀치 않다	
김	기음	~ 매다.
똬리	또아리	
무	무우	~강즙, ~말랭이, ~생채, 가랑~, 갓~, 왜~, 총각~.
미다	무이다	1. 털이 빠져 살이 드러나다. 2. 찢어지다.
뱀	배암	
뱀-장어	배암-장어	
빔	비음	설~, 생일~.
샘	새암	~바르다, ~바리.
생-쥐	새앙-쥐	
솔개	소리개	
온-갖	온-가지	
장사-치	장사-아치	

제15항 준말이 쓰이고 있더라도, 본말이 널리 쓰이고 있으면 본말을 표준어로 삼는다.(ㄱ을 표준어로 삼고, ㄴ을 버림.)

ㄱ	ㄴ	비고
경황-없다	경-없다	
궁상-떨다	궁-떨다	
귀이-개	귀-개	
낌새	낌	
낙인-찍다	낙-하다/낙-치다	
내왕-꾼	냉-꾼	
돗-자리	돗	
뒤웅-박	뒝-박	
뒷물-대야	뒷-대야	
마구-잡이	막-잡이	
맵자-하다	맵자다	모양이 제격에 어울리다.
모이	모	
벽-돌	벽	
부스럼	부럼	정월 보름에 쓰는 '부럼'은 표준어임.
살얼음-판	살-판	
수두룩-하다	수둑-하다	
암-죽	암	
어음	엄	
일구다	일다	
죽-살이	죽-살	
퇴박-맞다	퇴-맞다	
한통-치다	통-치다	

[붙임] 다음과 같이 명사에 조사가 붙은 경우에도 이 원칙을 적용한다.(ㄱ을 표준어로 삼고, ㄴ을 버림.)

ㄱ	ㄴ	비고
아래-로	알-로	

제16항 준말과 본말이 다 같이 널리 쓰이면서 준말의 효용이 뚜렷이 인정되는 것은, 두 가지를 다 표준어로 삼는다.(ㄱ은 본말이며, ㄴ은 준말임.)

ㄱ	ㄴ	비고
거짓-부리	거짓-불	작은말은 '가짓부리, 가짓불'임.
노을	놀	저녁~.
막대기	막대	
망태기	망태	
머무르다	머물다	모음 어미가 연결될 때에는 준말의 활용형을 인정하지 않음.
서두르다	서둘다	

서투르다	서툴다	
석새-삼베	석새-베	
시-누이	시-뉘/시-누	
오-누이	오-뉘/오-누	외우며, 외워 : 외며, 외어.
외우다	외다	
이기죽-거리다	이죽-거리다	
찌꺼기	찌끼	'찌꺽지'는 비표준어임.

제4절 단수 표준어

제17항 비슷한 발음의 몇 형태가 쓰일 경우, 그 의미에 아무런 차이가 없고, 그 중 하나가 더 널리 쓰이면, 그 한 형태만을 표준어로 삼는다.(ㄱ을 표준어로 삼고, ㄴ을 버림.)

ㄱ	ㄴ	비고
거든-그리다	거둥-그리다	1. 거든하게 거두어 싸다. 2. 작은말은 '가든-그리다'임.
구어-박다	구워-박다	사람이 한 군데에서만 지내다.
귀-고리	귀엣-고리	
귀-띔	귀-틤	
귀-지	귀에-지	
까딱-하면	까땍-하면	
꼭두-각시	꼭둑-각시	
내색	나색	감정이 나타나는 얼굴빛.
내숭-스럽다	내흉-스럽다	
냠냠-거리다	얌냠-거리다	냠냠-하다.
냠냠-이	얌냠-이	
너[四]	네	~ 돈, ~ 말, ~ 발, ~ 푼.
넉[四]	너/네	~ 냥, ~ 되, ~ 섬, ~ 자.
다다르다	다닫다	
댑-싸리	대-싸리	
더부룩-하다	더뿌룩-하다/듬뿌룩-하다	
-던	-든	선택, 무관의 뜻을 나타내는 어미는 '-든'임. 가-든(지) 말-든(지), 보-든(가) 말-든(가).
-던가	-든가	
-던걸	-든걸	
-던고	-든고	
-던데	-든데	
-던지	-든지	
-(으)려고	-(으)ㄹ려고/-(으)ㄹ라고	
-(으)려야	-(으)ㄹ려야/-(으)ㄹ래야	
망가-뜨리다	망그-뜨리다	
멸치	며루치/메리치	

반빗-아치	반비-아치	'반빗' 노릇을 하는 사람. 찬비(饌婢). '반비'는 밥짓는 일을 맡은 계집종.
보습	보십/보섭	
본새	뽄새	
봉숭아	봉숭화	'봉선화'도 표준어임.
뺨-따귀	뺌-따귀/뺌-따구니	'뺨'의 비속어임.
뻐개다〔斫〕	뻐기다	두 조각으로 가르다.
뻐기다〔誇〕	뻐개다	뽐내다.
사자-탈	사지-탈	
상-판대기	쌍-판대기	
서〔三〕	세/석	~ 돈, ~ 말, ~ 발, ~ 푼.
석〔三〕	세	~ 냥, ~ 되, ~ 섬, ~ 자.
설령(設令)	서령	
-습니다	-읍니다	먹습니다, 갔습니다, 없습니다, 있습니다, 좋습니다. 모음 뒤에는 '-ㅂ니다'임.
시름-시름	시늠-시늠	
씀벅-씀벅	썸벅-썸벅	
아궁이	아궁지	
아내	안해	
어-중간	어지-중간	
오금-팽이	오금-탱이	
오래-오래	도래-도래	돼지 부르는 소리.
-올시다	-올습니다	
옹골-차다	공골-차다	
우두커니	우두머니	작은말은 '오도카니'임.
잠-투정	잠-투세/잠-주정	
재봉-틀	자봉-틀	발~, 손~.
짓-무르다	짓-물다	
짚-북데기	짚-북세기	'짚북더기'도 비표준어임.
쪽	짝	편(便). 이~, 그~, 저~. 다만, '아무-짝'은 '짝'임.
천장(天障)	천정	'천정부지(天井不知)'는 '천정'임.
코-맹맹이	코-맹녕이	
흉-업다	흉-헙다	

제5절 복수 표준어

제18항 다음 단어는 ㄱ을 원칙으로 하고, ㄴ도 허용한다.

ㄱ	ㄴ	비고
네	예	
쇠-	소-	-가죽, -고기, -기름, -머리, -뼈.
괴다	고이다	물이 ~, 밑을 ~.
꾀다	꼬이다	어린애를 ~, 벌레가 ~.
쐬다	쏘이다	바람을 ~.
죄다	조이다	나사를 ~.
쬐다	쪼이다	볕을 ~.

제19항 어감의 차이를 나타내는 단어 또는 발음이 비슷한 단어들이 다 같이 널리 쓰이는 경우에는, 그 모두를 표준어로 삼는다.(ㄱ, ㄴ을 모두 표준어로 삼음.)

ㄱ	ㄴ	비고
거슴츠레-하다	게슴츠레-하다	
고까	꼬까	~신, ~옷.
고린-내	코린-내	
교기(驕氣)	갸기	교만한 태도.
구린-내	쿠린-내	
꺼림-하다	께름-하다	
나부랭이	너부렁이	

제3장 어휘 선택의 변화에 따른 표준어 규정

제1절 고어

제20항 사어(死語)가 되어 쓰이지 않게 된 단어는 고어로 처리하고, 현재 널리 사용되는 단어를 표준어로 삼는다.(ㄱ을 표준어로 삼고, ㄴ을 버림.)

ㄱ	ㄴ	비고
난봉	봉	
낭떠러지	낭	
설거지-하다	설겆다	
애달프다	애닯다	
오동-나무	머귀-나무	
자두	오얏	

제2절 한자어

제21항 고유어 계열의 단어가 널리 쓰이고 그에 대응되는 한자어 계열의 단어가 용도를 잃게 된 것은, 고유어 계열의 단어만을 표준어로 삼는다.(ㄱ을 표준어로 삼고, ㄴ을 버림.)

ㄱ	ㄴ	비고
가루-약	말-약	
구들-장	방-돌	
길품-삯	보행-삯	
까막-눈	맹-눈	
꼭지-미역	총각-미역	
나뭇-갓	시장-갓	
늙-다리	노닥다리	
두껍-닫이	두껍-창	
떡-암죽	병-암죽	
마른-갈이	건-갈이	
마른-빨래	건-빨래	
메-찰떡	반-찰떡	
박달-나무	배달-나무	
밥-소라	식-소라	큰 놋그릇.
사래-논	사래-답	묘지기나 마름이 부쳐 먹는 땅.
사래-밭	사래-전	
삯-말	삯-마	
성냥	화곽	
솟을-무늬	솟을-문(~紋)	
외-지다	벽-지다	
움-파	동-파	
잎-담배	잎-초	
잔-돈	잔-전	
조-당수	조-당죽	
죽데기	피-죽	'죽더기'도 비표준어임.
지겟-다리	목발	지게 동발의 양쪽 다리.
짐-꾼	부지-군(負持-)	
푼-돈	분-전/푼-전	
흰-말	백-말/부루-말	'백마'는 표준어임.
흰-죽	백-죽	

제22항 고유어 계열의 단어가 생명력을 잃고 그에 대응되는 한자어 계열의 단어가 널리 쓰이면, 한자어 계열의 단어를 표준어로 삼는다.(ㄱ을 표준어로 삼고, ㄴ을 버림.)

ㄱ	ㄴ	비고
개다리-소반	개다리-밥상	

겸-상	맞-상	
고봉-밥	높은-밥	
단-벌	홑-벌	
마방-집	마바리-집	馬房~.
민망-스럽다/면구-스럽다	민주-스럽다	
방-고래	구들-고래	
부항-단지	뜸-단지	
산-누에	멧-누에	
산-줄기	멧-줄기/멧-발	
수삼	무삼	
심-돋우개	불-돋우개	
양-파	둥근-파	
어질-병	어질-머리	
윤-달	군-달	
장력-세다	장성-세다	
제석	젯-돗	
총각-무	알-무/알타리-무	
칫-솔	잇-솔	
포수	총-댕이	

제3절 방언

제23항 방언이던 단어가 표준어보다 더 널리 쓰이게 된 것은, 그것을 표준어로 삼는다. 이 경우, 원래의 표준어는 그대로 표준어로 남겨 두는 것을 원칙으로 한다.(ㄱ을 표준어로 삼고, ㄴ도 표준어로 남겨 둠.)

ㄱ	ㄴ	비고
멍게	우렁쉥이	
물-방개	선두리	
애-순	어린-순	

제24항 방언이던 단어가 널리 쓰이게 됨에 따라 표준어이던 단어가 안 쓰이게 된 것은, 방언이던 단어를 표준어로 삼는다.(ㄱ을 표준어로 삼고, ㄴ을 버림.)

ㄱ	ㄴ	비고
귀밑-머리	귓-머리	
까-뭉개다	까-무느다	
막상	마기	
빈대-떡	빈자-떡	
생인-손	생안-손	준말은 '생-손'임.
역-겹다	역-스럽다	
코-주부	코-보	

제4절 단수 표준어

제25항 의미가 똑같은 형태가 몇 가지 있을 경우, 그 중 어느 하나가 압도적으로 널리 쓰이면, 그 단어만을 표준어로 삼는다.(ㄱ을 표준어로 삼고, ㄴ을 버림.)

ㄱ	ㄴ	비고
-게끔	-게시리	
겸사-겸사	겸지-겸지 / 겸두-겸두	
고구마	참-감자	
고치다	낫우다	병을 ~.
골목-쟁이	골목-자기	
광주리	광우리	
괴통	호구	자루를 박는 부분.
국-물	멀-국/말-국	
군-표	군용-어음	
길-잡이	길-앞잡이	'길라잡이'도 표준어임.
까다롭다	까닭-스럽다 / 까탈-스럽다	
까치-발	까치-다리	선반 따위를 받치는 물건.
꼬창-모	말뚝-모	꼬창이로 구멍을 뚫으면서 심는 모.
나룻-배	나루	'나루[津]'는 표준어임.
납-도리	민-도리	
농-지거리	기롱-지거리	다른 의미의 '기롱지거리'는 표준어임. 간섭을 잘 하다.
다사-스럽다	다사-하다	이리 ~.
다오	다구	
담배-꽁초	담배-꼬투리 / 담배-꽁치 / 담배-꽁추	
담배-설대	대-설대	
대장-일	성냥-일	
뒤져-내다	뒤어-내다	
뒤통수-치다	뒤꼭지-치다	
등-나무	등-칡	'등'의 낮은 말.
등-때기	등-떠리	
등잔-걸이	등경-걸이	
떡-보	떡-충이	
똑딱-단추	딸꼭-단추	
매-만지다	우미다	
먼-발치	먼-발치기	
며느리-발톱	뒷-발톱	
명주-붙이	주-사니	
목-메다	목-맺히다	
밀짚-모자	보릿짚-모자	
바가지	열-바가지/열-박	

바람-꼭지	바람-고다리	튜브의 바람을 넣는 구멍에 붙은, 쇠로 만든 꼭지.
반-나절	나절-가웃	
반두	독대	그물의 한 가지.
버젓-이	뉘연-히	
본-받다	법-받다	
부각	다시마-자반	
부끄러워-하다	부끄리다	
부스러기	부스럭지	
부지깽이	부지깽이	
부항-단지	부항-항아리	부스럼에서 피고름을 빨아 내기 위하여 부항을 붙이는 데 쓰는, 자그마한 단지.
붉으락-푸르락	푸르락-붉으락	
비켜-덩이	옆-사리미	김맬 때에 흙덩이를 옆으로 빼내는 일, 또는 그 흙덩이.
빙충-이	빙충-맞이	작은말은 '뱅충이'.
빠-뜨리다	빠-치다	'빠트리다'도 표준어임.
뻣뻣-하다	왜긋다	
뽐-내다	느물다	
사로-잠그다	사로-채우다	자물쇠나 빗장 따위를 반 정도만 걸어 놓다.
살-풀이	살-막이	
상투-쟁이	상투-꼬부랑이	상투 튼 이를 놀리는 말.
새앙-손이	생강-손이	
샛-별	새벽-별	
선-머슴	풋-머슴	
섭섭-하다	애운-하다	
속-말	속-소리	국악 용어 '속소리'는 표준어임.
손목-시계	팔목-계/팔뚝-시계	
손-수레	손-구루마	'구루마'는 일본어임.
쇠-고랑	고랑-쇠	
수도-꼭지	수도-고동	
숙성-하다	숙-지다	
순대	골집	
술-고래	술-꾸러기 / 술-부대 / 술-보 / 술-푸대	
식은-땀	찬-땀	
신기-롭다	신기-스럽다	'신기하다'도 표준어임.
쌍동-밤	쪽-밤	
쏜살-같이	쏜살-로	
아주	영판	
안-걸이	안-낚시	씨름 용어.

안다미-씌우다	안다미-시키다	제가 담당할 책임을 남에게 넘기다.
안쓰럽다	안-슬프다	
안절부절-못하다	안절부절-하다	
앉은뱅이-저울	앉은-저울	
알-사탕	구슬-사탕	
암-내	곁땀-내	
앞-지르다	따라-먹다	
애-벌레	어린-벌레	
얕은-꾀	물탄-꾀	
언뜻	펀뜻	
언제나	노다지	
얼룩-말	워라-말	
-에는	-엘랑	
열심-히	열심-로	
입-담	말-담	
자배기	너벅지	
전봇-대	전선-대	
주책-없다	주책-이다	'주착 → 주책'은 제11항 참조.
쥐락-펴락	펴락-쥐락	
-지만	-지만서도	← 지마는.
짓고-땡	지어-땡 / 짓고-땡이	
짧은-작	짜른-작	
찹-쌀	이-찹쌀	
청대-콩	푸른-콩	
칡-범	갈-범	

제5절 복수 표준어

제26항 한 가지 의미를 나타내는 형태 몇 가지가 널리 쓰이며 표준어 규정에 맞으면, 그 모두를 표준어로 삼는다.

복수 표준어	비고
가는-허리 / 잔-허리	
가락-엿 / 가래-엿	
가뭄 / 가물	
가엾다 / 가엽다	가엾어 / 가여워, 가엾은 / 가여운.
감감-무소식 / 감감-소식	
개수-통 / 설거지-통	'설겆다'는 '설거지-하다'로.
개숫-물 / 설거지-물	
갱-엿 / 검은-엿	
-거리다 / -대다	가물-, 출렁-.
거위-배 / 횟-배	
것 / 해	내 ~, 네 ~, 뉘 ~.

게을러-빠지다/게을러-터지다	
고깃-간/푸줏-간	'고깃-관, 푸줏-관, 다림-방'은 비표준어임.
곰곰/곰곰-이	
관계-없다/상관-없다	
교정-보다/준-보다	
구들-재/구재	
귀퉁-머리/귀퉁-배기	'귀퉁이'의 비어임.
극성-떨다/극성-부리다	
기세-부리다/기세-피우다	
기승-떨다/기승-부리다	
깃-저고리/배내-옷/배냇-저고리	
꼬까/때때/고까	~신, ~옷.
꼬리-별/살-별	
꽃-도미/붉-돔	
나귀/당-나귀	
날-걸/세-뿔	윷판의 쨀밭 다음의 셋째 밭.
내리-글씨/세로-글씨	
넝쿨/덩굴	'덩쿨'은 비표준어임.
녘/쪽	동~, 서~.
눈-대중/눈-어림/눈-짐작	
느리-광이/느림-보/늘-보	
늦-모/마냥-모	← 만이앙-모.
다기-지다/다기-차다	
다달-이/매-달	
-다마다/-고말고	
다박-나룻/다박-수염	
닭의-장/닭-장	
댓-돌/툇-돌	
덧-창/겉-창	
독장-치다/독판-치다	
동자-기둥/쪼구미	
돼지-감자/뚱딴지	
되우/된통/되게	
두동-무니/두동-사니	윷놀이에서, 두 동이 한데 어울려 가는 말.
뒷-갈망/뒷-감당	
뒷-말/뒷-소리	
들락-거리다/들랑-거리다	
들락-날락/들랑-날랑	
딴-전/딴-청	
땅-콩/호-콩	
땔-감/땔-거리	
-뜨리다/-트리다	깨-, 떨어-, 쏟-.

뜬-것 / 뜬-귀신	
마룻-줄 / 용총-줄	돛대에 매어 놓은 줄. '이어줄'은 비표준어임.
마-파람 / 앞-바람	
만장-판 / 만장-중(滿場中)	
만큼 / 만치	
말-동무 / 말-벗	
매-갈이 / 매-조미	
매-통 / 목-매	
먹-새 / 먹음-새	'먹음-먹이'는 비표준어임.
멀찌감치 / 멀찌가니 / 멀찍이	
먹통 / 산-먹 / 산-먹통	
면-치레 / 외면-치레	
모-내다 / 모-심다	모-내기, 모-심기.
모쪼록 / 아무쪼록	
목판-되 / 모-되	
목화-씨 / 면화-씨	
무심-결 / 무심-중	
물-봉숭아 / 물-봉선화	
물-부리 / 빨-부리	
물-심부름 / 물-시중	
물추리-나무 / 물추리-막대	
물-타작 / 진-타작	
민둥-산 / 벌거숭이-산	
밑-층 / 아래-층	
바깥-벽 / 밭-벽	
바른 / 오른[右]	~손, ~쪽, ~편.
발-모가지 / 발-목쟁이	'발목'의 비속어임.
버들-강아지 / 버들-개지	
벌레 / 버러지	'벌거지, 벌러지'는 비표준어임.
변덕-스럽다 / 변덕-맞다	
보-조개 / 볼-우물	
보통-내기 / 여간-내기 / 예사-내기	'행-내기'는 비표준어임.
볼-따구니 / 볼-퉁이 / 볼-때기	'볼'의 비속어임.
부침개-질 / 부침-질 / 지짐-질	'부치개-질'은 비표준어임.
불똥-앉다 / 등화-지다 / 등화-앉다	
불-사르다 / 사르다	
비발 / 비용(費用)	
뾰두라지 / 뾰루지	
살-쾡이 / 삵	삵-피.
삽살-개 / 삽사리	
상두-꾼 / 상여-꾼	'상도-꾼, 향도-꾼'은 비표준어임.
상-씨름 / 소-걸이	

생/새앙/생강	
생-뿔/새앙-뿔/생강-뿔	'쇠뿔'의 형용.
생-철/양-철	1. '서양철'은 비표준어임. 2. '生鐵'은 '무쇠'임.
서럽다/섧다	'설다'는 비표준어임.
서방-질/화냥-질	
성글다/성기다	
-(으)세요/-(으)셔요	
송이/송이-버섯	
수수-깡/수숫-대	
술-안주/안주	
-스레하다/-스름하다	거무-, 발그-.
시늉-말/흉내-말	
시새/세사(細沙)	
신/신발	
신주-보/독보(櫝褓)	
심술-꾸러기/심술-쟁이	
씁쓰레-하다/씁쓰름-하다	
아귀-세다/아귀-차다	
아래-위/위-아래	
아무튼/어떻든/어쨌든/하여튼/여하튼	
앉음-새/앉음-앉음	
알은-척/알은-체	
애-갈이/애벌-갈이	
애꾸눈-이/외눈-박이	'외대-막이, 외눈-퉁이'는 비표준어임.
양념-감/양념-거리	
어금버금-하다/어금지금-하다	
어기여차/어여차	
어림-잡다/어림-치다	
어이-없다/어처구니-없다	
어저께/어제	
언덕-바지/언덕-배기	
얼렁-뚱땅/엄벙-떙	
여왕-벌/장수-벌	
여쭈다/여쭙다	
여태/입때	'여직'은 비표준어임.
여태-껏/이제-껏/입때-껏	'여직-껏'은 비표준어임.
역성-들다/역성-하다	'편역-들다'는 비표준어임.
연-달다/잇-달다	
엿-가락/엿-가래	
엿-기름/엿-길금	
엿-반대기/엿-자박	
오사리-잡놈/오색-잡놈	'오합-잡놈'은 비표준어임.

옥수수/강냉이	~떡, ~묵, ~밥, ~튀김.
왕골-기직/왕골-자리	
외겹-실/외올-실/홑-실	'홑겹-실, 올-실'은 비표준어임.
외손-잡이/한손-잡이	
욕심-꾸러기/욕심-쟁이	
우레/천둥	우렛-소리, 천둥-소리.
우지/울-보	
을러-대다/을러-메다	
의심-스럽다/의심-쩍다	
-이에요/-이어요	
이틀-거리/당-고금	학질의 일종임.
일일-이/하나-하나	
일찌감치/일찌거니	
입찬-말/입찬-소리	
자리-옷/잠-옷	
자물-쇠/자물-통	
장가-가다/장가-들다	'서방-가다'는 비표준어임.
재롱-떨다/재롱-부리다	
제-가끔/제-각기	
좀처럼/좀-체	'좀-체로, 좀-해선, 좀-해'는 비표준어임.
줄-꾼/줄-잡이	
중신/중매	
짚-단/짚-뭇	
쪽/편	오른~, 왼~.
차차/차츰	
책-씻이/책-거리	
척/체	모르는 ~, 잘난 ~.
천연덕-스럽다/천연-스럽다	
철-따구니/철-딱서니/철-딱지	'철-때기'는 비표준어임.
추어-올리다/추어-주다	'추켜-올리다'는 비표준어임.
축-가다/축-나다	
침-놓다/침-주다	
통-꼭지/통-젖	통에 붙은 손잡이.
파자-쟁이/해자-쟁이	점치는 이.
편지-투/편지-틀	
한턱-내다/한턱-하다	
해웃-값/해웃-돈	'해우-차'는 비표준어임.
혼자-되다/홀로-되다	
흠-가다/흠-나다/흠-지다	

제2부 표준 발음법

제1장 총 칙

제1항 표준 발음법은 표준어의 실제 발음을 따르되, 국어의 전통성과 합리성을 고려하여 정함을 원칙으로 한다.

제2장 자음과 모음

제2항 표준어의 자음은 다음 19개로 한다.

ㄱ ㄲ ㄴ ㄷ ㄸ ㄹ ㅁ ㅂ ㅃ ㅅ ㅆ ㅇ ㅈ ㅉ ㅊ ㅋ ㅌ ㅍ ㅎ

제3항 표준어의 모음은 다음 21개로 한다.

ㅏ ㅐ ㅑ ㅒ ㅓ ㅔ ㅕ ㅖ ㅗ ㅘ ㅙ ㅚ ㅛ ㅜ ㅝ ㅞ ㅟ ㅠ ㅡ ㅢ ㅣ

제4항 'ㅏ ㅐ ㅓ ㅔ ㅗ ㅚ ㅜ ㅟ ㅡ ㅣ'는 단모음(單母音)으로 발음한다.

〔붙임〕 'ㅚ, ㅟ'는 이중 모음으로 발음할 수 있다.

제5항 'ㅑ ㅒ ㅕ ㅖ ㅘ ㅙ ㅛ ㅝ ㅞ ㅠ ㅢ'는 이중 모음으로 발음한다.

다만 1. 용언의 활용형에 나타나는 '져, 쪄, 쳐'는 [저, 쩌, 처]로 발음한다.
　　가지어 → 가져[가저]　　찌어 → 쪄[쩌]　　다치어 → 다쳐[다처]

다만 2. '예, 례' 이외의 'ㅖ'는 [ㅔ]로도 발음한다.
　　계집[계:집/게:집]　　　　　　계시다[계:시다/게:시다]
　　시계[시계/시게](時計)　　　　연계[연계/연게](連繫)
　　몌별[몌별/메별](袂別)　　　　개폐[개폐/개페](開閉)
　　혜택[혜:택/헤:택](惠澤)　　　지혜[지혜/지헤](智慧)

다만 3. 자음을 첫소리로 가지고 있는 음절의 'ㅢ'는 [ㅣ]로 발음한다.
　　늴리리　　　　닁큼　　　　무늬　　　　띄어쓰기　　　　씌어
　　틔어　　　　　희어　　　　희떱다　　　희망　　　　　　유희

다만 4. 단어의 첫음절 이외의 '의'는 [ㅣ]로, 조사 '의'는 [ㅔ]로 발음함도 허용한다.
　　주의[주의/주이]　　　　　　협의[혀븨/혀비]
　　우리의[우리의/우리에]　　　강의의[강:의의/강:이에]

제3장 음의 길이

제6항 모음의 장단을 구별하여 발음하되, 단어의 첫음절에서만 긴소리가 나타나는 것을 원칙으로 한다.

(1)　눈보라[눈:보라]　　　말씨[말:씨]　　　　밤나무[밤:나무]
　　　많다[만:타]　　　　　멀리[멀:리]　　　　벌리다[벌:리다]

(2) 첫눈[천눈]　　　　　　참말[참말]　　　　　　쌍동밤[쌍동밤]
　　　수많이[수:마니]　　　　눈멀다[눈멀다]　　　떠벌리다[떠벌리다]

다만, 합성어의 경우에는 둘째 음절 이하에서도 분명한 긴소리를 인정한다.
　　　반신반의[반:신 바:늬/반:신 바:니]　　　재삼재사[재:삼 재:사]

〔붙임〕 용언의 단음절 어간에 어미 '-아/-어'가 결합되어 한 음절로 축약되는 경우에도 긴소리로 발음한다.
　　　보아 → 봐[봐:]　　　기어 → 겨[겨:]　　　되어 → 돼[돼:]
　　　두어 → 둬[둬:]　　　하여 → 해[해:]

다만, '오아 → 와, 지어 → 져, 찌어 → 쪄, 치어 → 쳐' 등은 긴소리로 발음하지 않는다.

제7항 긴소리를 가진 음절이라도, 다음과 같은 경우에는 짧게 발음한다.

1. 단음절인 용언 어간에 모음으로 시작된 어미가 결합되는 경우
　　　감다[감:따] — 감으니[가므니]　　　밟다[밥:따] — 밟으면[발브면]
　　　신다[신:따] — 신어[시너]　　　　알다[알:다] — 알아[아라]

　　다만, 다음과 같은 경우에는 예외적이다.
　　　끌다[끌:다] — 끌어[끄:러]　　　떫다[떨:따] — 떫은[떨:븐]
　　　벌다[벌:다] — 벌어[버:러]　　　썰다[썰:다] — 썰어[써:러]
　　　없다[업:따] — 없으니[업:쓰니]

2. 용언 어간에 피동, 사동의 접미사가 결합되는 경우
　　　감다[감:따] — 감기다[감기다]　　　꼬다[꼬:다] — 꼬이다[꼬이다]
　　　밟다[밥:따] — 밟히다[발피다]

　　다만, 다음과 같은 경우에는 예외적이다.
　　　끌리다[끌:리다]　　　벌리다[벌:리다]　　　없애다[업:쌔다]

〔붙임〕 다음과 같은 복합어에서는 본디의 길이에 관계없이 짧게 발음한다.
　　　밀-물　　　썰-물　　　쏜-살-같이　　　작은-아버지

제4장 받침의 발음

제8항 받침소리로는 'ㄱ, ㄴ, ㄷ, ㄹ, ㅁ, ㅂ, ㅇ'의 7개 자음만 발음한다.
제9항 받침 'ㄲ, ㅋ', 'ㅅ, ㅆ, ㅈ, ㅊ, ㅌ', 'ㅍ'은 어말 또는 자음 앞에서 각각 대표음 [ㄱ, ㄷ, ㅂ]으로 발음한다.
　　　닦다[닥따]　　　키읔[키윽]　　　키읔과[키윽꽈]　　　옷[옫]
　　　웃다[욷:따]　　　있다[읻따]　　　젖[젇]　　　　　　빚다[빋따]
　　　꽃[꼳]　　　　　쫓다[쫃따]　　　솥[솓]　　　　　　뱉다[밷:따])
　　　앞[압]　　　　　덮다[덥따]

제10항 겹받침 'ㄳ', 'ㄵ', 'ㄼ, ㄽ, ㄾ', 'ㅄ'은 어말 또는 자음 앞에서 각각 [ㄱ, ㄴ, ㄹ, ㅂ]으로 발음한다.

  넋[넉] 넋과[넉꽈] 앉다[안따] 여덟[여덜] 넓다[널따]
  외곬[외골] 핥다[할따] 값[갑] 없다[업ː따]

다만, '밟-'은 자음 앞에서 [밥]으로 발음하고, '넓-'은 다음과 같은 경우에 [넙]으로 발음한다.

  (1) 밟다[밥ː따] 밟소[밥ː쏘] 밟지[밥ː찌]
    밟는[밥ː는 → 밤ː는] 밟게[밥ː께] 밟고[밥ː꼬]

  (2) 넓-죽하다[넙쭈카다] 넓-둥글다[넙뚱글다]

제11항 겹받침 'ㄺ, ㄻ, ㄿ'은 어말 또는 자음 앞에서 각각 [ㄱ, ㅁ, ㅂ]으로 발음한다.

  닭[닥] 흙과[흑꽈] 맑다[막따] 늙지[늑찌]
  삶[삼ː] 젊다[점ː따] 읊고[읍꼬] 읊다[읍따]

다만, 용언의 어간 말음 'ㄺ'은 'ㄱ' 앞에서 [ㄹ]로 발음한다.

  맑게[말께] 묽고[물꼬] 얽거나[얼꺼나]

제12항 받침 'ㅎ'의 발음은 다음과 같다.

1. 'ㅎ(ㄶ, ㅀ)' 뒤에 'ㄱ, ㄷ, ㅈ'이 결합되는 경우에는, 뒤 음절 첫소리와 합쳐서 [ㅋ, ㅌ, ㅊ]으로 발음한다.
  놓고[노코] 좋던[조ː턴] 쌓지[싸치]
  많고[만ː코] 않던[안턴] 닳지[달치]

 〔붙임 1〕 받침 'ㄱ(ㄺ), ㄷ, ㅂ(ㄼ), ㅈ(ㄵ)'이 뒤 음절 첫소리 'ㅎ'과 결합되는 경우에도, 역시 두 음을 합쳐서 [ㅋ, ㅌ, ㅍ, ㅊ]으로 발음한다.
  각하[가카] 먹히다[머키다] 밝히다[발키다]
  맏형[마텽] 좁히다[조피다] 넓히다[널피다]
  꽂히다[꼬치다] 앉히다[안치다]

 〔붙임 2〕 규정에 따라 'ㄷ'으로 발음되는 'ㅅ, ㅈ, ㅊ, ㅌ'의 경우에도 이에 준한다.
  옷 한 벌[오탄벌] 낮 한때[나탄때] 꽃 한 송이[꼬탄송이] 숱하다[수타다]

2. 'ㅎ(ㄶ, ㅀ)' 뒤에 'ㅅ'이 결합되는 경우에는, 'ㅅ'을 [ㅆ]으로 발음한다.
  닿소[다쏘] 많소[만ː쏘] 싫소[실쏘]

3. 'ㅎ' 뒤에 'ㄴ'이 결합되는 경우에는, [ㄴ]으로 발음한다.
  놓는[논는] 쌓네[싼네]

 〔붙임〕 'ㄶ, ㅀ' 뒤에 'ㄴ'이 결합되는 경우에는, 'ㅎ'을 발음하지 않는다.
  않네[안네] 않는[안는] 뚫네[뚤네 → 뚤레] 뚫는[뚤는 → 뚤른]
  * '뚫네[뚤네 → 뚤레], 뚫는[뚤는 → 뚤른]'에 대해서는 제20항 참조.

4. 'ㅎ(ㄶ, ㅀ)' 뒤에 모음으로 시작된 어미나 접미사가 결합되는 경우에는, 'ㅎ'을 발음하지 않는다.
  낳은[나은] 놓아[노아] 쌓이다[싸이다] 많아[마ː나]
  않은[아는] 닳아[다라] 싫어도[시러도]

제13항 홑받침이나 쌍받침이 모음으로 시작된 조사나 어미, 접미사와 결합되는 경우에는, 제 음가대로 뒤 음절 첫소리로 옮겨 발음한다.

깎아[까까]   옷이[오시]   있어[이써]   낮이[나지]   꽂아[꼬자]
꽃을[꼬츨]   쫓아[쪼차]   밭에[바테]   앞으로[아프로]   덮이다[더피다]

제14항 겹받침이 모음으로 시작된 조사나 어미, 접미사와 결합되는 경우에는, 뒤엣것만을 뒤 음절 첫소리로 옮겨 발음한다.(이 경우, 'ㅅ'은 된소리로 발음함.)

넋이[넉씨]   앉아[안자]   닭을[달글]   젊어[절머]
곬이[골씨]   핥아[할타]   읊어[을퍼]   값을[갑쓸]   없어[업ː써]

제15항 받침 뒤에 모음 'ㅏ, ㅓ, ㅗ, ㅜ, ㅟ'들로 시작되는 실질 형태소가 연결되는 경우에는, 대표음으로 바꾸어서 뒤 음절 첫소리로 옮겨 발음한다.

밭 아래[바다래]   늪 앞[느밥]   젖어미[저더미]   맛없다[마덥따]
겉옷[거돋]   헛웃음[허두슴]   꽃 위[꼬뒤]

다만, '맛있다, 멋있다'는 [마싣따], [머싣따]로도 발음할 수 있다.

〔붙임〕 겹받침의 경우에는, 그 중 하나만을 옮겨 발음한다.

넋없다[너겁따]   닭 앞에[다가페]   값어치[가버치]   값있는[가빈는]

제16항 한글 자모의 이름은 그 받침소리를 연음하되, 'ㄷ, ㅅ, ㅈ, ㅊ, ㅋ, ㅌ, ㅍ, ㅎ'의 경우에는 특별히 다음과 같이 발음한다.

디귿이[디그시]   디귿을[디그슬]   디귿에[디그세]
지읒이[지으시]   지읒을[지으슬]   지읒에[지으세]
치읓이[치으시]   치읓을[치으슬]   치읓에[치으세]
키읔이[키으기]   키읔을[키으글]   키읔에[키으게]
티읕이[티으시]   티읕을[티으슬]   티읕에[티으세]
피읖이[피으비]   피읖을[피으블]   피읖에[피으베]
히읗이[히으시]   히읗을[히으슬]   히읗에[히으세]

제5장 음의 동화

제17항 받침 'ㄷ, ㅌ(ㄾ)'이 조사나 접미사의 모음 'ㅣ'와 결합되는 경우에는, [ㅈ, ㅊ]으로 바꾸어서 뒤 음절 첫소리로 옮겨 발음한다.

곧이듣다[고지듣따]   굳이[구지]   미닫이[미다지]
땀받이[땀바지]   밭이[바치]   벼훑이[벼훌치]

[붙임] 'ㄷ' 뒤에 접미사 '히'가 결합되어 '티'를 이루는 것은 [치]로 발음한다.

굳히다[구치다]   닫히다[다치다]   묻히다[무치다]

제18항 받침 'ㄱ(ㄲ, ㅋ, ㄳ, ㄺ), ㄷ(ㅅ, ㅆ, ㅈ, ㅊ, ㅌ, ㅎ), ㅂ(ㅍ, ㄼ, ㄿ, ㅄ)'은 'ㄴ, ㅁ' 앞에서 [ㅇ, ㄴ, ㅁ]으로 발음한다.

먹는[멍는]   국물[궁물]   깎는[깡는]   키읔만[키응만]
몫몫이[몽목씨]   긁는[긍는]   흙만[흥만]   닫는[단는]

짓는[진ː는]	옷맵시[온맵씨]	있는[인는]	맞는[만는]
젖멍울[전멍울]	쫓는[쫀는]	꽃망울[꼰망울]	붙는[분는]
놓는[논는]	잡는[잠는]	밥물[밤물]	앞마당[암마당]
밟는[밤ː는]	읊는[음는]	없는[엄ː는]	값매다[감매다]

〔붙임〕 두 단어를 이어서 한 마디로 발음하는 경우에도 이와 같다.
  책 넣는다[챙년는다]   흙 말리다[홍말리다]   옷 맞추다[온마추다]
  밥 먹는다[밤멍는다]   값 매기다[감매기다]

제19항 받침 'ㅁ, ㅇ' 뒤에 연결되는 'ㄹ'은 [ㄴ]으로 발음한다.
  담력[담ː녁]   침략[침냑]   강릉[강능]   항로[항ː노]
  대통령[대ː통녕]

〔붙임〕 받침 'ㄱ, ㅂ' 뒤에 연결되는 'ㄹ'도 [ㄴ]으로 발음한다.
  막론[막논 → 망논]   백리[백니 → 뱅니]   협력[협녁 → 혐녁]   십리[십니 → 심니]

제20항 'ㄴ'은 'ㄹ'의 앞이나 뒤에서 [ㄹ]로 발음한다.

  (1) 난로[날ː로]   신라[실라]   천리[철리]   광한루[광ː할루]   대관령[대ː괄령]

  (2) 칼날[칼랄]   물난리[물랄리]   줄넘기[줄럼끼]   할는지[할른지]

〔붙임〕 첫소리 'ㄴ'이 'ㅀ', 'ㄾ' 뒤에 연결되는 경우에도 이에 준한다.
  닳는[달른]   뚫는[뚤른]   핥네[할레]

다만, 다음과 같은 단어들은 'ㄹ'을 [ㄴ]으로 발음한다.
  의견란[의ː견난]   임진란[임ː진난]   생산량[생산냥]
  결단력[결딴녁]   공권력[공꿘녁]   동원령[동ː원녕]
  상견례[상견녜]   횡단로[횡단노]   이원론[이ː원논]
  입원료[이붠뇨]   구근류[구근뉴]

제21항 위에서 지적한 이외의 자음 동화는 인정하지 않는다.
  감기[감ː기](×[강ː기])   옷감[옫깜](×[옥깜])
  있고[읻꼬](×[익꼬])   꽃길[꼳낄](×[꼭낄])
  젖먹이[전머기](×[점머기])   문법[문뻡](×[뭄뻡])
  꽃밭[꼳빧](×[꼽빧])

제22항 다음과 같은 용언의 어미는 [어]로 발음함을 원칙으로 하되, [여]로 발음함도 허용한다.
  되어[되어/되여]   피어[피어/피여]

〔붙임〕 '이오, 아니오'도 이에 준하여 [이요, 아니요]로 발음함을 허용한다.

제6장 경음화

제23항 받침 'ㄱ(ㄲ, ㅋ, ㄳ, ㄺ), ㄷ(ㅅ, ㅆ, ㅈ, ㅊ, ㅌ), ㅂ(ㅍ, ㄼ, ㄿ, ㅄ)' 뒤에 연결되는 'ㄱ, ㄷ, ㅂ, ㅅ, ㅈ'은 된소리로 발음한다.

국밥[국빱]	깎다[깍따]	넋받이[넉빠지]	삯돈[삭똔]
닭장[닥짱]	칡범[칙뻠]	뻗대다[뻗때다]	옷고름[옫꼬름]
있던[읻떤]	꽂고[꼳꼬]	꽃다발[꼳따발]	낯설다[낟썰다]
밭갈이[받까리]	솥전[솓쩐]	곱돌[곱똘]	덮개[덥깨]
옆집[엽찝]	넓죽하다[넙쭈카다]	읊조리다[읍쪼리다]	값지다[갑찌다]

제24항 어간 받침 'ㄴ(ㄵ), ㅁ(ㄻ)' 뒤에 결합되는 어미의 첫소리 'ㄱ, ㄷ, ㅅ, ㅈ'은 된소리로 발음한다.

신고[신ː꼬]	껴안다[껴안따]	앉고[안꼬]	얹다[언따]
삼고[삼ː꼬]	더듬지[더듬찌]	닮고[담ː꼬]	젊지[점ː찌]

다만, 피동, 사동의 접미사 '-기-'는 된소리로 발음하지 않는다.

안기다	감기다	굶기다	옮기다

제25항 어간 받침 'ㄼ, ㄾ' 뒤에 결합되는 어미의 첫소리 'ㄱ, ㄷ, ㅅ, ㅈ'은 된소리로 발음한다.

넓게[널께]	핥다[할따]	훑소[훌쏘]	떫지[떨ː찌]

제26항 한자어에서, 'ㄹ' 받침 뒤에 연결되는 'ㄷ, ㅅ, ㅈ'은 된소리로 발음한다.

갈등[갈뜽]	발동[발똥]	절도[절또]	말살[말쌀]
불소[불쏘](弗素)	일시[일씨]	갈증[갈쯩]	물질[물찔]
발전[발쩐]	몰상식[몰쌍식]	불세출[불쎄출]	

다만, 같은 한자가 겹쳐진 단어의 경우에는 된소리로 발음하지 않는다.

허허실실[허허실실](虛虛實實)   절절-하다[절절하다](切切-)

제27항 관형사형 '-(으)ㄹ' 뒤에 연결되는 'ㄱ, ㄷ, ㅂ, ㅅ, ㅈ'은 된소리로 발음한다.

할 것을[할꺼슬]	갈 데가[갈떼가]	할 바를[할빠를]
할 수는[할쑤는]	할 적에[할쩌게]	갈 곳[갈꼳]
할 도리[할또리]	만날 사람[만날싸람]	

다만, 끊어서 말할 적에는 예사소리로 발음한다.

[붙임] '-(으)ㄹ'로 시작되는 어미의 경우에도 이에 준한다.

할걸[할껄]	할밖에[할빠께]	할세라[할쎄라]	할수록[할쑤록]
할지라도[할찌라도]	할지언정[할찌언정]	할진대[할찐대]	

제28항 표기상으로는 사이시옷이 없더라도, 관형격 기능을 지니는 사이시옷이 있어야 할(휴지가 성립되는) 합성어의 경우에는, 뒤 단어의 첫소리 'ㄱ, ㄷ, ㅂ, ㅅ, ㅈ'을 된소리로 발음한다.

문-고리[문꼬리]	눈-동자[눈똥자]	신-바람[신빠람]	산-새[산쌔]
손-재주[손째주]	길-가[길까]	물-동이[물똥이]	발-바닥[발빠닥]

굴-속[굴:쏙]　　　술-잔[술짠]　　　바람-결[바람껼]　　　그믐-달[그믐딸]
아침-밥[아침빱]　　잠-자리[잠짜리]　　강-가[강까]　　　초승-달[초승딸]
등-불[등뿔]　　　　창-살[창쌀]　　　강-줄기[강쭐기]

제7장 음의 첨가

제29항 합성어 및 파생어에서, 앞 단어나 접두사의 끝이 자음이고 뒤 단어나 접미사의 첫음절이 '이, 야, 여, 요, 유'인 경우에는, 'ㄴ' 음을 첨가하여 [니, 냐, 녀, 뇨, 뉴]로 발음한다.

솜-이불[솜:니불]　　　홑-이불[혼니불]　　　막-일[망닐]
삯-일[상닐]　　　　　맨-입[맨닙]　　　　　꽃-잎[꼰닙]
내복-약[내:봉냑]　　　한-여름[한녀름]　　　남존-여비[남존녀비]
신-여성[신녀성]　　　색-연필[생년필]　　　직행-열차[지캥녈차]
늑막-염[능망념]　　　콩-엿[콩녇]　　　　　담-요[담:뇨]
눈-요기[눈뇨기]　　　영업-용[영엄뇽]　　　식용-유[시굥뉴]
국민-윤리[궁민뉼리]　밤-윷[밤:뉻]

다만, 다음과 같은 말들은 'ㄴ' 음을 첨가하여 발음하되, 표기대로 발음할 수 있다.
　　이죽-이죽[이중니죽/이주기죽]　　야금-야금[야금냐금/야그먀금]
　　검열[검:녈/거:멸]　　　욜랑-욜랑[욜랑뇰랑/욜랑욜랑]　　　금융[금늉/그뮹]

[붙임 1] 'ㄹ' 받침 뒤에 첨가되는 'ㄴ' 음은 [ㄹ]로 발음한다.
　　들-일[들:릴]　　　솔-잎[솔립]　　　설-익다[설릭따]
　　물-약[물략]　　　불-여우[불려우]　　서울-역[서울력]
　　물-엿[물렫]　　　휘발-유[휘발류]　　유들-유들[유들류들]

[붙임 2] 두 단어를 이어서 한 마디로 발음하는 경우에도 이에 준한다.
　　한 일[한닐]　　　옷 입다[온닙따]　　서른여섯[서른녀섣]
　　3연대[삼년대]　　먹은 엿[머근녇]
　　할 일[할릴]　　　잘 입다[잘립따]　　스물여섯[스물려섣]
　　1연대[일련대]　　먹을 엿[머글렫]

다만, 다음과 같은 단어에서는 'ㄴ(ㄹ)' 음을 첨가하여 발음하지 않는다.
　　6·25[유기오]　　3·1절[사밀쩔]　　송별-연[송:벼련]　　등-용문[등용문]

제30항 사이시옷이 붙은 단어는 다음과 같이 발음한다.

1. 'ㄱ, ㄷ, ㅂ, ㅅ, ㅈ'으로 시작하는 단어 앞에 사이시옷이 올 때는 이들 자음만을 된소리로 발음하는 것을 원칙으로 하되, 사이시옷을 [ㄷ]으로 발음하는 것도 허용한다.
　　냇가[내:까/낻:까]　　　샛길[새:낄/샏:낄]　　　빨랫돌[빨래똘/빨랟똘]
　　콧등[코뜽/콛뜽]　　　 깃발[기빨/긷빨]　　　 대팻밥[대:패빱/대:팯빱]
　　햇살[해쌀/핻쌀]　　　 뱃속[배쏙/밷쏙]　　　 뱃전[배쩐/밷쩐]
　　고갯짓[고개찓/고갣찓]

2. 사이시옷 뒤에 'ㄴ, ㅁ'이 결합되는 경우에는 [ㄴ]으로 발음한다.
　　　콧날[콛날 → 콘날]　　　　　　　아랫니[아랟니 → 아랜니]
　　　툇마루[퉫:마루 → 퉨:마루]　　　　뱃머리[밷머리 → 밴머리]

3. 사이시옷 뒤에 '이' 음이 결합되는 경우에는 [ㄴㄴ]으로 발음한다.
　　　베갯잇[베갣닏 → 베갠닏]　　　　깻잎[깯닙 → 깬닙]
　　　나뭇잎[나묻닙 → 나문닙]　　　　도리깻열[도리깯녈 → 도리깬녈]
　　　뒷윷[뒫:뉻 → 뒨:뉻]

부록 ❸ 국어의 로마자 표기법

국어의 로마자 표기법

제1장 표기의 기본 원칙

제1항 국어의 로마자 표기는 국어의 표준 발음법에 따라 적는 것을 원칙으로 한다.
제2항 로마자 이외의 부호는 되도록 사용하지 않는다.

제2장 표기 일람

제1항 모음은 다음 각 호와 같이 적는다.

1. 단모음

ㅏ	ㅓ	ㅗ	ㅜ	ㅡ	ㅣ	ㅐ	ㅔ	ㅚ	ㅟ
a	eo	o	u	eu	i	ae	e	oe	wi

2. 이중 모음

ㅑ	ㅕ	ㅛ	ㅠ	ㅒ	ㅖ	ㅘ	ㅙ	ㅝ	ㅞ	ㅢ
ya	yeo	yo	yu	yae	ye	wa	wae	wo	we	ui

〔붙임 1〕 'ㅢ'는 'ㅣ'로 소리 나더라도 'ui'로 적는다.
　　광희문　　　Gwanghuimun

〔붙임 2〕 장모음의 표기는 따로 하지 않는다.

제2항 자음은 다음 각 호와 같이 적는다.

1. 파열음

ㄱ	ㄲ	ㅋ	ㄷ	ㄸ	ㅌ	ㅂ	ㅃ	ㅍ
g, k	kk	k	d, t	tt	t	b, p	pp	p

2. 파찰음

ㅈ	ㅉ	ㅊ
j	jj	ch

3. 마찰음

ㅅ	ㅆ	ㅎ
s	ss	h

4. 비음

ㄴ	ㅁ	ㅇ
n	m	ng

5. 유음

ㄹ
r, l

〔붙임 1〕 'ㄱ, ㄷ, ㅂ'은 모음 앞에서는 'g, d, b'로, 자음 앞이나 어말에서는 'k, t, p'로 적는다.([ ] 안의 발음에 따라 표기함.)
　　구미 Gumi　　　　　영동 Yeongdong　　　　　백암 Baegam
　　옥천 Okcheon　　　　합덕 Hapdeok　　　　　호법 Hobeop
　　월곶[월곧] Wolgot　　벚꽃[벋꼳] beotkkot　　한밭[한받] Hanbat

〔붙임 2〕 'ㄹ'은 모음 앞에서는 'r'로, 자음 앞이나 어말에서는 'l'로 적는다. 단, 'ㄹㄹ'은 'll'로 적는다.

구리 Guri 설악 Seorak 칠곡 Chilgok
임실 Imsil 울릉 Ulleung 대관령[대괄령] Daegwallyeong

제3장 표기상의 유의점

제1항 음운 변화가 일어날 때에는 변화의 결과에 따라 다음 각 호와 같이 적는다.

1. 자음 사이에서 동화 작용이 일어나는 경우
   백마[뱅마] Baengma 신문로[신문노] Sinmunno
   종로[종노] Jongno 왕십리[왕심니] Wangsimni
   별내[별래] Byeollae 신라[실라] Silla

2. 'ㄴ, ㄹ'이 덧나는 경우
   학여울[항녀울] Hangnyeoul 알약[알략] allyak

3. 구개음화가 되는 경우
   해돋이[해도지] haedoji 같이[가치] gachi 맞히다[마치다] machida

4. 'ㄱ, ㄷ, ㅂ, ㅈ'이 'ㅎ'과 합하여 거센소리로 소리 나는 경우
   좋고[조코] joko 놓다[노타] nota 잡혀[자펴] japyeo 낳지[나치] nachi

다만, 체언에서 'ㄱ, ㄷ, ㅂ' 뒤에 'ㅎ'이 따를 때에는 'ㅎ'을 밝혀 적는다.
   묵호 Mukho 집현전 Jiphyeonjeon

〔붙임〕 된소리되기는 표기에 반영하지 않는다.
   압구정 Apgujeong 낙동강 Nakdonggang 죽변 Jukbyeon 낙성대 Nakseongdae
   합정 Hapjeong 팔당 Paldang 샛별 saetbyeol 울산 Ulsan

제2항 발음상 혼동의 우려가 있을 때에는 음절 사이에 붙임표(-)를 쓸 수 있다.
   중앙 Jung-ang 반구대 Ban-gudae 세운 Se-un 해운대 Hae-undae

제3항 고유 명사는 첫 글자를 대문자로 적는다.
   부산 Busan 세종 Sejong

제4항 인명은 성과 이름의 순서로 띄어 쓴다. 이름은 붙여 쓰는 것을 원칙으로 하되 음절 사이에 붙임표(-)를 쓰는 것을 허용한다.〔( ) 안의 표기를 허용함.〕
   민용하 Min Yongha (Min Yong-ha) 송나리 Song Nari (Song Na-ri)

   (1) 이름에서 일어나는 음운 변화는 표기에 반영하지 않는다.
      한복남 Han Boknam (Han Bok-nam) 홍빛나 Hong Bitna (Hong Bit-na)

   (2) 성의 표기는 따로 정한다.

제5항 '도, 시, 군, 구, 읍, 면, 리, 동'의 행정 구역 단위와 '가'는 각각 'do, si, gun, gu, eup, myeon, ri, dong, ga'로 적고, 그 앞에는 붙임표(-)를 넣는다. 붙임표(-) 앞뒤에서 일어나는 음운 변화는 표기에 반영하지 않는다.

충청북도 Chungcheongbuk-do 제주도 Jeju-do
의정부시 Uijeongbu-si 양주군 Yangju-gun
도봉구 Dobong-gu 신창읍 Sinchang-eup
삼죽면 Samjuk-myeon 인왕리 Inwang-ri
당산동 Dangsan-dong 봉천1동 Bongcheon 1(il)-dong
종로 2가 Jongno 2(i)-ga 퇴계로 3가 Toegyero 3(sam)-ga

〔붙임〕 '시, 군, 읍'의 행정 구역 단위는 생략할 수 있다.
청주시 Cheongju   함평군 Hampyeong   순창읍 Sunchang

제6항 자연 지물명, 문화재명, 인공 축조물명은 붙임표(-) 없이 붙여 쓴다.
남산 Namsan 속리산 Songnisan
금강 Geumgang 독도 Dokdo
경복궁 Gyeongbokgung 무량수전 Muryangsujeon
연화교 Yeonhwagyo 극락전 Geungnakjeon
안압지 Anapji 남한산성 Namhansanseong
화랑대 Hwarangdae 불국사 Bulguksa
현충사 Hyeonchungsa 독립문 Dongnimmun
오죽헌 Ojukheon 촉석루 Chokseongnu
종묘 Jongmyo 다보탑 Dabotap

제7항 인명, 회사명, 단체명 등은 그동안 써 온 표기를 쓸 수 있다.

제8항 학술 연구 논문 등 특수 분야에서 한글 복원을 전제로 표기할 경우에는 한글 표기를 대상으로 적는다. 이때 글자 대응은 제2장을 따르되 'ㄱ, ㄷ, ㅂ, ㄹ'은 'g, d, b, l'로만 적는다. 음가 없는 'ㅇ'은 붙임표(-)로 표기하되 어두에서는 생략하는 것을 원칙으로 한다. 기타 분절의 필요가 있을 때에도 붙임표(-)를 쓴다.
집 jib 짚 jip
밖 bakk 값 gabs
붓꽃 buskkoch 먹는 meogneun
독립 doglib 문리 munli
물엿 mul-yeos 굳이 gud-i
좋다 johda 가곡 gagog
조랑말 jolangmal 없었습니다 eobs-eoss-seubnida

부칙
① (시행일) 이 규정은 고시한 날부터 시행한다.
② (표지판 등에 대한 경과 조치) 이 표기법 시행 당시 종전의 표기법에 의하여 설치된 표지판(도로, 광고물, 문화재 등의 안내판)은 2005. 12. 31.까지 이 표기법을 따라야 한다.
③ (출판물 등에 대한 경과 조치) 이 표기법 시행 당시 종전의 표기법에 의하여 발간된 교과서 등 출판물은 2002. 2. 28.까지 이 표기법을 따라야 한다.

부록 ④ 외래어 표기법

외래어 표기법

문교부 고시 제85-11호(1986. 1. 7.)
문화부 고시 제1992-31호(1992. 11. 27.)
문화 체육부 고시 제1995-8호(1995. 3. 16.)

제1장 표기의 기본 원칙

제2장 표기 일람표

표 1 국제 음성 기호와 한글 대조표
표 4 일본어의 가나와 한글 대조표
표 5 중국어의 주음 부호(注音符號)와 한글 대조표

제3장 표기 세칙

제1절 영어의 표기
제6절 일본어의 표기
제7절 중국어의 표기

제4장 인명, 지명 표기의 원칙

제1절 표기 원칙
제2절 동양의 인명, 지명 표기
제3절 바다, 섬, 강, 산 등의 표기 세칙

* 이 책에서는 외래어 표기법 가운데 '영어', '일어', '중국어'만을 다루었다.

제1장 표기의 기본 원칙

제1항 외래어는 국어의 현용 24 자모만으로 적는다.
제2항 외래어의 1 음운은 원칙적으로 1 기호로 적는다.
제3항 받침에는 'ㄱ, ㄴ, ㄹ, ㅁ, ㅂ, ㅅ, ㅇ'만을 쓴다.
제4항 파열음 표기에는 된소리를 쓰지 않는 것을 원칙으로 한다.
제5항 이미 굳어진 외래어는 관용을 존중하되, 그 범위와 용례는 따로 정한다.

제2장 표기 일람표

〔표 1〕 국제 음성 기호와 한글 대조표

자음			반모음		모음	
국제 음성 기호	한글		국제 음성 기호	한글	국제 음성 기호	한글
	모음 앞	자음 앞 또는 어말				
p	ㅍ	ㅂ, 프	j	이*	i	이
b	ㅂ	브	ɥ	위*	y	위
t	ㅌ	ㅅ, 트	w	오, 우*	e	에
d	ㄷ	드			ø	외
k	ㅋ	ㄱ, 크			ɛ	에
g	ㄱ	그			ɛ̃	앵
f	ㅍ	프			œ	외
v	ㅂ	브			œ̃	욍
θ	ㅅ	스			æ	애
ð	ㄷ	드			a	아
s	ㅅ	스			ɑ	아
z	ㅈ	즈			ɑ̃	앙
ʃ	시	슈, 시			ʌ	어
ʒ	ㅈ	지			ɔ	오
ts	ㅊ	츠			ɔ̃	옹
dz	ㅈ	즈			o	오
tʃ	ㅊ	치			u	우
dʒ	ㅈ	지			ə	어
m	ㅁ	ㅁ			ɚ	어
n	ㄴ	ㄴ				
ɲ	니*	뉴				
ŋ	ㅇ	ㅇ				
l	ㄹ, ㄹㄹ	ㄹ				
r	ㄹ	르				
h	ㅎ	흐				
ç	ㅎ	히				
x	ㅎ	흐				

* [j], [w]의 '이'와 '오, 우', 그리고 [ɲ]의 '니'는 모음과 결합할 때 제3장 표기 세칙에 따른다.

[표 4] 일본어의 가나와 한글 대조표

가나					한글									
					어두					어중·어말				
ア	イ	ウ	エ	オ	아	이	우	에	오	아	이	우	에	오
カ	キ	ク	ケ	コ	가	기	구	게	고	카	키	쿠	케	코
サ	シ	ス	セ	ソ	사	시	스	세	소	사	시	스	세	소
タ	チ	ツ	テ	ト	다	지	쓰	데	도	타	치	쓰	테	토
ナ	ニ	ヌ	ネ	ノ	나	니	누	네	노	나	니	누	네	노
ハ	ヒ	フ	ヘ	ホ	하	히	후	헤	호	하	히	후	헤	호
マ	ミ	ム	メ	モ	마	미	무	메	모	마	미	무	메	모
ヤ	イ	ユ	エ	ヨ	야	이	유	에	요	야	이	유	에	요
ラ	リ	ル	レ	ロ	라	리	루	레	로	라	리	루	레	로
ワ	(ヰ)	ウ	(ヱ)	ヲ	와	(이)	우	(에)	오	와	(이)	우	(에)	오
ン					ㄴ									
ガ	ギ	グ	ゲ	ゴ	가	기	구	게	고	가	기	구	게	고
ザ	ジ	ズ	ゼ	ゾ	자	지	즈	제	조	자	지	즈	제	조
ダ	ヂ	ヅ	デ	ド	다	지	즈	데	도	다	지	즈	데	도
バ	ビ	ブ	ベ	ボ	바	비	부	베	보	바	비	부	베	보
パ	ピ	プ	ペ	ポ	파	피	푸	페	포	파	피	푸	페	포
キャ		キュ		キョ	갸		규		교	캬		큐		쿄
ギャ		ギュ		ギョ	갸		규		교	갸		규		교
シャ		シュ		ショ	샤		슈		쇼	샤		슈		쇼
ジャ		ジュ		ジョ	자		주		조	자		주		조
チャ		チュ		チョ	자		주		조	차		추		초
ヒャ		ヒュ		ヒョ	햐		휴		효	햐		휴		효
ビャ		ビュ		ビョ	뱌		뷰		뵤	뱌		뷰		뵤
ピャ		ピュ		ピョ	퍄		퓨		표	퍄		퓨		표
ミャ		ミュ		ミョ	먀		뮤		묘	먀		뮤		묘
リャ		リュ		リョ	랴		류		료	랴		류		료

〔표 5〕 중국어의 주음 부호(注音符號)와 한글 대조표

성모(聲母)									
음의 분류	주음 부호	한어 병음 자모	웨이드식 로마자	한글	음의 분류	주음 부호	한어 병음 자모	웨이드식 로마자	한글
중순성 (重脣聲)	ㄅ	b	p	ㅂ	설면성 (舌面聲)	ㄐ	j	ch	ㅈ
	ㄆ	p	p'	ㅍ		ㄑ	q	ch'	ㅊ
	ㄇ	m	m	ㅁ		ㄒ	x	hs	ㅅ
순치성*	ㄈ	f	f	ㅍ	교설첨성 (翹舌尖聲)	ㄓ	zh [zhi]	ch [chih]	ㅈ [즈]
설첨성 (舌尖聲)	ㄉ	d	t	ㄷ		ㄔ	ch [chi]	ch' [ch'ih]	ㅊ [츠]
	ㄊ	t	t'	ㅌ		ㄕ	sh [shi]	sh [shih]	ㅅ [스]
	ㄋ	n	n	ㄴ		ㄖ	r [ri]	j [jih]	ㄹ [르]
	ㄌ	l	l	ㄹ	설치성 (舌齒聲)	ㄗ	z [zi]	ts [tzŭ]	ㅉ [쯔]
설근성 (舌根聲)	ㄍ	g	k	ㄱ		ㄘ	c [ci]	ts' [t'zŭ]	ㅊ [츠]
	ㄎ	k	k'	ㅋ		ㄙ	s [si]	s [ssŭ]	ㅆ [쓰]
	ㄏ	h	h	ㅎ					

[　]는 단독 발음될 경우의 표기임.
 * 순치성(脣齒聲), 권설운(捲舌韻).

음의 분류	주음 부호	한어 병음 자모	웨이드식 로마자	한글	음의 분류	주음 부호	한어 병음 자모	웨이드식 로마자	한글
운모(韻母)									
단운(單韻)	ㄚ	a	a	아	(齊齒類)	ㄧㄞ	yai	yai	야이
	ㄛ	o	o	오		ㄧㄠ	yao (iao)	yao (iao)	야오
	ㄜ	e	ê	어		ㄧㄡ	you (ou, iu)	yu (iu)	유
	ㄝ	ê	e	에		ㄧㄢ	yan (ian)	yen (ien)	옌
	ㄧ	yi(i)	i	이		ㄧㄣ	yin (in)	yin (in)	인
	ㄨ	wu (u)	wu (u)	우		ㄧㄤ	yang (iang)	yang (iang)	양
	ㄩ	yu (u)	yü (ü)	위		ㄧㄥ	ying (ing)	ying (ing)	잉
복운(複韻)	ㄞ	ai	ai	아이	결합운모 (結合韻母) 합구류(合口類)	ㄨㄚ	wa (ua)	wa (ua)	와
	ㄟ	ei	ei	에이		ㄨㄛ	wo (uo)	wo (uo)	워
	ㄠ	ao	ao	아오		ㄨㄞ	wai (uai)	wai (uai)	와이
	ㄡ	ou	ou	어우		ㄨㄟ	wei (ui)	wei (uei, ui)	웨이 (우이)
부성운(附聲韻)	ㄢ	an	an	안		ㄨㄢ	wan (uan)	wan (uan)	완
	ㄣ	en	ên	언		ㄨㄣ	wen (un)	wên (un)	원 (운)
	ㄤ	ang	ang	앙		ㄨㄤ	wang (uang)	wang (uang)	왕
	ㄥ	eng	êng	엉		ㄨㄥ	weng (ong)	wêng (ung)	웡 (웅)
권설운*	ㄦ	er (r)	êrh	얼	촬구류(撮口類)	ㄩㄝ	yue (ue)	yüeh (üeh)	웨
제치류	ㄧㄚ	ya (ia)	ya (ia)	야		ㄩㄢ	yuan (uan)	yüan (üan)	위안
	ㄧㄛ	yo	yo	요		ㄩㄣ	yun (un)	yün (ün)	윈
	ㄧㄝ	ye (ie)	yeh (ieh)	예		ㄩㄥ	yong (iong)	yung (iung)	융

( )는 자음이 선행할 경우의 표기임.

제3장 표기 세칙

제1절 영어의 표기
표 1에 따라 적되, 다음 사항에 유의하여 적는다.

제1항 무성 파열음 ([p], [t], [k])

1. 짧은 모음 다음의 어말 무성 파열음([p], [t], [k])은 받침으로 적는다.
    gap[gæp] 갭   cat[kæt] 캣   book[buk] 북

2. 짧은 모음과 유음·비음([l], [r], [m], [n]) 이외의 자음 사이에 오는 무성 파열음([p], [t], [k])은 받침으로 적는다.
    apt[æpt] 앱트   setback[setbæk] 셋백   act[ækt] 액트

3. 위 경우 이외의 어말과 자음 앞의 [p], [t], [k]는 '으'를 붙여 적는다.
    stamp[stæmp] 스탬프   cape[keip] 케이프
    nest[nest] 네스트   part[pɑːt] 파트
    desk[desk] 데스크   make[meik] 메이크
    apple[æpl] 애플   mattress[mætris] 매트리스
    chipmunk[tʃipmʌŋk] 치프멍크   sickness[siknis] 시크니스

제2항 유성 파열음([b], [d], [g])

어말과 모든 자음 앞에 오는 유성 파열음은 '으'를 붙여 적는다.
    bulb[bʌlb] 벌브   land[lænd] 랜드
    zigzag[zigzæg] 지그재그   lobster[lɔbstə] 로브스터
    kidnap[kidnæp] 키드냅   signal[signəl] 시그널

제3항 마찰음([s], [z], [f], [v], [θ], [ð], [ʃ], [ʒ])

1. 어말 또는 자음 앞의 [s], [z], [f], [v], [θ], [ð]는 '으'를 붙여 적는다.
    mask[mɑːsk] 마스크   jazz[dʒæz] 재즈
    graph[græf] 그래프   olive[ɔliv] 올리브
    thrill[θril] 스릴   bathe[beið] 베이드

2. 어말의 [ʃ]는 '시'로 적고, 자음 앞의 [ʃ]는 '슈'로, 모음 앞의 [ʃ]는 뒤따르는 모음에 따라 '샤', '섀', '셔', '셰', '쇼', '슈', '시'로 적는다.
    flash[flæʃ] 플래시   shrub[ʃrʌb] 슈러브
    shark[ʃɑːk] 샤크   shank[ʃæŋk] 섕크
    fashion[fæʃən] 패션   sheriff[ʃerif] 셰리프
    shopping[ʃɔpiŋ] 쇼핑   shoe[ʃuː] 슈
    shim[ʃim] 심

3. 어말 또는 자음 앞의 [ʒ]는 '지'로 적고, 모음 앞의 [ʒ]는 'ㅈ'으로 적는다.
    mirage[mirɑːʒ] 미라지   vision[viʒən] 비전

제4항 파찰음([ts], [dz], [tʃ], [dʒ])

1. 어말 또는 자음 앞의 [ts], [dz]는 '츠', '즈'로 적고, [tʃ], [dʒ]는 '치', '지'로 적는다.
   Keats[ki:ts] 키츠   odds[ɔdz] 오즈
   switch[switʃ] 스위치   bridge[bridʒ] 브리지
   Pittsburgh[pitsbə:g] 피츠버그   hitchhike[hitʃhaik] 히치하이크

2. 모음 앞의 [tʃ], [dʒ]는 'ㅊ', 'ㅈ'으로 적는다.
   chart[tʃɑ:t] 차트   virgin[və:dʒin] 버진

제5항 비음([m], [n], [ŋ])

1. 어말 또는 자음 앞의 비음은 모두 받침으로 적는다.
   steam[sti:m] 스팀   corn[kɔ:n] 콘
   ring[riŋ] 링   lamp[læmp] 램프
   hint[hint] 힌트   ink[iŋk] 잉크

2. 모음과 모음 사이의 [ŋ]은 앞 음절의 받침 'ㅇ'으로 적는다.
   hanging[hæŋiŋ] 행잉   longing[lɔŋiŋ] 롱잉

제6항 유음([l])

1. 어말 또는 자음 앞의 [l]은 받침으로 적는다.
   hotel[houtel] 호텔   pulp[pʌlp] 펄프

2. 어중의 [l]이 모음 앞에 오거나, 모음이 따르지 않는 비음([m], [n]) 앞에 올 때에는 'ㄹㄹ'로 적는다. 다만, 비음([m], [n]) 뒤의 [l]은 모음 앞에 오더라도 'ㄹ'로 적는다.
   slide[slaid] 슬라이드   film[film] 필름
   helm[helm] 헬름   swoln[swouln] 스월른
   Hamlet[hæmlit] 햄릿   Henley[henli] 헨리

제7항 장모음

장모음의 장음은 따로 표기하지 않는다.
   team[ti:m] 팀   route[ru:t] 루트

제8항 중모음([ai], [au], [ei], [ɔi], [ou], [auə])

중모음은 각 단모음의 음가를 살려서 적되, [ou]는 '오'로, [auə]는 '아워'로 적는다.
   time[taim] 타임   house[haus] 하우스
   skate[skeit] 스케이트   oil[ɔil] 오일
   boat[bout] 보트   tower[tauə] 타워

제9항 반모음([w], [j])

1. [w]는 뒤따르는 모음에 따라 [wə], [wɔ], [wou]는 '워', [wɑ]는 '와', [wæ]는 '왜', [we]는 '웨', [wi]는 '위', [wu]는 '우'로 적는다.

word[wə:d] 워드
woe[wou] 워
wag[wæg] 왜그
witch[witʃ] 위치

want[wɔnt] 원트
wander[wɑndə] 완더
west[west] 웨스트
wool[wul] 울

2. 자음 뒤에 [w]가 올 때에는 두 음절로 갈라 적되, [gw], [hw], [kw]는 한 음절로 붙여 적는다.
swing[swiŋ] 스윙
penguin[peŋgwin] 펭귄
quarter[kwɔ:tə] 쿼터

twist[twist] 트위스트
whistle[hwisl] 휘슬

3. 반모음 [j]는 뒤따르는 모음과 합쳐 '야', '얘', '여', '예', '요', '유', '이'로 적는다. 다만, [d], [l], [n] 다음에 [j]가 올 때에는 각각 '디어', '리어', '니어'로 적는다.
yard[jɑ:d] 야드
yearn[jə:n] 연
yawn[jɔ:n] 욘
year[jiə] 이어
battalion[bə:tæljən] 버탤리언

yank[jæŋk] 앵크
yellow[jelou] 옐로
you[ju:] 유
Indian[indjən] 인디언
union[ju:njən] 유니언

제10항 복합어

1. 따로 설 수 있는 말의 합성으로 이루어진 복합어는 그것을 구성하고 있는 말이 단독으로 쓰일 때의 표기대로 적는다.
cuplike[kʌplaik] 컵라이크
headlight[hedlait] 헤드라이트
sit-in[sitin] 싯인
flashgun[flæʃgʌn] 플래시건

bookend[bukend] 북엔드
touchwood[tʌtʃwud] 터치우드
bookmaker[bukmeikə] 북메이커
topknot[tɔpnɔt] 톱놋

2. 원어에서 띄어 쓴 말은 띄어 쓴 대로 한글 표기를 하되, 붙여 쓸 수도 있다.
Los Alamos[lɔs æləmous] 로스 앨러모스/로스앨러모스
top class[tɔpklæs] 톱 클래스/톱클래스

제6절 일본어의 표기

[표 4]에 따르고, 다음 사항에 유의하여 적는다.

제1항 촉음(促音) [ッ]는 'ㅅ'으로 통일해서 적는다.
サッポロ 삿포로   トットリ 돗토리   ヨッカイチ 욧카이치

제2항 장모음
장모음은 따로 표기하지 않는다.
キュウシュウ(九州) 규슈
トウキョウ(東京) 도쿄

ニイガタ(新潟) 니가타
オオサカ(大阪) 오사카

제7절 중국어의 표기

〔표 5〕에 따르고, 다음 사항에 유의하여 적는다.

제1항 성조는 구별하여 적지 아니한다.

제2항 'ㅈ, ㅉ, ㅊ'으로 표기되는 자음(ㅈ, ㅉ, ㄲ, ㄱ, ㅟ, ㅅ) 뒤의 'ㅑ, ㅖ, ㅛ, ㅠ' 음은 'ㅏ, ㅔ, ㅗ, ㅜ'로 적는다.
    ㅈㅣㅑ 쟈 → 자   ㅈㅣㅖ 졔 → 제

제4장 인명, 지명 표기의 원칙

제1절 표기 원칙

제1항 외국의 인명, 지명의 표기는 제1장, 제2장, 제3장의 규정을 따르는 것을 원칙으로 한다.

제2항 제3장에 포함되어 있지 않은 언어권의 인명, 지명은 원지음을 따르는 것을 원칙으로 한다.
    Ankara 앙카라   Gandhi 간디

제3항 원지음이 아닌 제3국의 발음으로 통용되고 있는 것은 관용을 따른다.
    Hague 헤이그   Caesar 시저

제4항 고유 명사의 번역명이 통용되는 경우 관용을 따른다.
    Pacific Ocean 태평양   Black Sea 흑해

제2절 동양의 인명, 지명 표기

제1항 중국 인명은 과거인과 현대인을 구분하여 과거인은 종전의 한자음대로 표기하고, 현대인은 원칙적으로 중국어 표기법에 따라 표기하되, 필요한 경우 한자를 병기한다.

제2항 중국의 역사 지명으로서 현재 쓰이지 않는 것은 우리 한자음대로 하고, 현재 지명과 동일한 것은 중국어 표기법에 따라 표기하되, 필요한 경우 한자를 병기한다.

제3항 일본의 인명과 지명은 과거와 현대의 구분 없이 일본어 표기법에 따라 표기하는 것을 원칙으로 하되, 필요한 경우 한자를 병기한다.

제4항 중국 및 일본의 지명 가운데 한국 한자음으로 읽는 관용이 있는 것은 이를 허용한다.
    東京 도쿄, 동경   京都 교토, 경도
    上海 상하이, 상해   臺灣 타이완, 대만
    黃河 황허, 황하

제3절 바다, 섬, 강, 산 등의 표기 세칙 (2017. 6. 1.개정)

제1항 바다는 '해(海)'로 통일한다.
  홍해   발트해   아라비아해

제2항 우리나라를 제외하고 섬은 모두 '섬'으로 통일한다.
  타이완섬   코르시카섬   (우리나라: 제주도, 울릉도)

제3항 한자 사용 지역(일본, 중국)의 지명이 하나의 한자로 되어 있을 경우, '강', '산', '호', '섬' 등은 겹쳐 적는다.
  온타케산(御岳)   주장강(珠江)   도시마섬(利島)
  하야카와강(早川)   위산산(玉山)

제4항 지명이 산맥, 산, 강 등의 뜻이 들어 있는 것은 '산맥', '산', '강' 등을 겹쳐 적는다.
  Rio Grande 리오그란데강   Monte Rosa 몬테로사산
  Mont Blanc 몽블랑산   Sierra Madre 시에라마드레산맥